本书得到以下单位资助出版：

☆内蒙古财经大学
☆中蒙俄经贸合作与草原丝绸之路经济带
　构建研究协同创新中心

内蒙古自治区
社会经济发展
蓝皮书

总主编／杜金柱　侯淑霞

内蒙古自治区
对外经济贸易发展报告
（2016）

主　编＼许海清　杨文兰

副主编＼梁　滢　张欣欣　张中华

THE FOREIGN ECONOMICS AND
TRADE DEVELOPMENT REPORT
ON INNER MONGOLIA（2016）

经济管理出版社
ECONOMY & MANAGEMENT PUBLISHING HOUSE

图书在版编目（CIP）数据

内蒙古自治区对外经济贸易发展报告（2016）/许海清，杨文兰主编.—北京：经济管理出版社，2017.1

ISBN 978 - 7 - 5096 - 4144 - 6

Ⅰ.①内…　Ⅱ.①许…②杨…　Ⅲ.①对外贸易—贸易发展—研究报告—内蒙古—2016

Ⅳ.①F752.826

中国版本图书馆 CIP 数据核字（2015）第 302757 号

组稿编辑：王光艳
责任编辑：许　　兵
责任印制：黄章平
责任校对：超　　凡

出版发行：经济管理出版社
　　　　　（北京市海淀区北蜂窝 8 号中雅大厦 A 座 11 层　100038）
网　　　址：www. E - mp. com. cn
电　　　话：（010）51915602
印　　　刷：北京九州迅驰传媒文化有限公司
经　　　销：新华书店
开　　　本：720mm × 1000mm/16
印　　　张：12
字　　　数：218 千字
版　　　次：2017 年 1 月第 1 版　　2017 年 1 月第 1 次印刷
书　　　号：ISBN 978 - 7 - 5096 - 4144 - 6
定　　　价：98.00 元

内蒙古自治区社会经济发展蓝皮书
编 委 会

总　序

2015 年，面对错综复杂的国际形势和艰巨繁重的国内改革发展稳定任务，内蒙古自治区各族人民在自治区党委、政府的正确领导下，深入学习贯彻党的十八大，十八届三中、四中、五中全会及习近平总书记系列重要讲话精神，按照"五位一体"总体布局和"四个全面"战略布局的总要求，牢固树立和贯彻落实创新、协调、绿色、开放、共享的发展理念，主动适应经济发展新常态。

《内蒙古自治区 2015 年国民经济和社会发展统计公报》显示，2015 年末全区常住人口为 2511.04 万人，比 2014 年增加 6.23 万人。人口自然增长率为 2.4‰。城镇化率达到 60.3%，比 2014 年提高 0.8 个百分点。全区实现地区生产总值 18032.8 亿元，按可比价格计算，比 2014 年增长 7.7%。全年居民消费价格总水平比 2014 年上涨 1.1%。年末全区城镇单位就业人员为 292.6 万人。年末城镇登记失业率为 3.65%。全年实现失业人员再就业人数为 6.1 万人。全年完成一般公共预算收入 1964.4 亿元，一般公共预算支出 4290.1 亿元，分别比 2014 年增长 6.5% 和 10.6%。财政收入在增收困难较大的情况下，顺利完成了全年增长目标。全年农作物总播种面积 756.8 万公顷，比 2014 年增长 2.9%。年末全区农牧业机械总动力为 3805.1 万千瓦，比 2014 年增长 4.8%；综合机械化水平达到 81.4%。全年全部工业增加值为 7939.2 亿元，比 2014 年增长 8.2%。全区规模以上工业企业实现主营业务收入 18522.7 亿元，比 2014 年下降 0.3%；实现利润 940.5 亿元，比 2014 年下降 23.8%。全年规模以上工业企业产品销售率为 96.6%，产成品库存额为 643.2 亿元，比 2014 年增长 0.7%。全年建筑业增加值为 1263.2 亿元，比 2014 年增长 6.7%。全年全社会固定资产投资总额为 13824.8 亿元，比 2014 年增长 14.5%。其中，500 万元以上项目完成固定资产投资 13651.7 亿元，比 2014 年增长 14.5%。新开工项目 12695 个，比 2014 年增长 2.4%；在建项目投资总规模 35672 亿元，比 2014 年下降 0.1%。全年社会消费品零售总额为 6107.7 亿元，比 2014 年增长 8.0%。全年海关进出口总额为 790.4

亿元，比 2014 年下降 11.6%。全年实际使用外商直接投资额 33.7 亿美元，比 2014 年下降 15.4%。全年完成货物运输总量 20.9 亿吨，比 2014 年增长 2.1%。全年完成旅客运输总量 19820 万人，比 2014 年增长 0.2%。年末全区民用汽车保有量为 400.1 万辆，比 2014 年增长 7.6%；全年邮电业务总量（2010 年不变价）为 400.3 亿元，比 2014 年增长 19.1%。全年实现旅游总收入 2257.1 亿元，比 2014 年增长 25.0%。接待入境旅游人数 160.8 万人次，比 2014 年下降 3.8%；旅游外汇收入 9.6 亿美元，比 2014 年下降 4.0%。国内旅游人数为 8351.8 万人次，比 2014 年增长 12.6%；国内旅游收入为 2193.8 亿元，比 2014 年增长 25.7%。年末全区金融机构人民币存款余额为 18077.6 亿元，全年新增存款 1641.3 亿元，比 2014 年增长 11.0%。全年全体居民人均可支配收入为 22310 元，比 2014 年增长 8.5%。数据显示，2015 年内蒙古自治区社会经济总体发展实现了稳中有进、稳中有好、进中有创、创中提质的良好态势，结构调整出现积极变化，改革开放不断深化，民生事业持续进步，经济社会发展迈上新台阶，实现了"十二五"圆满收官，为"十三五"经济社会发展、决胜全面建成小康社会奠定了坚实基础。

为真实反映内蒙古自治区社会经济发展全景，为内蒙古自治区社会经济发展提供更多的智力支持和决策信息服务，2013 年，由内蒙古财经大学组织校内学者编写了《内蒙古自治区社会经济发展研究报告丛书》，丛书自出版以来，受到社会各界的广泛关注，亦成为社会各界深入了解内蒙古自治区的一个重要窗口。2016 年，面对新的社会经济发展形势，内蒙古财经大学的专家学者们再接再厉，推出全新的《内蒙古自治区社会经济发展蓝皮书》，丛书的质量和数量均有较大提升，力图准确诠释 2015 年内蒙古自治区社会经济发展的诸多细节，书目包括《内蒙古自治区区域经济综合竞争力发展报告（2016）》《内蒙古自治区文化产业发展报告（2016）》《内蒙古自治区旅游业发展报告（2016）》《内蒙古自治区社会保障发展报告（2016）》《内蒙古自治区财政发展报告（2016）》《内蒙古自治区能源发展报告（2016）》《内蒙古自治区金融发展报告（2016）》《内蒙古自治区投资发展报告（2016）》《内蒙古自治区对外经济贸易发展报告（2016）》《内蒙古自治区中小企业发展报告（2016）》《内蒙古自治区区域经济发展报告（2016）》《内蒙古自治区工业发展报告（2016）》《蒙古国经济发展现状与展望（2016）》《内蒙古自治区商标品牌发展（2016）》《内蒙古自治区惠农惠牧政策促进农牧民增收发展报告（2016）》《内蒙古自治区物流业发展报告（2016）》。

一个社会的存续与发展，有其特定的社会和经济形态，同时也离不开独有的思想意识、价值观念和技术手段。秉承社会主义核心价值观、使命意识和学术的职业要求是当代中国学者应有的担当，正是基于这样的基本态度，我们编撰了本套丛书，丛书崇尚学术精神，观点坚持学术视角，客观务实，兼容并畜；内容上专业深入，丰富实用；兼具科学研究性、实际应用性、参考指导性，希望能给读者以启发和帮助。

　　丛书的研究成果或结论属个人或研究团队观点，不代表单位或官方结论。由于研究者水平有限，特别是当前复杂的世界政治经济形势下的社会演进节奏日新月异，对社会科学研究和发展走向的预测难度可想而知，因此书中结论难免存在不足之处，恳请读者指正。

编委会

2016.8

本书编写组成员

主　编：许海清　杨文兰

副主编：梁滢　张欣欣　张中华

编委会成员：王小平　卢迪颖　孙桂里
　　　　　　张晓娅　于海波　魏　娟

前　　言

2014 年，世界政治经济格局发生了复杂而深刻的变化。国际金融危机深层次影响继续显现，世界经济复苏缓慢、发展分化，多边贸易体制面临挑战，中国经济步入新常态。我国"一带一路"战略的实施和"中蒙俄经济走廊"的建设，不仅开创了国际区域经济合作的新模式，而且也为内蒙古自治区经济和对外经贸发展带来了新的机遇，为"发挥内蒙古自治区联通俄罗斯和蒙古国的区位优势，建设向北开放的重要窗口"、"建成向北开放的重要桥头堡和充满活力的沿边开放经济带"指明了方向。因此，2014 年尽管内蒙古自治区面临着国内市场需求不足、国际经济运行下滑的局面，但全区国内生产总值完成 17769.51 亿元，比 2013 年增长 7.8%，高于全国平均增速 0.4 个百分点。三次产业结构由 2013 年的 9.5∶54.0∶36.5 演化为 9.1∶51.9∶39.0，第三产业比重明显上升，全年经济稳中有升、结构调整有序进行，经济发展总体利好。全年对外贸易总额达到 145.53 亿美元，同比增长 21.4%，高于全国 17.9 个百分点。在推进"一带一路"战略和构建"中蒙俄经济走廊"中，内蒙古自治区的多项务实合作措施对内蒙古自治区扩大对外开放、深化与俄罗斯和蒙古国的合作、拓展对外经贸关系、促进对外经贸发展发挥了重要作用。

本书在"一带一路"战略背景下，以专题形式分析了内蒙古自治区在新时期对外经济与贸易发展情况。本书分为两大部分，共六章：第一章为内蒙古自治区对外经贸发展总体情况，全面分析了内蒙古自治区对外经贸发展环境以及发展现状；第二章为内蒙古自治区对外贸易发展专题，从内蒙古自治区外贸结构、边境贸易、加工贸易三个方面展开研究；第三章为内蒙古自治区外经贸转型专题，主要分析了内蒙古自治区对外直接投资，内蒙古自治区稀土出口定价权缺失问题，内蒙古自治区与俄罗斯和蒙古国经贸合作模式创新，内蒙古自治区企业国际化经营策略问题；第四章为内蒙古自治区口岸经济专题，对内蒙古自治区口岸发展现状及特点、内蒙古自治区口岸物流节点建设、内蒙古自治区口岸经济产业布局进行了深入分析；第五章为中蒙俄经贸合作专题，研究内容包括中蒙贸易投资便利化问题、中俄天然气合作问题、蒙古国政策环境对中蒙投资影响、"中蒙俄经济走廊"的发展基础与政策建议；第六章为草原丝绸之路经济带构建专题，分别对内蒙古自治区在草原丝绸之路经济带构建中的地位、草原丝绸之路经济带背景下的中蒙俄贸易通道建设、草原文化在丝绸之路经济带构建中的作用进行了分析。

　　本书的主要特点如下：一是问题的时代性。在"一带一路"战略背景下探讨内蒙古自治区对外经济贸易发展中的主要问题。二是内容的系统性。通过总报告和五个专题报告的分析涵盖了内蒙古自治区对外经济贸易发展的系列问题。三是分析的指导性。通过分析内蒙古自治区对外经贸发展中所面临的主要问题并提出对策建议，在一定程度上为相关研究人员、企业及政府提供了参考。

　　由于本书在编写过程中部分资料、数据获取存在困难，造成相关内容分析不够全面和透彻，在此深表遗憾。同时，因为研究能力和水平所限，报告中存在的不足和缺陷，希望得到广大读者的谅解和指正。衷心希望我们的研究能够为"一带一路"背景下内蒙古自治区对外贸易发展提供一定的指导作用。

本书编委会

2015 年 12 月

目　录

总　报　告

专　题　报　告

总 报 告

第 一 章

内蒙古自治区对外经贸发展总体情况

　　2014 年是国内外经济形势错综复杂的一年，但内蒙古紧紧把握国家"一带一路"战略及"中蒙俄经济走廊"建设的有利时机，采取多项务实合作措施，从而使对外经贸逆势而上，贸易规模不断扩大、口岸运输能力稳步提升、境外投资企业数量及规模双向增长。

一、内蒙古自治区对外经贸发展环境

（一）内蒙古自治区对外经贸发展的国内外环境

内蒙古自治区位于北部边疆地区，外接俄罗斯和蒙古国、内邻八省，我国"一带一路"战略的实施及"中蒙俄经济走廊"的构建为内蒙古自治区对外经贸关系的发展创造了良好的发展环境。

1. "一带一路"战略的提出

"一带一路"战略是我国在面临国内外环境发生深刻变化的背景下提出的一种高瞻远瞩的发展大战略。从国内环境来看，我国作为全球第一大贸易国、第一大外汇储备国、第二大经济体，未来的发展却面临着资源约束、环境约束、市场需求的约束；从国际环境来看，不仅全球经济增长的格局发生了深刻的变化，而且美国主导的"两洋战略"对中国构成了很大的威胁；从周边环境来看，丝绸之路以其重要的地缘政治和地缘经济地位，吸引着国际社会的关注。近年来，相关国家纷纷提出自己的"丝绸之路"外交战略，其中有重要影响的包括日本的"丝绸之路外交战略"、美国的"新丝绸之路"、欧盟的"新丝绸之路计划"及伊朗、印度等国的"新南方丝绸之路"计划等。面对国内外环境发生的深刻变化，作为丝绸之路开拓国的中国，不能将古代创造的灿烂文明拱手让人，而应发挥在"丝绸之路"外交战略推进中的主导作用，并以此为基础，不断加强中国与沿线各国的合作，突破美国"两洋战略"对中国的孤立。在此背景下，2013年9月和10月，习近平主席在出访中亚和东南亚期间，分别提出建设"丝绸之路经济带"和"21世纪海上丝绸之路"（简称"一带一路"）的战略构想，沿线各国反响强烈。

2. "中蒙俄经济走廊"的构建

2014年2月，习近平主席与普京总统在索契会见时，习近平主席表示欢迎俄方参与丝绸之路经济带和海上丝绸之路建设，使之成为两国全面战略协作伙伴关系发展的新平台。普京总统积极回应，俄方积极响应中方建设丝绸之路经济带和海上丝绸之路的倡议，愿将俄方跨欧亚铁路与"一带一路"对接，创造出更大效益。2014年8月，习近平主席对蒙古国进行国事访问，蒙方提出共建"草原丝绸之路"经济带。我国提出的"丝绸之路"经济带与蒙古国倡议的草原之路、俄罗斯的跨欧亚大铁路有许多契合点，"三路对接"，打造"中蒙俄经济走廊"，将成为三国未来经贸合作的新平台。

3. "一带一路"战略的落实

自"一带一路"战略提出以来，作为倡议国及主导国，为紧密丝路沿线国家关系、提升丝路战略的国际地位，中国采取了许多务实措施。特别是丝路基金和亚洲基础设施投资银行的成立，成为我国利用资金实力直接支持"一带一路"建设的有力推手，为沿线各国互联互通及资源开发奠定了物质基础。

（1）成立"丝路"基金。2014年11月8日，习近平主席宣布中国出资400亿美元成立丝路基金，由外汇储备、中国投资有限责任公司、中国进出口银行及国家开发银行共同出资。其中外汇储备出资占比为65%，中国进出口银行和中投公司各出资占比为15%，国家开发银行出资占比为5%。其投资的重点是在"一带一路"战略实施进程中，对沿线各国进行基础设施建设、资源开发、产业合作等投资，以促进沿线各国共同发展及共同繁荣。

（2）成立"亚投行"。亚投行的倡议最早是2013年习近平主席访问东南亚时提出的。该倡议一经提出，立刻得到了许多国家的积极响应。经过一年的准备，2014年10月24日，中国、印度、新加坡等21个首批意向国代表在北京签约，共同决定成立亚洲基础设施投资银行，法定注册资本为1000亿美元。

亚投行和丝路基金的成立具有重要的意义：一是有利于促进中国与周边国家的互联互通；二是为"一带一路"沿线国家和地区提供资金支持；三是有利于拉动中国经济增长；四是有利于加快中国资本账户开放和人民币国际化进程。

4. 中蒙俄关系的互动发展

"一带一路"战略的实施，将中国与俄罗斯和蒙古国关系提高到了一个新的高度。自该战略提出以来，中国与俄罗斯和蒙古国间互动频繁，在经贸发展、人文交流、跨境合作等方面进行了富有成效的合作，这为内蒙古自治区不断拓展与俄罗斯和蒙古国两国经贸发展创造了良好的外部环境。

（1）中国与蒙古国关系全面提升。自2012年以来，蒙古国一直是内蒙古自治区最大的经贸合作伙伴，特别是2014年，虽然蒙古国国内经济全面下滑，但得益于中蒙关系的全面提升，内蒙古自治区与蒙古国贸易总额达到40.97亿美元，同比增长29.8%，占全区进出口贸易的28.2%，特别是从蒙古国进口31.7亿美元，同比增长57.6%，对全区进口贡献率达444.1%。

对于蒙古国而言，2014年是其国内经济全面下滑的一年，蒙古国经济增长已从2012年的12.3%、2013年的11.6%，回落到2014年的7.8%。吸引外商直接投资全面下滑，2014年下降74%，接近2008年的水平；对外贸易增长乏力，对经济发展的拉动作用不大，外汇储备减少、货币持续贬值，经济发展全面衰落。

正是在蒙古国经济发展低迷的背景下，习近平主席于2014年8月21日成功出访蒙古国，使中蒙双边关系由2011年的战略伙伴关系提升为全面战略伙伴关系。期间，中蒙两国签署26项合作意向，涵盖了外交、经贸、金融、人文等领域中涉及中蒙关系发展的方方面面。特别是在扩大务实合作方面，中蒙双方申明要坚持矿产资源开发、基础设施建设、金融合作"三位一体，统筹推进"原则，把互联互通和大项目合作作为优先方向，加强矿产品深加工、新能源、电力、农牧业、边境口岸等领域合作等，不仅为中蒙关系的发展指明了方向，也为内蒙古自治区与蒙古国经贸发展奠定了良好的合作基础。

（2）中国与俄罗斯关系深入发展。俄罗斯作为内蒙古自治区第二大贸易伙伴，其国内经济发展及中俄关系的发展直接影响内蒙古自治区与俄罗斯的经贸合作。

对于俄罗斯而言，2014年是内焦外困的一年，外部因乌克兰危机而遭到西方国家的合力制裁，内部经济发展的各项指标全面下滑。[①] 但在这一特殊的历史时期，中俄关系得到了全面提升。

政治上，中俄双方高层互访频繁，2014年中国国家主席习近平与俄罗斯总统普京共举行五次双边会晤。习近平主席连续两年将俄罗斯作为年度首访国，专程出席索契冬奥会开幕式。普京总统两次访华，并分别出席"亚信"上海峰会和APEC北京会议。中国国务院总理李克强成功访俄，并举行中俄总理第19次定期会晤。两国元首签署并发表《中俄关于全面战略协作伙伴关系新阶段的联合声明》，标志着自1996年建立战略协作伙伴关系，2011年提升为全面战略协作伙伴关系以来，中俄关系更上一层楼，进入了一个全新的发展阶段。

经济上，中俄双方更加注重务实合作。2014年，中俄双边贸易额在全球经济承受下行压力的大背景下逆势上扬，达到创纪录的953亿美元，同比增长近7个百分点。2014年5月21日，中俄签署了东线天然气"世纪合同"，合同规定从2018年起，俄方开始供气，输气量逐渐增加，最终达到380亿立方米/年，合同期为30年，合同总价为4000亿美元。2014年11月启动西线天然气合作，一批批战略性大项目稳步推进。

（3）中蒙俄发展战略高度契合。2014年，在复杂多变的国际及地区形势下，中蒙俄三国不仅实现了发展战略的对接，而且还找到了新的合作平台，为中蒙俄三国关系的互动发展奠定了基础。①三国杜尚别会晤，增加了互信。2014年9月11日，在杜尚别会议期间，中蒙俄三国首脑会晤，就彼此关切的合作问题进行全方位沟通，对增进三国互信、促进互利共赢、实现优势互补、紧密三国关系等方面具有重要的意义。②三国发展战略高度契合。中国提出共建丝绸之路经济带的倡议，得到了俄罗斯和蒙古国两国的积极响应，并认可习近平主席提出的将丝绸之路经济带同俄罗斯跨欧亚大铁路、蒙古国草原之路进行对接，共同打造"中

---

① 全年经济增长仅为0.6%，油价下降使其遭受了约2000亿美元的经济损失，外贸总额下降5.7%，吸引外资下降70%。

蒙俄经济走廊"的倡议，使其成为中蒙俄三国未来经贸合作的新平台。

基于内蒙古自治区区位优势，内蒙古自治区不仅被国家纳入"丝绸之路经济带"的建设范围，而且内蒙古自治区也是"中蒙俄经济走廊"构建的重要战略支点。内蒙古自治区在"丝绸之路经济带"中的发展定位对深化内蒙古自治区与俄罗斯和蒙古国的务实合作、拓展与丝绸之路沿线各国的经贸发展、畅通与丝路沿线各国的运输通道将具有重要的意义。因此，"丝绸之路经济带"的构建将为内蒙古自治区经贸关系的拓展带来新的发展机遇。

（二）内蒙古自治区对外经贸发展的区内环境

2014 年，内蒙古自治区虽然面临国内市场需求不足、国际经济运行下行的内外经济背景，但全区全年国内生产总值完成 17769.51 亿元，比 2013 年增长 7.8%，高于全国平均增速 0.4 个百分点。三次产业结构由 2013 年的 9.5：54.0：36.5 演化为 9.1：51.9：39.0，第三产业比重明显上升，呈现出全年经济稳中有升、结构调整有序进行、经济发展总体利好的特征。特别是在推进"一带一路"战略实施中，内蒙古自治区多项务实合作的措施，对内蒙古自治区扩大对外开放、深化与俄罗斯和蒙古国的合作、拓展对外经贸关系、促进全区对外经贸发展发挥了重要的作用。梳理一年来促进内蒙古自治区外经贸发展的因素，归纳如下：

1. 习近平总书记视察内蒙古自治区并做重要指示

2014 年年初，习近平主席考察内蒙古自治区，对内蒙古自治区经济发展做出了重要指示，要求内蒙古自治区通过扩大开放促进改革发展，发展口岸经济、加强基础设施建设，完善与俄罗斯和蒙古国的合作机制，深化各领域合作。主席的重要指示，对内蒙古自治区深入实施向北开放战略具有重要而深远的指导意义，对内蒙古自治区建设"一堡一带"提供了强大动力。根据习近平主席的讲话精神，内蒙古自治区采取多项政策措施，为内蒙古自治区对外经贸发展保驾护航。

2. 相关文件的出台引领内蒙古自治区经贸关系的拓展

为把习近平总书记考察内蒙古自治区重要讲话精神以及内蒙古自治区建设"一堡一带"战略任务落到实处，2014 年，自治区党委、政府围绕向北开放和沿边开发开放制定出台了《关于进一步加强同俄罗斯和蒙古国交往合作的意见》、《内蒙古自治区深化与蒙古国全面合作规划纲要》、《内蒙古自治区创新同俄罗斯、蒙古国合作机制实施方案》、《内蒙古自治区人民政府关于促进口岸经济发展的指导意见》等文件，这些文件的出台成为内蒙古自治区不断拓展与俄罗斯和蒙古国关系的重要引领。

3. 多项务实合作的措施深化内蒙古自治区外经贸关系的发展

（1）组团出访。2014 年 7 月 6~8 日，王君书记率代表团出访蒙古国，双方在资源开发、基础设施、人文交流等方面达成一系列合作协议和意向；2014年，自治区经贸代表团对布里亚特共和国、后贝加尔边疆区、伊尔库茨克州进行了友好访问。通过一系列的出访活动，不仅增进了相互了解，密切了相互关系，也使内蒙古自治区在国家整体对外贸易增速趋缓情况下，实现了对俄罗斯和蒙古国贸易的较快增长。

（2）积极推进重点开发开放试验区建设。继满洲里重点开发开放试验区获批之后，2014年6月5日，二连浩特重点开发开放试验区获得国务院批准，是国家在新形势下做出的重大战略部署。为此，内蒙古自治区出台了包括通关、产业发展、财税政策等在内的九大扶持政策，支持试验区建设。以财税政策为例，2014~2024年，自治区将安排专项资金支持试验区建设，以2014年2亿元为基数，以后年度逐年增加。2014年7月2日，总投资3.5亿元的二连浩特边民互市贸易区开工建设，对促进口岸外经贸健康发展具有重要意义。

（3）互联互通建设有序推进。2014年7月12日，珠斯花—珠恩嘎达布其铁路全线贯通，打通了蒙东运煤通道，形成我国东北与蒙古国第二条铁路大通道；2014年7月24日，首列通过满洲里铁路口岸的中欧班列开通，标志着中俄铁路东部国际大通道正式贯通；经过二连浩特口岸赴蒙古国的中国内蒙古草原之星专列开通；2014年9月24日，额济纳旗—蒙古国古尔班特斯国际旅客运输班线正式投入运营。2014年9月，赤峰保税物流中心顺利通过了国家联合验收组的正式验收，这标志着赤峰市乃至内蒙古自治区正式搭建起了将出海口直接延伸到草原的"无水陆港"。

（4）搭建平台，畅通贸易。2014年9月，内蒙古自治区启动了"大通关、大物流、大外贸"的电子口岸公共平台建设，该平台建成后将为企业提供"一站式"便捷服务，对降低企业通关成本，提升自治区口岸外向型经济发展具有重要意义。另外，2014年，二连海关对60项三级审批事项进行了全面清理。比如，深入推进通关作业无纸化改革，彻底简化通关手续，开辟果蔬、水泥出口"绿色通道"，在铁路现场继续实行24小时接受运输工具申报等措施，保证进出口货物及时通关。

综上所述，虽然2014年国际形势发展不利，但内蒙古自治区借助于国家"一带一路"战略的实施，通过采取多项务实合作的措施，不断拓展与俄罗斯和蒙古国的经贸合作，使内蒙古自治区的对外贸易、口岸货运、利用外资及对外投资等获得了稳定发展。

二、内蒙古自治区对外经贸发展总体情况

尽管国内外经济环境复杂，但是内蒙古自治区紧紧抓住丝绸之路经济带建设

的历史机遇，借助于"中蒙俄经济走廊"构建的经济合作平台，充分发挥内蒙古自治区与俄罗斯和蒙古国毗邻的地缘优势，2014 年在对外贸易、口岸运输、利用外资、境外投资方面都取得了不俗的成绩，对外经贸发展成为内蒙古自治区经济发展的推动力。

（一）贸易发展

1. 贸易规模稳步提升、贸易逆差大幅收紧

2014 年全区进出口总值达 145.53 亿美元，创历史新高，同比增长 21.4%，高于全国进出口增幅 17.9 个百分点。其中，出口达 63.94 亿美元，增长 56.2%，高于全国出口增幅 50.1 个百分点，增幅列全国第二位；进口达 81.59 亿美元，增长 3.3%，高于全国进口增幅 2.9 个百分点。

从 2014 年全年出口发展情况来看，上半年除 2 月创全年新低外（2.45 亿美元），其余月份基本处于平稳发展时期；下半年，处于稳步攀升阶段，11 月份为全年出口最高峰，达到 9.46 亿美元，且 10 月、11 月连续两个月出口超过进口，贸易顺差分别为 2.01 亿美元、2.21 亿美元，成为全年贸易发展的亮点。从进口贸易发展来看，全年发展较为平稳，进口最高月份是 12 月，达到 8.6 亿美元。从全年贸易发展情况来看，进出口贸易最高月份均发生在 2014 年下半年，见图 1-1。

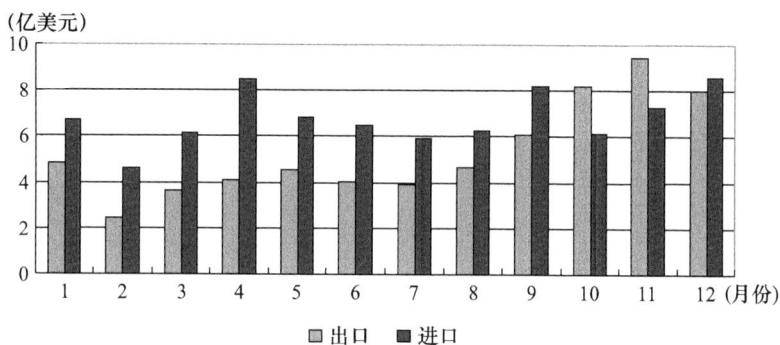

图 1-1　2014 年 1～12 月内蒙古自治区对外贸易月度发展情况

资料来源：内蒙古自治区商务厅网。

逆差是内蒙古自治区贸易发展的常态，但 2014 年内蒙古自治区贸易逆差大幅收紧，逆差额由 2013 年的 38.03 亿美元降低到 2014 年的 17.7 亿美元，降幅为 53.5%，特别是 10 月、11 月连续两月出口超过进口，贸易顺差分别为 2.01 亿美元、2.21 亿美元，成为全年贸易发展的亮点。

逆差收紧不是结构调整所致，而是市场行情所致，2014年经济发展低迷，煤炭、铁矿石、铜等矿产资源类产品价格降幅明显，而内蒙古自治区进口商品主要集中在能源、矿产资源类产品，因此，贸易逆差收紧。

2. 贸易伙伴集中、口岸城市引领贸易发展

一直以来，为了分散风险，内蒙古自治区不断拓展国际市场，其市场开拓卓有成效，贸易伙伴遍布全球，但由于内蒙古自治区与俄罗斯和蒙古国两国边境毗邻的自然基础及沿边开放及"一带一路"战略的积极实施，贸易发展依然集中在俄罗斯和蒙古国。2014年内蒙古自治区对蒙古国和俄罗斯贸易发展快速增长，全年完成71.51亿美元，占全区贸易总额的49.1%，即约一半的贸易是与俄罗斯和蒙古国两国完成，体现出了贸易伙伴高度集中的特点。特别是近年来，内蒙古自治区对蒙古国贸易发展迅速，2012年至今，蒙古国一直是内蒙古自治区最大的贸易伙伴，2014年内蒙古自治区同蒙古国的贸易额达到40.97亿美元，同比增长29.8%，占全区进出口贸易的28.2%，比重较2013年提高了1.9个百分点。其中自蒙古国进口31.7亿美元，比2013年净增加11.59亿美元，同比增长57.6%，对全区进口贡献率达444.1%。对俄罗斯贸易额达30.54亿美元，同比增长16.2%，较2013年止跌回升了20个百分点。其中对俄出口6.49亿美元，同比增长136%，高于全区出口增幅79.8个百分点；自俄进口24.04亿美元，同比增长2.2%。对美国、泰国、越南贸易额分别增长31.9%、74%和101.1%。对韩国、澳大利亚、日本贸易额分别下降9.7%、5.2%和46.1%。

内蒙古自治区是一个口岸大省，口岸开放多的盟市，其贸易发展规模大。因此，贸易发展具有典型的口岸特征。

呼伦贝尔市，集中了内蒙古自治区与俄罗斯对接的所有口岸，特别是中俄对接最大口岸满洲里位于此，大大促进了呼伦贝尔市对外贸易的发展。2014年呼伦贝尔市以36.57亿美元的贸易额，占内蒙古全区25.1%的贸易份额成为内蒙古自治区对外贸易发展最大的盟市。巴彦淖尔市分布着对蒙重要口岸——甘其毛都及巴格毛都口岸，2014年全年完成贸易总额28.3亿美元，占全区贸易额的19%。拥有对蒙古国最大口岸的锡林郭勒盟，2014年全年完成贸易额21.95亿美元，占比15%，见图1-2。

另外，在2014年内蒙古自治区对外贸易发展中，对蒙最大口岸二连浩特市、对俄最大口岸满洲里市贸易额较大。其中，二连浩特市全年完成贸易额15.52亿美元，占锡林郭勒盟贸易额的97.2%。满洲里市全年完成贸易额32.85亿美元，占呼伦贝尔市的89.8%，呈现出口岸城市引领全区贸易发展的特征。

在内蒙古自治区各盟市中，2014年对外贸易发展呈现出不同的特点：表现为增长态势的盟市有兴安盟（2336.2%）、通辽市（106%）、巴彦淖尔市（98.7%）、

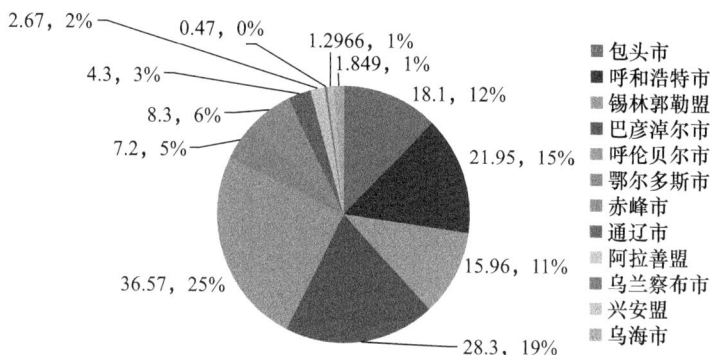

图 1-2 内蒙古自治区 2014 年各盟市对外贸易额 （亿美元）
及其在全区贸易总额的占比

资料来源：内蒙古自治区商务厅网。

呼伦贝尔市（54.1%）、呼和浩特市（37.5%）、乌海市（10.5%）及乌兰察布市（0.9%）；表现为下降趋势的有包头市（-14.2%）、锡林郭勒盟（-12.3%）、鄂尔多斯市（-36.5%）、赤峰市（-6.6%）、阿拉善盟（-24.1%）。特别是兴安盟以2336.2%的增长速度跃进到了内蒙古自治区各盟市第十的位置。

3. 贸易结构稳中有变，私营企业主导贸易发展

基于内蒙古自治区自身经济发展、主要贸易伙伴的资源禀赋及经济发展态势，2014年内蒙古自治区对外贸易结构在延续以往特征的基础上有些许的突破，主要表现在高新技术产品及机电产品的出口发展。

从进出口商品总体结构来看，从蒙古国进口主要商品为资源性矿产品，对蒙古国出口多以传统劳动密集型商品、钢材、水泥为主。全年内蒙古自治区自蒙古国进口超1亿元的商品共有4类，依次为铜矿砂、煤炭、铁矿砂、原油，合计进口值183.21亿元，占自蒙古国进口总值为84.1%。其中铜矿砂进口所占比重最大、增幅最高，进口值为116.45亿元，比重达59.76%，增长7.67倍。同期，内蒙古自治区对蒙古国出口超亿元的商品主要有6大类，分别为服装类商品、钢材、电力、水泥、成品油及货车。但是服装、水泥、成品油、纺织品下降幅度较大，分别为34.91%、28.09%、54.34%、51.6%。2014年内蒙古自治区对俄罗斯出口以机电产品、传统劳动密集型产品和农产品为主。特别是对俄出口机电产品迅猛增长，出口10.2亿元，增长93.8%。从俄罗斯进口以能源资源性产品为主，2014年自俄罗斯进口的锯材、原木、成品油、纸浆均呈增长态势。

机电产品与高新技术产品贸易的发展是衡量贸易结构优化与否的重要指标，近年来，内蒙古自治区的机电产品与高新技术产品的贸易规模不断扩大，特别是出口的高速增长，成为内蒙古自治区贸易发展的亮点。2014年，全区机电产品

进出口额为19.4亿美元，占全区对外贸易进出口额的13.4%，其中，出口11.9亿美元，同比增长128.6%；全区高新技术产品进出口额为6.1亿美元，其中，出口3.5亿美元，同比增长214.8%。

从贸易发展的经营主体来看，与我国整体对外贸易中外资发挥主导作用不同，内蒙古自治区外经贸发展中发挥主导作用的是私营企业，其进出口贸易在贸易总额中占70%以上。见表1-1。

表1-1 2014年内蒙古自治区对外贸易的企业性质

单位：亿美元

项目	进出口总额			出口			进口		
	金额	同比（±%）	占比（%）	金额	同比（±%）	占比（%）	金额	同比（±%）	占比（%）
总值	145.53	21.4	100	63.94	56.2	100	81.59	3.3	100
国有	25.77	-9.5	17.7	14.81	31.5	23.2	10.96	-36.3	13.4
外资	16.31	0.2	11.2	8.54	9.8	13.4	7.77	-8.6	9.5
其他	103.45	37.6	71.1	40.59	85.3	63.5	62.86	18	77
集体	1.13	-58.9	0.78	0.35	-74	0.5	0.78	-44.2	0.96
私营	102.32	41.3	70.4	40.24	96	62.9	62.08	19.6	76.1

资料来源：内蒙古自治区商务厅。

从2014年数据来看，私营企业全年完成贸易额102.32亿美元，同比增长41.3%，占比70.4%；国有企业同比下降9.5%。外资企业发展最为不利，全年对外贸易额仅为16.31亿美元，占比为11.2%，表明内蒙古自治区对外开度不够，吸引外资的能力不强。

4. 传统贸易方式稳定发展，新贸易方式开始出现

一直以来，一般贸易、边境小额贸易、加工贸易主导着内蒙古自治区对外贸易发展的方式，特别是边境贸易的发展，凸显了内蒙古自治区对外贸易发展沿边开放的特性。从2014年的数据来看，一般贸易依然占主导地位，边境小额贸易次之，发展最弱的是加工贸易，贸易总额仅为2.6亿美元，见表1-2。

另外，保税监管场所进出境货物异军突起，成为内蒙古自治区2014年贸易方式的新发展。据满洲里海关统计，2014年内蒙古自治区对蒙外贸首次突破250亿元大关，全年进出口额达251.79亿元，同比增长28.45%，占内蒙古自治区外贸总值的28.2%，占我国对蒙贸易的56.1%，其中，保税监管场所进出口货物113.5亿元，增长8.49倍，所占比重最大。伴随着国家对沿边开放地区政策支持力度的加大，保税监管场所会发挥越来越大的作用。

表 1 – 2 2014 年内蒙古自治区对外贸易方式

项目	出口（63.9 亿美元）			进口（81.6 亿美元）		
	金额（亿美元）	同比（±%）	占比（%）	金额（亿美元）	同比（±%）	占比（%）
一般贸易	50.6	73.8	79.2	29.8	-20.5	36.5
边境小额	4.4	11.2	6.9	31.3	-14	38.4
加工贸易	1.8	25.7	2.8	0.8	-39.1	0.98

资料来源：内蒙古统计局网。

（二）口岸运输

内蒙古自治区是一个沿边口岸开放大省，包括铁路、公路、航空、集装箱中转站、港口物流中心等，承担着我国与俄罗斯和蒙古国间客运、货运及转口贸易的重要职责。

1. 口岸货运分析

2014 年全区口岸进出境货运量为 7085.7 万吨，同比增长 4.2%。进境货运量为 4793.0 万吨，同比增长 3.7%；出境货运量为 1016.3 万吨，同比下降 21.3%；转口货运量为 1276.4 万吨，同比增长 44%。见图 1 – 3。

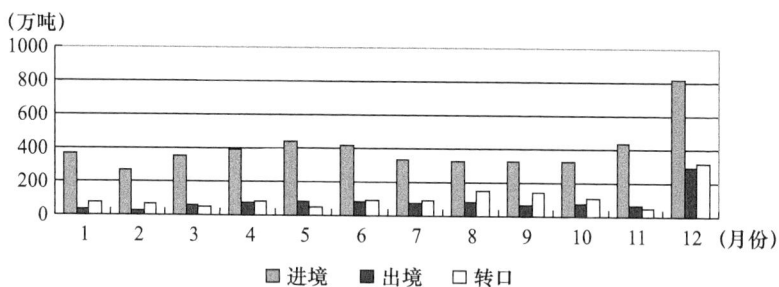

图 1 – 3 内蒙古自治区口岸 2014 年 1 ~ 12 月货运统计

资料来源：内蒙古自治区商务厅。

由图 1 – 3 可以看出，2014 年全年货运量分布从波幅来看，上半年比较平稳，下半年波幅较大。从运输总量来看，下半年高于上半年，1 ~ 6 月全区口岸进出境货运量为 3014.5 万吨，占 42.2%；下半年全区口岸进出境货运量为 4071.12 万吨，占 57.5%。全年进境、出境及转口高峰均发生在 12 月，12 月总货运量高达 1420.98 万吨，占全年货运总量的 20.1%，其中进境 815.63 万吨，占全区进境总量的 17%；出境 289.12 万吨，占全区出境总量的 28.4%；转口 316.23 万吨，占全区转口货运的 24.8%。

另外，从国别分布来看，2014 年对俄口岸进出境货运量为 3038.7 万吨，同比增长 0.2%。其中，进境货运量为 1457.2 万吨，同比下降 20%；出境货运量为 305.1 万吨，同比下降 5.5%。2014 年对蒙口岸进出境货运量为 4047 万吨，同比增长 22.9%。其中，进境货运量为 3335.8 万吨，同比增长 19.2%；出境货运量为 711.2 万吨，同比增长 43.6%。从数据可以看出，2014 年全年对蒙口岸进出境货运量增幅较大，全年增长率为 22.9%，究其原因，首先得益于中蒙关系的全面提升，2014 年是中蒙建交 65 周年，《中蒙友好合作关系条约》修订 20 周年和中蒙友好交流年，2014 年 8 月习近平主席出访蒙古国，宣布将中蒙关系提升为全面战略伙伴关系，蒙方也把发展对华关系作为外交政策的优先方向，这些都为中蒙贸易向纵深发展提供了切实保障。其次得益于内蒙古自治区独特的区位优势。内蒙古自治区作为我国与蒙古国交流合作的桥头堡，在对接"一带一路"、"向北开放"战略中区位优势得天独厚，全区 9 个边境口岸承担着中蒙贸易的95%。因此，中蒙政治关系的全面提升、经济领域的互补性及得天独厚的区位优势等，在促进中蒙经贸关系发展的同时，也带动了内蒙古自治区口岸物流量的全面提升。

2. 口岸客运分析

随着中国与俄罗斯和蒙古国关系的不断发展，内蒙古自治区与俄罗斯和蒙古国口岸间在货物运量规模不断扩大的同时，口岸客运量也在稳步发展，2014 年全年全区口岸进出境客运量达 467.61 万人次，同比增长 2.9%，全年客运量分布如图 1-4 所示。

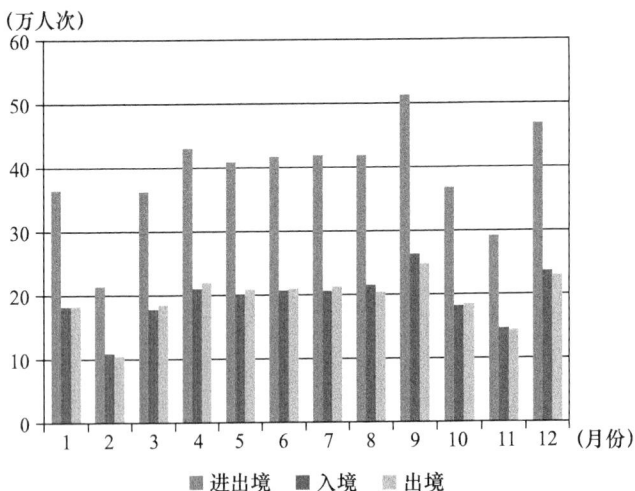

图 1-4　内蒙古自治区口岸客运量分布（2014 年 1~12 月）

资料来源：内蒙古自治区商务厅。

2014 年内蒙古自治区口岸客运量上半年总计为 219.8 万人次，下半年为 247.81 万人次，下半年高于上半年。从总体趋势来看，年初高开低走、中间进入平稳发展期，后期又掀入了高潮。从具体月份来看，全年客运量最低月份出现在 2 月，进出境共计 21.4 万人次；全年最高月份出现在 9 月，进出境人数达到了 51.3 万人次；12 月出现了另一个小高潮，达到了 46.87 万人次。4~8 月，客运量平稳发展，基本维持在 41 万人次左右。

全年客运量的分布变化与人员构成、气候及季节相关。从人员构成来看，有出访者、旅游者、商人、学生等。出访者与国家关系发展相适应；旅游者会选择俄罗斯和蒙古国气候最宜人的时间去旅游；每年的开学季及放假季会有大量学生往返于口岸；只有商人会常年往返于口岸间。另外，春节期间也会有大量在外经商者回国探亲。因此，口岸客运量的分布会呈现上述的波动趋势。

（三）利用外资

1. 总体情况

2014 年国内外经济发展形势不利，影响了内蒙古自治区利用外资的能力及水平，全年全区实际利用外资 39.77 亿美元，同比下降 14.3%。共批准设立外商投资企业 44 家，同比增长 29%，其中中外合资企业 21 家、中外合作企业 2 家、外商独资企业 21 家。利用外资主要来源于中国香港、美国、英国、韩国、丹麦和德国。按行业分布，利用外资主要集中在采矿业、制造业、农林牧渔业、租赁和商务服务业、交通运输业和仓储业。

2. 发展态势

从内蒙古自治区 2014 年全年的发展情况来看，实际使用外资发展不均衡。上半年利用外资金额 8.25 亿美元，占全年比重的 20.7%，1~6 月较为均衡，最高月份出现在 5 月，金额为 3.76 亿美元；外资使用集中在下半年，使用金额为 31.52 亿美元，占全年的 78.6%，且下半年波动较大，全年使用外资最高月份及最低月份均集中于此阶段。总体来说，从 7 月以来，处于不断增长阶段，11 月是全年利用外资最高的月份，金额总计 25.99 亿美元，占全年的 65.4%，占下半年的 82.5%。引资最低月份也出现在下半年的 12 月，金额为零。见图 1-5。

3. 区内分布

内蒙古自治区地域广阔，各盟市经济发展情况、基础设施、口岸分布及对外开放的情况不同，吸引外资的能力也有所不同。从 2014 年各盟市使用外资情况来看，鄂尔多斯市和包头市实际利用外资均突破了 10 亿美元，特别是鄂尔多斯市，通过一系列引资政策的实施，成为全区吸引外资最多的盟市。

（亿美元）

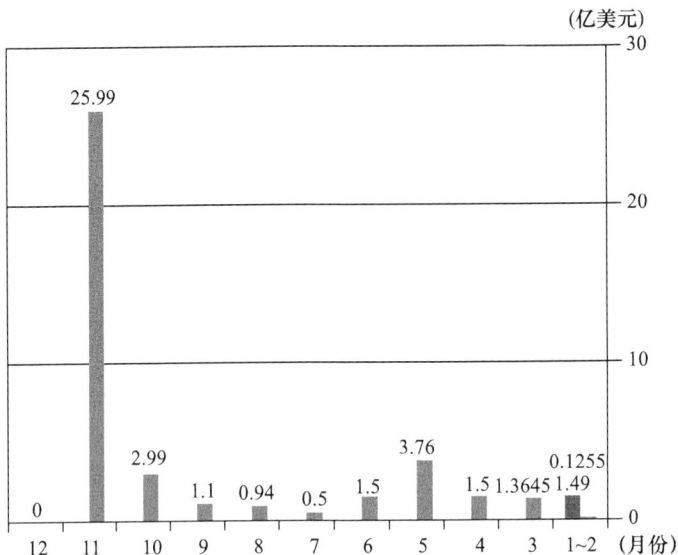

图 1－5　2014 年 1～12 月内蒙古自治区实际利用外资金额

资料来源，内蒙古自治区商务厅。

2014 年，鄂尔多斯市商务部门紧紧围绕招商引资，不断创新工作，完善机制，营造环境，促进利用外资市场多元化，培育新的外资增长点，实现了利用外资稳步增长。2014 年，全市累计新批外商投资企业 6 家，实际利用外资 16.85 亿美元，居自治区各盟市之首，同比增长 5.31%，全市实际利用外资额首次突破 16 亿美元，取得了历史最好成绩。从利用外资的主体来看，全市有 3 个旗区实际利用外资实现了大幅增长，东胜区、伊旗及准旗利用外资均过亿美元，占全市利用外资总额的 96.85%；从外资来源地来看，主要包括中国香港、维尔京群岛、开曼群岛等；从投资行业来看，实际到位外资项目主要集中在煤矿矿井建设及改造、采掘、煤化工及煤矿设备制造。

包头市 2014 年实际使用外资 11.2 亿美元，成为内蒙古自治区第二大利用外资的盟市。其余使用外资超过 1 亿美元的盟市有乌兰察布市（1.9625 亿美元）、巴彦淖尔市（1.0044 亿美元）。阿拉善盟以 0.52 亿美元的外资使用额、40.28% 的增长速度成为内蒙古自治区使用外资增长速度最快的盟市。另外，赤峰市虽然使用外资金额少（0.2112 亿美元），但增速为 314%，成为内蒙古自治区仅次于阿拉善盟的第二大增速最快的盟市。

（四）境外投资

伴随着中国向北开放及"一带一路"战略的积极实施，国内各省加快了

"走出去"的步伐，内蒙古自治区一直非常重视与毗邻国家的经济合作，特别是2014年，随着中国与俄罗斯和蒙古国关系的全面提升、俄罗斯和蒙古国经济衰退及其货币贬值，加速了内蒙古自治区境外投资的步伐，境外投资企业数量及投资规模实现了双向增长。

1. 境外投资规模

2014年，全区新核准境外投资企业为64家，企业数同比增长了1倍；中方协议投资额为11.5亿美元（含增资项目为9个，增资额为2.03亿美元），同比增长12.3%。

2. 境外投资国别分布

内蒙古自治区境外投资分布于中国香港、蒙古国、俄罗斯、印度尼西亚、韩国、美国、澳大利亚、加拿大、阿联酋、日本、新加坡、新西兰、维尔京群岛和埃及。特别是2014年内蒙古自治区对俄罗斯、蒙古国两国批准设立的投资企业与投资额都实现了恢复性增加。2014年，内蒙古全区批准设立对俄投资企业19家，数量同比增长9家，中方协议投资额（含增资）达8092万美元，同比增长88.2%；对蒙古国投资项目19个，数量同比增长13个，中方协议投资额（含增资）达35278万美元，同比增长了4倍多。对俄罗斯和蒙古国的投资额共计43370万美元，占全区境外投资的37.7%。分析投资增长原因如下：

（1）得益于中国与俄罗斯和蒙古国关系的全面发展。2014年习近平主席成功访蒙，将中蒙关系提升到全面战略合作伙伴关系，中蒙间签署26项合作协议，涉及两国关系发展的方方面面，特别是两国在扩大务实合作方面申明要坚持矿产资源开发、基础设施建设、金融合作"三位一体，统筹推进"原则，为中蒙关系发展指明了方向。

（2）得益于中国与俄罗斯关系的全面改善。2014年因乌克兰危机使俄罗斯与西方国家关系全面恶化，西方国家对其经济制裁，导致石油价格下降、外国资本撤离、卢布大幅贬值，国内经济增长乏力。在这一背景下，中俄关系全面恢复，中俄双方务实合作推进，天然气大订单签署，不仅使中俄博弈20年的天然气获得重大突破，也是对深陷西方国家制裁包围圈的俄罗斯的一种巨大支持。

（3）2014年俄罗斯和蒙古国深陷经济增长乏力的泥潭，两国货币贬值，对两国投资成本下降，这对投资两国企业来说，具有很大的吸引力。

（4）内蒙古自治区为鼓励企业"走出去"，政府积极牵线搭桥，提供多种与国外接洽的机会，比如一年一度的中俄罗斯和蒙古国经贸洽谈会等，成为内蒙古自治区与俄罗斯和蒙古国洽谈的重要平台等。

3. 境外投资的行业分布

投资领域主要涉及资本运营、房地产、批发零售、森林采伐、生产加工、建筑材料、基础设施、贸易、运输、矿产资源勘查、生物制药、能源开发、旅游餐饮等。

总体而言，2014年对内蒙古自治区来说是具有里程碑意义的一年。虽然面临着国内外市场需求不足，国际经济下行压力加大的局面，但是内蒙古自治区紧紧把握国家实施"一带一路"战略的机遇，大力拓展对外经贸关系，不仅使全区经济保持7.8%的增速，也使对外经贸发展的主要指标实现了稳定增长，是内蒙古自治区对外经贸发展史上的一次跨越和突破。

专题报告

第 二 章

内蒙古自治区对外贸易发展专题

　　一般贸易、边境贸易和加工贸易是内蒙古对外贸易发展的主要方式。从发展特点来看，一般贸易规模大、占比高，但贸易结构不平衡；边境贸易则呈现出规模缩小、占比下降的特点；而加工贸易规模小、波动大，对经济贡献度小。

一、内蒙古自治区外贸结构存在的问题及对策

内蒙古自治区对外贸易始于 1947 年，但其发展是在改革开放之后，特别是 1991 年国家实施沿边开放政策之后，内蒙古自治区依托区位优势、资源优势及国家"沿边"开放的有利政策，不仅使自身的对外贸易获得发展，也为内地省份与俄罗斯、蒙古国搭建了合作的平台，形成了货物贸易、服务贸易及转口贸易共同发展，一般贸易、边境贸易、加工贸易共同繁荣，外贸、外资及外经的协调统一。

（一）内蒙古自治区对外贸易发展的结构分析

1. 总体现状

1978～2013 年，除 2009 年、2012 年受到金融危机影响贸易额呈现下降局势外，内蒙古自治区对外贸易额基本处于上升趋势，见图 2-1。

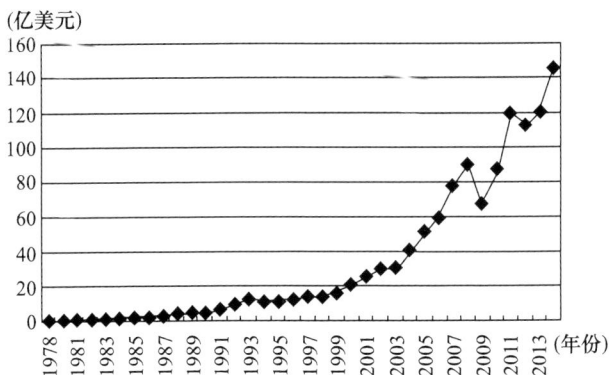

图 2-1 2000～2014 年内蒙古自治区外贸额

资料来源：内蒙古自治区商务厅。

"十一五"时期，内蒙古自治区外贸进出口总额累计达到 381.08 亿美元，比"十五"时期增长 1.4 倍。其中，出口 143.19 亿美元，比"十五"时期增长 86%。

2012 年因金融危机和欧债危机的影响，世界经济增长缓慢，内蒙古自治区对外贸易发展不及 2011 年，特别是出口下滑明显。根据内蒙古商务厅数据显示，2014 年内蒙古自治区进出口总值达 145.53 亿美元，创历史新高，同比增长 21.4%。其中，出口 63.94 亿美元，同比增长 56.2%；进口 81.59 亿美元，同比

增长 3.3%。

2. 结构分析

（1）贸易结构。货物贸易与服务贸易构成了内蒙古自治区总体贸易结构，2014 年全年货物贸易额达到 145.5 亿美元，同比增长 21.4%。其中，出口 63.9 亿美元，同比增长 56.2%；进口总额 81.6 亿美元，同比增长 3.3%。贸易逆差达 17.7 亿美元。2014 年全年服务贸易进出口总额为 10.44 亿美元，同比增长 18.92%，其中出口 1.87 亿美元，同比增长 16.34%；进口 8.57 亿美元，同比增长 21.49%，贸易逆差达 6.7 亿美元。

就内部结构而言，在货物贸易中，高新技术产品和机电产品的进出口总额虽低，但发展平稳，以 2014 年为例，内蒙古自治区机电产品进出口额为 19.4 亿美元，同比下降 0.6%，占内蒙古自治区对外贸易进出口额的 13.4%，在西部十二省（区）市中排名第十位。其中，出口 11.9 亿美元，同比增长 128.6%，占内蒙古自治区外贸出口总额的 18.62%；进口 7.56 亿美元，同比下降 47.4%，占内蒙古自治区外贸进口总额的 9.26%。内蒙古高新技术产品进出口额为 6.1 亿美元，同比下降 32.2%，占内蒙古对外贸易进出口额的 4.2%，在西部十二省（区）市中排名第七位。其中，出口 3.5 亿美元，同比增长 214.8%；进口 2.6 亿美元，同比下降 66.7%。

2014 年服务贸易中，进出口总额为 10.44 亿美元，第一位是旅游业，贸易总额为 6.42 亿美元，占服务贸易总额的 61.49%；第二位是其他商业服务，贸易总额达到 1.43 亿美元，占服务贸易总额的 13.69%；第三位是运输业，贸易总额为 1.29 亿美元，占服务贸易总额的 12.36%；第四位是建筑业，贸易总额达到 0.38 亿美元，占服务贸易总额的 3.64%；第五位是加工服务，贸易总额达到 0.15 亿美元，占服务贸易总额的 1.43%。

（2）市场结构。随着市场多元化战略的实施，内蒙古自治区对外市场已由俄罗斯和蒙古国、日本拓展到亚洲、欧洲、非洲、大洋洲及南美洲，贸易伙伴已达到 160 多个，但基于地缘、区位、口岸等因素的影响，俄罗斯和蒙古国仍属于内蒙古自治区最重要的贸易伙伴。以 2014 年为例，内蒙古自治区对外贸易额为 145.5 亿美元，其中对蒙古国贸易额为 40.97 亿美元，同比增长 29.8%；对俄罗斯贸易额为 30.54 亿美元，同比增长 16.2%；对美国、泰国、越南贸易额分别增长 31.9%、74% 和 101.1%；对韩国、澳大利亚、日本贸易额分别下降 9.7%、5.2% 和 46.1%。其中对蒙俄贸易合计占贸易总额的 49.15%，对蒙古国的贸易保持在 29.8% 的增长，表明与蒙古国的贸易在内蒙古自治区整体贸易发展中的重要性，但也凸显了内蒙古自治区对外贸易增长的地区不平衡。

（3）贸易方式结构。2014 年，内蒙古自治区对外贸易中一般贸易额为 80.44

亿美元，同比增长 20.8%，占内蒙古自治区对外贸易总额的 55.29%；而边境贸易进出口总额达 35.7 亿美元，同比下降 11.4%，占内蒙古自治区对外贸易总额的 24.54%；加工贸易为 2.6 亿美元，占比 1.8%，同比下降 6.5%；其他贸易为 15 亿美元，同比增长 3.2%。

（4）企业结构。内蒙古自治区对外贸易发展中私营企业贡献最大。2014 年，私营企业完成了 102.32 亿美元的贸易额，与 2013 年同期相比增长 41.3%，占贸易总额的 70.3%；国有企业完成 25.77 亿美元的贸易额，与 2013 年同期相比下降 9.5%，占贸易总额的 17.7%；外资企业完成 16.3 亿美元，与 2013 年同期相比增长 0.2%，占贸易总额的 11.2%；集体企业完成 1.13 亿美元，与 2013 年同期相比下降 58.9%。

（5）区域结构。内蒙古自治区对外贸易发展呈现出明显的区域发展特征，贸易额主要集中在呼伦贝尔市、满洲里市、呼和浩特市和巴彦淖尔市。2014 年，呼伦贝尔市完成贸易额 36.57 亿美元，与 2013 年同期相比增长 54.1%，占贸易总额的 25.1%；满洲里市完成贸易额 32.85 亿美元，与 2013 年同期相比增长 41.8%，占贸易总额的 22.6%；巴彦淖尔市完成贸易额 28.34 亿美元，同比增长 98.7%，占贸易总额的 19.5%；呼和浩特市完成贸易额 21.95 亿美元，同比增长 37.5%，占贸易总额的 15.1%；包头市完成贸易额 18.1 亿美元，同比下降 14.2%，占贸易总额的 12.4%。

（二）内蒙古自治区对外贸易结构存在的问题

改革开放以来，内蒙古自治区对外贸易获得了较快发展，据海关统计，2014 年内蒙古自治区进出口总值达 145.53 亿美元，创历史新高，同比增长 21.4%，高于全国进出口增幅 17.9 个百分点。其中，出口 63.94 亿美元，增长 56.2%，高于全国出口增幅 50.1 个百分点，增幅居全国第二位；进口 81.59 亿美元，增长 3.3%，高于全国进口增幅 2.9 个百分点。但相对于沿海各省及其他沿边开放省市，在对外贸易发展方面，特别是在外贸结构方面存在较大的问题。

1. 贸易结构不合理

内蒙古自治区对外贸易发展中货物贸易发展迅速，服务贸易发展滞后。货物贸易发展走过了由初级产品为主向制成品为主的漫长过程，但目前，初级产品所占比重高于全国水平，工业制成品所占的比重低于全国水平，高新技术产品及资本密集型的产品增速虽快，但在贸易总额中所占比重低于全国平均水平，在一定程度上反映了内蒙古自治区货物贸易结构低度化问题；服务贸易中传统的服务贸易项目如旅游、运输、工程承包等方面发展迅速，但包含着智力因素的一些服务项目发展缓慢。以 2014 年服务贸易发展数据为例，保险、金融、电影及影像制品出口额仅几万美元，技术含量高的服务项目发展比较落后。服务贸易发展的滞后，特别是一些智力型服务贸易项目发展滞后，不仅影响了服务贸易自身的发展水平，也影响了货物贸易的发展。例如金融、保险业发展落后，会严重制约货物贸易发展，从而影响内蒙古自治区贸易整体发展水平。

2. 市场结构过度集中

目前内蒙古自治区贸易伙伴虽然已达160多个，但主要贸易伙伴仍为俄罗斯和蒙古国。2013年，内蒙古自治区贸易总额为119.93亿美元，其中对俄罗斯和蒙古国的贸易总额达到了57.82亿美元，占内蒙古自治区贸易总额的48.21%；2014年，内蒙古自治区贸易总额为145.53亿美元，其中对俄罗斯和蒙古国的贸易总额为71.51亿美元，占内蒙古自治区贸易总额的49.14%。由此可见，与俄罗斯和蒙古国贸易在内蒙古自治区对外贸易中占据较大比例，特别是内蒙古实施向北开放战略以来，进一步加强了与俄罗斯和蒙古国的经贸往来，成效明显。但对其他市场的开拓力度不够，比重仍然偏小。

3. 贸易发展不平衡

内蒙古自治区对外贸易发展经历了顺差和逆差两个阶段，但与我国整体发展阶段的特征不相符。1978～2000年，内蒙古自治区贸易为顺差阶段，顺差额由1978年的500万美元提升到2000年774万美元；2001～2014年，为内蒙古自治区贸易逆差阶段，逆差由2001年的2.7亿美元增加到2014年的17.7亿美元，2013年逆差最大达38.03亿美元。而我国对外贸易在20世纪80年代为逆差阶段（1982年、1983年除外）；20世纪90年代以来，除了1993年为逆差外，其余年份年年顺差。

4. 企业竞争能力弱

因内蒙古自治区与俄罗斯、蒙古国边境相邻，边境贸易在内蒙古自治区贸易发展中地位重要，但从事边境贸易的企业多为中小企业，竞争能力较弱，截止到2015年第一季度，内蒙古自治区登记备案的进出口企业9164家，出口规模超过千万元的企业仅有60多家，进口规模超过千万元的企业仅有139家，经济实力弱，不仅缺乏开拓市场的能力，而且抵御外来风险的能力也较弱。

5. 加工贸易贡献度低

内蒙古自治区加工贸易在各类贸易方式中占比最低，以2014年为例，加工贸易额实现2.6亿美元，占比为1.8%。内蒙古自治区加工贸易属于典型的简单加工或组装型加工，加工贸易链条短，生产主要集中在下游。零部件及原材料过度依赖进口、加工贸易中技术先进的中间材料和基础部件的国内制造和供货能力缺乏，与内蒙古自治区相关产业关联度差，对相关产业发展的带动性不强。

（三）优化内蒙古自治区对外贸易结构的对策措施

1. 继续扩大对外开放，促进内蒙古自治区对外贸易总体发展

（1）注重外贸与外资、外经的协调发展。外贸、外资及外经是对外开放的主要内容。内蒙古自治区应立足于区位优势及政策优势，广泛吸引外资，引进有利于提升内蒙古自治区产品质量的技术和项目，增强内蒙古自治区产品的国际竞争力。与此同时，要采取税收、信贷等各项优惠政策鼓励企业进一步扩大对外经济技术合作与交流，带动内蒙古自治区产品的出口。

（2）加强口岸基础设施建设，促进贸易便利化发展。①解决口岸建设资金短缺问题。主要从以下三个途径获取建设资金：国家层面，应按照口岸征收关税的一定百分比对口岸进行资金投放；内蒙古自治区政府层面，应设立口岸建设的专项资金；地方政府层面，也应按照地方财政收入的一定百分比对口岸进行投资建设。尽量避免私人对口岸的资金投入。口岸是国家资源，一旦口岸建设过度市场化，就会带来口岸管理权的分散。②彻底解决口岸的"一关两检"问题，建立三个部门联合办公的系统，减少通关过程中间环节。③积极推进各种便利化的通关措施，包括减少工作流程、推进税费电子化支付，大力发展电子商务和物流服务，提高通关效率，降低企业通关成本。

（3）提高开放意识，提升与周边国家和地区经贸合作水平。内蒙古自治区处于向北开放的桥头堡，但在开放水平上与其他边境省份相比还有很大的差距，其重要原因就是开放意识淡薄。当前要进一步提高开放意识，要深刻认识到开放的重要性，在提高开放意识的基础上，依托自身优势，加强与周边国家的经贸合作。

（4）加快实施"走出去"战略，拓展外贸更大的发展空间。一是鼓励更多的企业加强与俄罗斯和蒙古国在资源勘探、开发及加工等领域的合作，特别是在资源引进方面要改变以前初级产品进口为加工品的进口；二是鼓励内蒙古自治区有优势的产品，如羊绒制品、汽车、装备制造等在国外投资建厂；三是鼓励内蒙古自治区企业进行工程承包及劳务输出；四是鼓励内蒙古自治区企业通过并购、参股、技术服务等多种方式与国外企业进行合作，提高内蒙古自治区参与国际竞争的能力。

2. 加快产业结构调整，转变外贸增长方式

制定产业政策、发挥产业政策的导向作用，促进产业结构调整及外贸的转型与升级。

（1）制定有利于产业结构调整和升级的财政金融及贸易政策。一是在财税方面，对符合产业结构调整方向的项目实施税收优惠及减免，鼓励企业发展符合内蒙古自治区产业指导目录的项目，促进内蒙古自治区产业结构调整。另外，完善出口退税政策，保障出口退税的准确、及时。充分发挥关税的宏观调控作用，优化进出口商品结构。二是在金融政策方面，鼓励国内商业银行按照风险可控、商业可持续原则，开展出口信贷业务，提升服务水平。充分发挥政策性银行对外贸发展的支持作用，支持融资性担保机构扩大对中小企业进出口融资担保业务，加大对中小企业进出口信贷的支持力度，充分发挥出口信用保险的政策导向作用，支持符合国家经济结构调整方向的货物、技术和服务的出口。三是在贸易政策方面，加强各部门的政策协调和衔接，促进贸易与利用外资及"走出去"协同发展。加强与周边国家的经贸合作，营造良好的外部环境。另外，内蒙古自治区辖区海关应向内蒙古自治区商务厅等相关职能部门及时公布进出口信息，便于对内蒙古自治区贸易发展情况进行跟踪监控。

（2）要立足于内蒙古自治区产业发展的基础条件，加快引进内蒙古自治区适用的先进技术和设备，对传统产业进行技术改造，提升内蒙古自治区产业的技术水平，提高其产品的附加值和科技含量，形成以传统骨干产品为基础，以高新技术产品及机电产品的出口为引领，充分发挥高新技术产业扩大出口的效应。

（3）制定产业研发的激励政策，提高企业自主创新能力。通过组建多种形式的研发平台，调动各方面的积极性，帮助企业开发具有自主知识产权的共性技术和关键技术，扩大自主品牌产品的出口。另外，要加大对知识产权的保护力度，激励企业技术创新和新产品开发，增强企业的自主创新能力，提高整体产业素质。

（4）立足于内蒙古自治区资源禀赋，合理布局内蒙古自治区的产业规划。主要是根据内蒙古自治区十二个盟市的资源禀赋，建立起各种类型的出口基地，提高各地区产业的集中度，形成必要的产业群效应，形成优势产业与相关产业、主导产业与非主导产业的良性互动关系。

3. 继续推进市场多元化战略，构建内蒙古自治区全方位的对外开放市场

俄罗斯和蒙古国是内蒙古自治区的传统市场，在巩固俄罗斯和蒙古国市场的基础上，采取外贸、外资及外经相互协调的办法，进一步拓展新的市场，特别是一些发展潜力大的新型市场更应该成为我们拓展的主要市场。

（1）细心培育和发展俄罗斯和蒙古国市场。要基于互利共赢的立场以及寻找与俄罗斯和蒙古国利益共同点基础上，发展与俄罗斯和蒙古国的经贸合作。内蒙古自治区与俄罗斯和蒙古国，特别是与蒙古国历史渊源、文化风俗习惯等方面相似，都属于资源富集地区，有产业合作的潜力及便利。因此，与俄罗斯和蒙古国的经贸发展要基于产业合作的基础上去拓展。

（2）大力拓展美国、欧盟、日本等经济实力强、消费量大的发达国家市场。内蒙古自治区与欧美发达国家之间资源禀赋不同，经济互补性强，应充分发挥比

较优势，出口内蒙古自治区有比较优势的羊绒制品、绿色农畜产品，引进发达国家的技术、资金及管理经验，提升内蒙古自治区出口产品的国际竞争力。

（3）重点开发中东、中亚、南美、非洲、东欧等市场容量大、具有深度开发潜力的新兴市场和发展中国家市场。通过多种形式的经贸合作与交流，加强彼此的了解，促进贸易的发展。

4. 坚持出口与进口并重的发展道路，促进内蒙古自治区对外贸易平衡发展

（1）继续发展进口贸易。一是在继续保持资源、能源产品进口稳定增长的同时，应更多鼓励有利于内蒙古自治区技术进步、产业升级和环境保护的先进技术、关键设备及零部件的进口，适当扩大生活消费品的进口，带动居民消费结构的升级。二是加大各种形式的贸易投资来促进工作力度，支持内蒙古自治区有实力的企业到境外投资，与相关国家开展能源矿产及农业开发等方面互利合作，建立稳定的境外能源资源供应渠道。鼓励在产地开展能源资源产品的初级加工后再进口，推动建立稳定的进口渠道。三是在巩固俄罗斯和蒙古国进口市场的同时，开拓更多新的进口市场，分散市场过度集中的风险。

（2）积极鼓励出口贸易发展。一是鼓励轻工、纺织、服装、家电及绿色农畜产品等内蒙古自治区具有比较优势、国际市场需求大的行业生产能力向目标市场转移，带动零部件和中间产品出口。支持具备实力的各种经营主体的外贸企业、大型流通企业等在境外投资建设批发市场、零售中心，扩大内蒙古自治区产品在当地市场的销售。积极鼓励内蒙古自治区有实力的企业承接境外承包工程，带动内蒙古自治区原材料、设备等产品出口以及劳务的输出。二是利用内蒙古自治区与俄罗斯和蒙古国边境相邻的优势，稳步推进境外经贸合作区建设，拓宽与俄罗斯和蒙古国经贸合作的途径，带动内蒙古自治区产品的出口。三是鼓励国内金融机构、会计师、律师事务所等服务机构"走出去"，为内蒙古自治区企业开拓国际市场提供优质服务。四是在口岸通关、外汇结算、国际货运方面为一些鲜活产品开通绿色通道，加快鲜活产品进入国际销售市场的速度。五是对周边国家对内蒙古自治区优势产品有需求的，比如粮食等，应适度放开。

5. 发挥区位优势，推动边境贸易快速发展

（1）提高边境贸易在边境地区的地位。边境贸易的发展不仅需要国内政策措施的支持，也有赖于毗邻国家的合作。因此建议：在与毗邻国家商签经贸合作政府间协议时，将边境贸易作为一项重要内容列入其中，在政府间定期磋商中，将其列为经常性议题，及时交流与沟通，争取对等开放与对等优惠，使边贸更为便利地开展。

（2）加强与对方国家职能部门的沟通与合作。加强与毗邻国家在海关、检验检疫、银行、保险、仲裁方面的合作，促进边境贸易的正常发展；加强与海关、公

安（边防）、司法部门的合作，共同打击走私和各种犯罪活动，保障边贸发展有一个良好的环境。除在中央政府一级进行交流与磋商外，也应加强各边境省区地方政府与毗邻国家边境地区地方政府的协调与沟通，在互惠互利的基础上共同发展。

（3）对边境贸易给予优惠政策。从事边境贸易的企业多为中小企业，甚至是微小企业，税收优惠政策对于这些企业相当重要。因此，建议国家继续对边境贸易予以优惠的关税政策，另外，内蒙古自治区政府可以借鉴黑龙江省的做法，对边贸企业实施优惠政策，否则减少的不仅是边境贸易额，可能还有大量的边贸企业消失。

（4）边境地区开拓市场的方式要创新。一是积极鼓励边境旗市企业对俄罗斯和蒙古国投资，尤其鼓励具有比较优势的企业对俄罗斯和蒙古国进行技术投资，在出口商品的同时实现技术输出、劳务输出和资本输出。二是对资源类产品的进口，坚持对俄罗斯和蒙古国投资、加工和进口一体化的运作模式，这种模式完全符合俄罗斯和蒙古国对于资源型产品出口的各项政策，且有利于边境贸易向区域经济合作的逐步转化。

6. 利用地缘、资源优势承接国内外产业转移，助推加工贸易转型升级

（1）借助于国内外产业转移的有利时机，借鉴东南沿海地区发展加工贸易的经验，依托内蒙古自治区资源、劳动力等优势，积极承接符合国家及内蒙古自治区产业政策的机电、高新技术产业及战略性新兴产业，形成独具内蒙古自治区特点的新能源、新材料、装备制造、农畜产品深加工等产业基地，不仅能推动内蒙古自治区加工贸易的转型升级，而且对优化内蒙古自治区贸易结构、加快转变外贸增长方式等起到极大的促进作用。

（2）进一步完善促进加工贸易转型升级的政策措施，鼓励和引导加工贸易企业引进先进技术、更新设备和加强自主研发，增加加工贸易中技术先进的中间材料和基础部件的国内制造和供货能力，延长国内产业增值链。

（3）鼓励加工贸易向海关监管区域、出口加工区及口岸集中，充分利用进出口通关便利条件，促进内蒙古自治区加工贸易的发展。

（4）建立符合国际市场规范的加工贸易税收体系，即按增值额征税，而不要按全额征税，为加工贸易企业保驾护航。

综上所述，内蒙古自治区50多年对外贸易发展，走过了一条曲折发展的道路，虽存在问题，但成绩令人注目。未来，内蒙古自治区外贸发展面临的不确定性因素依然很多，也恰逢经济结构调整、外贸转型升级的关键时期。但内蒙古自治区会充分利用区位、资源及国家赋予的各种政策叠加优势，使对外贸易在经济结构调整中谋发展，在外贸转型升级中求生存，在规模扩张中求效益，以促进内蒙古自治区对外贸易可持续和协调性发展。

二、内蒙古自治区边境贸易存在的问题及对策

2013 年 9 月和 10 月，习近平总书记在出访中亚和东南亚国家期间，先后提出共建"丝绸之路经济带"和"21 世纪海上丝绸之路"的重大倡议。作为国家向北开放的重要桥头堡，内蒙古自治区被列入 16 个"一带一路"战略省区，并开始大力实施向北开放战略，制定了《内蒙古建设国家向北开放桥头堡和沿边经济带规划》等，二连浩特、满洲里等重点试验区建设规划已经获批复，这对于内蒙古自治区边境贸易的发展起到了至关重要的作用。

（一）内蒙古自治区边境贸易的现状与特点

1. 内蒙古自治区边境贸易的现状

内蒙古自治区同俄罗斯和蒙古国的边境贸易可分为三个阶段：第一阶段是从 1983 年到 1987 年，这一阶段的特点是只有内蒙古国际贸易公司一家有权经营边境贸易的垄断性贸易，双方的进出口额从 1983 年的 110 万美元发展到 1987 年的 4692 万美元，在当时开展边境贸易的几个省区中居首位。第二阶段是从 1988 年到 1993 年，这一阶段的特点是众多边境贸易公司和生产型出口企业均开展边境易货的贸易业务大发展时期。进出口额从 1988 年的 11688 万美元发展到 1993 年的 77203 万美元。第三阶段是从 1993 年底至今，这一阶段经历了从 1993 年底到 1995 年底的边贸恢复发展时期，经过几年的调整和发展，内蒙古自治区与俄罗斯和蒙古国在边境贸易领域的合作逐渐活跃起来，合作方式也从单一的易货贸易发展成为现汇贸易、易货贸易、经济技术合作等多种方式并存的全方位合作格局。

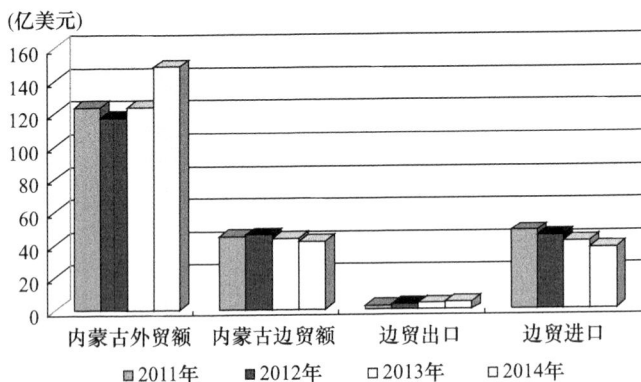

图 2-2　2011~2014 年内蒙古自治区对外贸易和边境贸易统计

资料来源：内蒙古自治区商务厅网。

由图 2-2 可以看出，2012 年内蒙古自治区边境贸易额较 2011 年呈上升趋势，然而 2013 年内蒙古自治区边境贸易额为 40.3 亿美元，占对外贸易总额的 33.6%，下降 14.8%，其中出口 3.96 亿美元，增长 10.5%；进口 36.34 亿美元，下降 16.9%。2014 年边境贸易额为 35.7 亿美元，占对外贸易总额的 24.53%，同比下降 11.48%，其中出口 4.4 亿美元，同比增长 11.1%；进口 31.3 亿美元，同比下降 13.87%。可见近三年内蒙古自治区边境贸易额逐年下降。

2. 内蒙古边境贸易的特点

（1）逆差局面暂时难以扭转。"十五"期间内蒙古自治区边境贸易快速增长，由于边境贸易商品的互补性，呈现了较大的逆差。2006 年边境贸易额为 22.99 亿美元，进口 11.72 亿美元，出口 11.27 亿美元，逆差 0.45 亿美元；由内蒙古自治区边境贸易现状可以看出，2014 年边境贸易逆差 26.9 亿美元。以上数据表明，贸易逆差巨大且逐年上升，造成内蒙古自治区对俄罗斯和蒙古国边境贸易长期大量逆差的原因，主要是近几年我国固定资产投资加大，国内相对短缺的资源性商品需大量进口补充，而出口主要是居民日用消费品和服装、建材等生活必需品，旅游贸易尚未纳入海关统计。

（2）进口商品以资源性商品为主，出口商品以生活用品为主。2013 年内蒙古自治区边境贸易额为 40.3 亿美元，其中出口 3.96 亿美元，出口以水果、蔬菜、水泥、轻工业品等生活用品为主，有的商品经蒙古国远销俄罗斯远东地区；进口 36.34 亿美元，主要为原木、石油原油、肥料等资源性商品。2014 年边境贸易额为 35.7 亿美元，其中出口 4.4 亿美元，进口 31.3 亿美元，边境贸易进口仍占较大比重，占边境贸易总额的 87.68%，占内蒙古自治区进口总额的 38.35%。铜矿砂、煤炭、锯材、原木、铁矿砂、锌矿砂等资源类产品是进口的主要商品，其中铜矿砂增长较为明显，进口数量达 47.63 万吨，进口额实现 8.98 亿美元，同比增长 252.33%。

（3）边境经贸合作互补性强、潜力大。近几年内蒙古自治区边境贸易中从俄罗斯和蒙古国进口的林木产品和铜、铝、镍、钼等有色金属原料及制品、铁矿石、化工原料、合成橡胶、化肥、钢材等是我国长期需要，且俄罗斯和蒙古国可以长期供货的商品。内蒙古自治区边境贸易出口的农副产品、家用电器、纺织服装及日用轻工业品又是我国具有比较优势，而俄罗斯和蒙古国与我国毗邻地区在短时期内又难以自给的。经过多年的发展，部分内蒙古自治区企业在俄罗斯和蒙古国已经建立了比较稳定的供货客户和国内厂家需求渠道，为边境贸易进出口稳步增长奠定了坚实基础。

（4）边境旅游贸易不断发展壮大。从近年来满洲里口岸、二连浩特口岸出入境人数来看，旅游贸易出入境人数在逐年增多。满洲里口岸 2012 年边境旅游人数为 62.7 万人，其中出境 10.1 万人，入境 52.6 万人。2013 年边境旅游人数为 64.3 万人，增长 2.6%。其中出境 10 万人，与 2012 年持平；入境 54.3 万人，增长 3.2%。二连浩特口岸 2012 年接待国内外游客 156 万人次，增长 9.47%；旅游创汇 2.82 亿美元，增长 1.43%。2013 年共接待国内外游客 149.32 万人次，同比下降 4.28%；旅游创汇 2.54 亿美元，同比下降 9.93%。2014 年 1~6 月累计接待海内外旅游者 76.18 万人次，同比增长 9.63%，旅游创汇 1.48 亿美元，同比增长 21.64%。以上数据显示，近几年俄罗斯和蒙古国政局趋稳，经济逐步好转，居民购买力增强，而我国的轻工产品物美价廉，深受俄罗斯和蒙古国消费者青睐。另外，近几年我国居民的生活及消费水平不断提高，旅游已成为家庭或个人的一项较大消费支出，因此出入境人员逐年增加，以边境旅游形式将我国商品携带出境销售日益增长的同时入境旅游服务也逐年增加。

（二）内蒙古自治区边境贸易存在的主要问题

1. 近两年内蒙古自治区边境贸易总额连续下降

从内蒙古自治区边境贸易的现状可以看到，2013 年内蒙古自治区边境贸易额比 2012 年下降 14.8%，作为占九成份额的进口下降 16.9%，2014 年边境贸易额总额比 2013 年同期又下降 11.48%，进口下降 14.85%，由此可见，内蒙古自治区边境贸易额的连续下降实质是边境贸易进口额的下降。另据海关统计，2013 年从俄罗斯进口钾肥和木材的金额分别下降了 10.7% 和 14.7%；从蒙古国进口煤炭金额下降了 25.3%。进一步说明内蒙古自治区边境贸易额的下降与边贸进口下降密不可分。

2. 商品质量问题

内蒙古自治区边境贸易的进口和出口都不同程度地存在商品的质量问题。随着我国对俄罗斯国家贸易政策的放宽，中方产品大量流入俄罗斯和蒙古国市场。各个口岸每天就有几十万吨的商品被购物者带出境，一些假冒伪劣商品被带出境，严重影响我国的信誉，造成产品滞销。更有甚者，有些外方商务人员在进口中方服装时拒绝使用我国商标，他们买回服装后换上意大利或土耳其国家的商标，商品才有销路。据国家商检局提供的资料表明，在检验出口独联体的边贸商品中，发现许多伪劣商品。其中有羽绒服填充鸡毛、稻草并假冒名牌的，有的没有防止羽绒层羽毛外露；"阿迪达斯"运动服拉链拉不上，裤腿长短不齐；有的鞋里面同时贴着阿迪达斯、飞豹、飞雪三个牌子；许多商品既无生产厂家地址，又无厂家名称。中国进口商从俄罗斯和蒙古国进口的商品中也存在着一定的质量问题，如经检验发现中国进口商进口的化肥、钢材、镀锡薄板等都达不到合同要求。

3. 外部环境问题

首先，俄罗斯铁路私有化改革，导致企业申请车皮难度增加，在俄罗斯运输成本增加，对满洲里市边境贸易发展产生一定影响。同时，由于车皮总量有限，一些进口量较大的货物无法通过铁路运输，制约了满洲里市边境贸易的发展和壮大。其次，蒙古国贸易环境恶劣，蒙古国商人整体上没有合同约束概念，随时改动和变化合同，随意性大，原煤价格不稳定，单方面提价的多，无理的要求多。根据企业反映，蒙古国移民局通知要求煤炭商贸企业使用的司机必须持劳务护照通关，并且蒙古国籍司机同中国国籍司机按9:1的比例使用。最后，蒙古国过境费逐年提高，按不同商品收取20%～85%的过境费，使二连浩特口岸对俄贸易呈现下滑的势头。以过境木材为例，由1998年的12.8美元/吨涨到2000年的16.8美元/吨，到2006年达到18.3美元/吨，2007年涨到19.1美元/吨，2011年平均涨到28美元/吨，木材进口高峰时达到29.5美元/吨。以上问题共同制约了内蒙古自治区边境贸易的发展。

4. 边境贸易基础设施及公共服务平台功能弱

内蒙古自治区口岸除满洲里和二连浩特口岸基础条件相对较好，其他口岸基础设施建设滞后，口岸联检部门查验设施技术落后，联检部门人员配置不足，通关过货能力受限，实际承担的进出口货物运量不能满足通关需求。如甘其毛都和策克口岸，2011年进口过货能力均已突破1000万吨，但口岸低水平的通关能力，影响口岸过货和进出口贸易的发展，与口岸迅猛发展的态势不协调、不适应。各口岸的公共服务平台处于起步阶段，金融、保险、仲裁、贸易服务和中介机构缺乏，服务功能单一，辐射面小，服务水平和服务质量有待于进一步提升。

5. 边境贸易实体缺乏大型企业

内蒙古自治区从事边境贸易的企业有1000多家，民营企业占95%，国有企业占0.5%。这些民营企业普遍存在规模小、资金少、产业链短、融资能力差、市场风险能力弱等问题。企业数量较多，但经营分散，导致企业间的恶性竞争加剧。此外，在从事边境贸易活动的人员中，专业技术人员和经济管理人员数量相对不足，文化素质相对较低。

（三）内蒙古自治区边境贸易的产业效应分析

1. 实证变量选取

（1）因变量选取与衡量。一般而言，在考察某一地区或一国总体对外贸易产业结构效应的研究中，产业结构的变动包括产业结构变动的速度和方向两个方面。早期学者们在构建产业结构变动指标时，更加侧重于产业结构变动的速度，之后部分学者发现仅仅关注产业结构变动速度无法反映出产业结构变动的方向。

鉴于此，部分学者提出了采取某一产业产值占 GDP 比重衡量产业结构变动，这样一方面体现出产业结构变动的速度，另一方面也能够反映出产业结构变动的方向，即：

$$y_1 = \frac{output_i}{GDP} \tag{2-1}$$

其中，$output_i$ 代表 i 产业的增加值。考虑到中国尤其是内蒙古地区仍处于工业化发展阶段，本书采取第二产业增加值占总 GDP 的比重来衡量 y_1。此外，根据配第一克拉克的产业结构演进规律，目前内蒙古地区产业结构变动的方向应遵循第一产业和第三产业比重下降，第二产业比重上升，或者第一产业和第二产业比重下降，第三产业比重上升的规律。前者说明内蒙古地区仍是以工业发展为主，后者则说明该地区已经开始迈入服务经济时代。此外，除了采取某一产业增加值比重衡量产业结构变动之外，本书还采取蓝庆新和田海峰（2002）提出的产业结构变动指标来衡量内蒙古自治区的产业结构变动。这样的做法，一方面是为了考察对外贸易是否能够引起产业结构变动；另一方面是作为稳健性检验，考察估计结果的可靠性。蓝庆新和田海峰（2002）的产业结构变动指标的构建方法如下：

假设经济总量（Y）由 n 个指标组成，即表示为：

$$Y = \sum_{i}^{n} Y_i \tag{2-2}$$

其中，Y_i 表示经济总量的各个组成部分，其取值为 $i = 1, 2, \cdots, n$。对式（2-2）两边求导可以得到：

$$
\begin{aligned}
dY/Y &= \sum \frac{dY_i}{Y} \\
&= \sum_{i}^{n} \frac{dY_i}{Y} \times \left(\frac{Y_i}{Y} \right)_{t-1} + \sum_{i}^{n} \frac{dY_i}{Y} \times \left[\left(\frac{Y_i}{Y} \right)_t - \left(\frac{Y_i}{Y} \right)_{t-1} \right]
\end{aligned}
\tag{2-3}
$$

其中，$(Y_i/Y)_t$（$i = 1, 2, \cdots, n$）表示 t 时期各组成部分指标值在总指标值中所占的比例。式（2-3）中，第一项是基期结构不变的情况下各组成部分增长率的贡献，第二项是组成部门增长率中结构变化的贡献。对式（2-3）继续拆离散可以近似采取式（2-4）来度量经济总量增长中结构变化的效应，即

$$\sum_{i}^{n} \frac{\Delta Y_{i,t}}{Y_{i,t-1}} \times \left[\left(\frac{Y_i}{Y} \right)_t - \left(\frac{Y_i}{Y} \right)_{t-1} \right] \tag{2-4}$$

其中，$\sum \Delta Y_{i,t}/Y_{i,t-1}$ 表示经济中各个组成部分的增长速度，$(Y_i/Y)_t - (Y_i/Y)_{t-1}$ 表示各组成部分比重的变化。因此，考察经济结构的变化，主要考虑各组成部分增长速度和比重变化两个方面的因素。对于一些自身高速增长，且在总量中比重不断上升的部门，其对结构变化的贡献为正；而对于自身增长速度为正，但比重逐渐下降的部门，其对结构变化的贡献为负；对于自身增长速度较快，但

比重变化不大的部门，其对结构变化的影响可能较小。因此，式（2-4）可以较为全面地描述经济结构的变化。将式（2-4）应用于衡量产业结构变化中，可以表示为：

$$y_2 = \sum_i^n \frac{\Delta Y_{i,t}}{Y_{i,t-1}} \times \left[\left(\frac{Y_i}{Y} \right)_t - \left(\frac{Y_i}{Y} \right)_{t-1} \right] \tag{2-5}$$

其中，$\Delta Y_{i,t}/Y_{i,t-1}$ 表示 t 时期 i 产业生产总值的增长率；$(Y_i/Y)_t$ 表示 t 时期 i 产业产值占总产值的比重。

（2）主要自变量的选取与衡量。边境贸易采取内蒙古自治区边境贸易数据，进行衡量，同时为了分别考察边境贸易中进出口的作用，本书分别构建边境出口（$dexport$）和边境进口（$dimport$）变量。此外，为了消除进出口中的价格因素以及单位差异，本书采取边境贸易占总贸易的比重来衡量边境进出口，即：

$$dexport_t = \frac{bexport_t}{export_t} \tag{2-6}$$

$$dimport_t = \frac{bimport_t}{import_t} \tag{2-7}$$

其中，$bexport$ 和 $bimport$ 分别代表边境出口额和进口额；$export$ 和 $import$ 分别代表出口和进口总额。需要指出的是，本书未采取其他学者普遍的做法，即采用边境贸易额占 GDP 比重作为边境贸易变量。本书的衡量方法，一方面，能够消除价格因素，也在一定程度上避免了采取年度平均汇率换算造成的度量误差；另一方面，也能够从侧面反映出非边境贸易带来的产业结构效应，能够更为全面、系统地考察某一地区进行边境贸易的产业结构效应。

（3）控制变量的选取与衡量。为了避免因遗漏变量带来的内生性问题导致估计结果失真，本书在采取因变量和主要自变量的同时，还采取一些与产业结构变动密切相关的变量作为模型中的控制变量。在控制变量的选取上，结合前人的研究成果、变量度量的可行性以及数据的可得性等多方面因素，选取以下几个变量作为本书实证研究的控制变量：

1）人均 GDP（$pgdp$）变量。一国或某一地区经济发展水平对其产业结构变动有着显著的影响，根据产业发展规律，一国或某一地区最先发展农业，在农业发展至一定水平之后，开始发展工业，即进入工业化时期，随着工业化的深入发展，逐步进入服务经济时代。因此，经济发展水平是影响产业结构变动的重要因素之一，在经济发展水平的衡量上，本书采取人均 GDP 进行衡量。

2）就业结构（$employ$）变量。已有的研究表明，就业结构与产业结构之间存在显著的影响关系，一国或某一地区的就业结构能够对其产业结构造成影响。因此，就业结构也是本书需要纳入的控制变量。在就业结构变动的衡量上，本书借鉴前文产业结构的度量方法，采取式（2-5）的方法进行衡量（将式（2-5）

中的产值变量替换为就业变量）。

3）工资水平（*wage*）变量。一国或某一地区的工资水平能够影响其需求结构，而需求结构是影响产业结构的一个重要因素。因此，工资水平也是本书考虑的一个重要控制变量。在工资水平的衡量上，为了消除价格因素，本书采取平均工资指数（以2000年为基期）进行衡量。

4）固定资产投资（*fixasset*）变量。前文提到的几个变量都是从需求层面控制其对产业结构变动的影响，但是除了需求层面，一国或某一地区的供给层面也是影响其产业结构的重要因素。因此，本书采取固定资产投资变量作为供给层面的影响因素，在具体衡量上，采取固定资产投资占总产出的比重度量。

2. 产业结构的长期均衡效应

Granger（1981）最早提出了协整概念，它用于研究非平稳时间序列是否具有长期均衡关系。由单位根检验可知4个 VAR 模型中的变量都满足 I（1），因此，为判断变量间是否存在长期的均衡关系，本书采用 Johansen 和 Juselius（1990）提出的多变量协整检验法来检验变量间的长期均衡关系。由于协整检验是对变量的一阶差分进行检验，且无约束 VAR 模型的最优滞后期都为2期，因此协整检验的最优滞后期为1期。表2-1给出了滞后期为1期时各模型的 Johansen 协整检验结果。其中，协整方程（1）和方程（2）是因变量为 y_1 时的 Johansen 协整检验结果；协整方程（3）和方程（4）是因变量为 y_2 时的 Johansen 协整检验结果。

表 2-1　边境贸易的长期产业结构效应

变量	y_1		y_2	
	协整方程（1）	协整方程（2）	协整方程（3）	协整方程（4）
dexport	-0.113***		0.018**	
	(-12.987)		(2.126)	
dimport		-0.307		0.012**
		(-1.061)		(2.369)
pgdp	-0.088***	-3.339***	-0.105***	-0.009
	(3.793)	(-3.551)	(-4.623)	(-0.564)
employ	1.707***	1.333***	2.541***	1.841***
	(-4.934)	(8.109)	(6.581)	(6.051)
wage	-0.192***	-6.815***	-0.065***	-0.054***
	(15.283)	(-11.334)	(-4.485)	(-5.022)

续表

变量	y_1		y_2	
	协整方程（1）	协整方程（2）	协整方程（3）	协整方程（4）
fixasset	0.054***	3.915***	0.005	0.053***
	(5.457)	(8.393)	(0.415)	(5.930)
常数项	16.705***	50.050***	5.089***	2.759***
			(5.001)	(2.811)
协整检验结果				
None	186.161***	164.281***	136.317***	121.732***
	[0.000]	[0.000]	[0.000]	[0.002]
At most 1	117.166***	102.636***	85.574***	78.722**
	[0.000]	[0.004]	[0.010]	[0.037]
At most 2	64.042***	67.771**	45.719	51.264*
	[0.007]	[0.023]	[0.224]	[0.087]

注：*、**、***分别表示在10%、5%和1%置信水平下显著；圆括号和方括号内分别是 t 值和 P 值；协整检验结果中给出的是统计量；协整方程（1）和方程（2）是因变量为 y_1 时的 Johansen 协整检验结果，检验形式为序列有确定趋势，协整方程有截距和趋势；协整方程（3）和方程（4）是因变量为 y2 时的 Johansen 协整检验结果，检验形式为序列无确定趋势，协整方程有截距。

　　根据前文对因变量 y_1 和 y_2 的衡量方法，y_1 表示第二产业增加值所占比重，可以反映产业结构变动的方向；y_2 表示产业结构变动系数，主要反映的是产业结构是否产生变动。因此，下面先对因变量为 y_2 时的协整检验结果进行分析，即对协整方程（3）和方程（4）的估计结果进行分析，以考察边境贸易的开展是否带来产业结构的变动，若变量 *dexport* 和 *dimport* 的系数显著为正，说明边境出口和进口引起了产业结构的变动；若变量 *dexport* 和 *dimport* 的系数显著为负，表明边境出口和进口抑制了产业结构的变动；若估计结果不显著，说明边境贸易对产业结构的变动之间无相关性。在此基础上，本书进一步分析因变量为 y_1 时的估计结果（协整方程（3）和方程（4）），以考察边境贸易对产业结构变动的作用方向：若变量 *dexport* 和 *dimport* 的系数显著为正，说明边境出口和进口贸易使得产业结构变动主要由第二产业的变动引起；若变量 *dexport* 和 *dimport* 的系数显著为负，说明第三产业所占比重增加是边境贸易的产业结构效应存在的主要因素。

　　根据表 2-1 的 Johansen 协整检验结果，4 个 VAR 模型中都存在协整关系，其中，协整方程（1）和方程（2）存在三个协整关系；协整方程（3）和方程（4）存在两个协整关系。这些协整关系可以表示为表 2-1 给出的 4 列协整方程。

在协整方程（3）中，边境出口变量 *dexport* 的系数为 0.018，且通过 5% 的显著性水平检验，说明内蒙古自治区边境出口能够引起产业结构的变动，对产业结构变动带来显著的影响。在协整方程（4）中，边境进口变量 *dimport* 的系数也通过了 5% 的显著性水平检验，且从 0.012 的系数值来看，一方面，内蒙古自治区在边境贸易中，进口贸易也能够对其产业结构变动带来显著的影响；另一方面，边境进口贸易的产业结构变动效应要小于出口贸易。在边境贸易导致的产业结构变动方向上，协整方程（1）的估计结果显示，边境出口变量的系数显著为负，为 −0.113，说明边境出口贸易对产业结构变动的效应主要体现在降低第二产业比重，提高第三产业比重方面，也反映出内蒙古自治区的边境出口能够加快其工业化进程，带动其服务业发展。协整方程（2）中，边境进口变量的系数符号也为负，但不显著，说明边境进口对产业结构的作用方向与出口是一致的，但从长期来看，其影响不显著。

综上所述，在内蒙古自治区的边境贸易中，出口贸易能够对其产业结构变动带来较大影响，且体现在降低第二产业比重、提高第三产业比重上；进口贸易对产业结构变动造成的影响较小，且在产业结构的作用方向上与出口是一致的，但由于其较小的产业结构变动效应导致在作用方向上未呈现出显著现象。

在控制变量的影响效应方面，衡量经济发展水平的人均 GDP 变量（*pgdp*）对产业结构变动的影响为负，这主要是因为随着一国或某一地区经济发展水平的提高，其产业结构变动幅度会逐步趋于平缓。且从 *pgdp* 对产业结构变动的方向来看，协整方程（1）和方程（2）中的系数都显著为负，说明经济发展水平越高，产业结构越趋向于服务化，这与目前全球及经济发达国家的产业结构变动趋势是一致的，根据世界银行数据库公布的数据，发达国家中服务业增加值所占比重已达到 70% 以上。就业结构变动变量（*employ*）对产业结构变动的影响显著为正，表明内蒙古自治区就业结构的变动能够引起产业结构产生显著的变动，且从产业结构变动的方向来看，就业结构变动与产业结构变动的方向是一致的（因为变量 *employ* 在协整方程（1）和方程（2）中的系数显著为正），这一现象也是符合现实状况的，因为在产业结构中，第二产业（第三产业）增加值所占比重越大，其吸纳就业的能力就越强，反之也是成立的。工资水平变量（*wage*）在 4 个协整方程中都显著为负，说明：一方面，区域内工资水平的上涨会导致产业结构变动趋于平缓，这与经济发展水平的产业结构变动效应是一致的，主要是因为工资水平的上涨意味着经济发展水平也较高；另一方面，工资水平的上涨会使得在产业结构中，第二产业比重下降，即第三产业比重上涨，即工资水平的上涨导致产业结构趋向服务化。固定资产投资变量（*fixasset*）对产业结构变动的影响显著为正，说明固定资产投资的增加也能够引起产业结构产生一定的变动，且从协整方程（1）和（2）中 *fixasset* 的系数都显著为正的估计结果来看，表明固定资产投资的增加会使得产业结构中第二产业比重增加，即抑制了产业结构的服务化趋势，这一现象出现的主要原因是，与第三产业相比，第二产业中产品的生产需要投入更大的固定资产投资额，而服务产品的生产对固定资产投资的力度较小。

由此可以看出，在内蒙古自治区的边境贸易中，出口贸易能够对其产业结构变动带来较大影响，且体现在降低第二产业比重、提高第三产业比重上；进口贸易对产业结构变动造成的影响较小，且在产业结构的作用方向上与出口是一致的，但由于其较小的产业结构变动效应导致在作用方向上未呈现出显著现象。

（四）改善内蒙古自治区边境贸易发展的对策建议

1. 提高出口产品和企业自身的市场竞争能力

内蒙古自治区虽然具有资源和地域优势，但在产品研发水平、创新能力、品牌运作及市场网络方面还比较落后。而在全球化大潮中，企业只有着眼于自主品牌的培育、技术及管理创新，争取产品差别优势，制定自己独特的市场创新战略，才能保持竞争优势。对于某些不可替代的特殊商品，特别是一些高技术含量的商品，外贸企业可以通过加强与国内外科研机构的合作，把技术开发建立在市场需求的基础上，制定出适合企业自身发展的文化理念和经营管理理念，必要时，可以引进专业的管理咨询机构帮助企业制定和创新战略规划，形成独有的产品和服务，从而提高产品质量，提高产品和企业在国际市场的竞争能力。

2. 加大政策支持力度，鼓励农产品、畜产品出口基地建设

当前，俄罗斯、蒙古国农业生产落后，食品加工不足，粮食、蔬菜等农副产品不能自给，特别是在俄罗斯西伯利亚地区的食物自给中，谷物仅为40%，肉为45%，蔬菜为50%，奶类为50%，蛋类为80%，每年约缺少100万~120万吨肉类、73万吨牛奶、2万吨食用油、1万吨奶油、37万吨糖果点心、70万吨谷物、190万吨蔬菜、300万吨水果、5000吨茶叶，农产品、畜产品出口市场潜力很大。内蒙古自治区具有农产品、畜产品生产的比较优势，建议国家在扶持出口创汇农业生产基地中，支持内蒙古自治区农产品、畜产品出口基地建设。同时支持发展境外农牧业投资活动，充分利用西伯利亚地区的廉价土地、电力等资源，以投入技术和劳务为主，与对方合作建立农牧业商品基地，在此基础上逐步发展农产品、畜产品的储存和加工业，从而提高出口产品竞争力。

3. 建议政府或行业协会发挥各自的协调作用

由于占内蒙古自治区边境贸易九成份额的进口贸易商品主要是敏感的资源性商品，甚至是战略物资，而对于边境对面的俄罗斯和蒙古国来说缺乏的是粮食等农产品，而我国贸易政策规定粮食禁止出口，在一定程度上阻碍了边境贸易中资源性商品的进口，这就意味着若要保证资源性商品的进口，就需政府或行业协会与俄罗斯和蒙古国政府斡旋或采取其他互惠或援助方式。此外，还应借鉴国外的经验，由中俄、中蒙政府共同协商，共同组建中俄边境贸易信息中心。该中心应在商务部各地区司、驻外商参处、中国贸促会及各进出口商会的指导、配合、协调下，专门收集、发布对外投资所需的各种信息，为对外投资提供咨询服务，包括介绍对外投资的融资制度及审批程序，指导制定投资计划及投资合同，协助对东道国投资合作者的信用调查，协助编制对外投资立项建议书及可行性研究报告，对企业独自编制的项目建议书和可行性研究报告进行评估等。各类商会、协会在企业和政府之间起着桥梁和纽带的重要中介作用，他们在维护国家、行业、企业的利益，防止不正当竞争，在保障正常的对外经济贸易秩序方面起着无可替代的作用。应充分发挥其专业性强、联系面广、信息灵通的优势，发挥其对会员进行市场、价格等方面的协调、指导和提供信息咨询服务以及组织会员开拓国际市场、与国外同行建立联系等方面的功能。

4. 组建大型拥有自主品牌的边贸集团

目前，国际化、区域化、集团化已成为全球性的大趋势，而内蒙古自治区边贸企业的实际经营水平和能力，在当前市场经济的竞争中显得软弱无力，拉动地方经济的作用不够理想。为了发挥边贸企业的带动作用，内蒙古自治区政府有关部门应把组建边贸企业集团作为全区外贸企业改革的重点，积极进行调整结构、扩大规模、组建集团、打造自主品牌。可以选择一家进出口业绩好、无历史包袱的企业为龙头组建集团公司，再将一些劣势企业中的优势部分分离出来，组建成资本结构合理、市场开发有力、经营业绩好、经营管理科学的公司加入到集团内部，集团公司组成后，还可以通过控股、参股等方式，实行跨行业、跨地区、跨部门和跨所有制的多元化、多角度经营，联合、吸收半紧密层、松散层各类企业，扩大集团规模。也可以根据商品情况，通过投资、参股、合作生产、开发、合作经营等形式，联合工、农、科、内贸企业和民营企业组成半紧密型和松散集团，逐步使集团发展壮大起来。

5. 优化口岸通关环境

近几年，特别是满洲里、二连浩特口岸相继实施大通关试点以来，两大口岸暴露出了口岸联检部门衔接不畅、铁路换装速度慢、海关查验过于严格、通关效率低等问题，建议内蒙古自治区政府有关部门抓紧研究治理。首先，协调铁路部门积极争取铁道部增加二连浩特口岸进口资源性商品的车皮计划，以有效解决因运输能力制约资源进口问题；争取铁道部资金的投入和吸引社会资金，在二连浩特口岸铁路站场建立危险化学品换装站，使俄罗斯化工原料以快捷的通道经蒙古国从二连浩特口岸进口，达到既扩大二连浩特口岸货运量，又降低企业经营成本,从而促进口岸经济发展的目的。其次,协调铁路部门对二连浩特铁路站场换装能力从管理方面充分挖掘潜力,联系蒙古国扎门乌德铁路换装站场,争取将利用出境返空车皮装运出口货物前移至二连浩特铁路站场换装,有效解决出境返空车皮浪费和对方换装能力不足制约通关速度的问题。对占用国际联运车皮计划、占用货主进口木材捆绑物等增加企业成本的个别现象进行整改。再次,协调海关和出入境检验检疫局等口岸联检部门,研究解决加快口岸查验、报检,相互衔接配合,提高通关效率问题。最后,建议满洲里市政府、二连浩特市政府从促进内蒙古自治区对外贸易发展和口岸经济的大局出发,认真研究和解决当前口岸货运量、进口额双下降的不利局面,从以贸立市、以贸兴市的角度,对目前口岸政策环境进行一次彻底清理,凡不利于对外贸易和口岸经济发展的地方性政策坚决废止。已经出台的奖励扶持企业政策限期兑现,努力构建良好的服务政府,诚信政府形象,以此达到吸引客商、稳定经营、扩大贸易、发展口岸经济的目标。

边境贸易作为内蒙古自治区对外贸易的重要组成部分,其发展不容小觑,它影响着边境地区人民的生活水平,对边境民族地区经济发展起着不可或缺的作用,同时也影响着地区经济的发展状况,甚至对国民经济的发展与繁荣也贡献了十分重要的一分力量,因此边境贸易对当地经济起到的推动作用意义重大。改革开放以来,内蒙古地区经济迅速稳健发展,边境贸易也不断繁荣增长,中俄、中蒙之间的关系有着进一步发展的广阔前景,因此内蒙古自治区边境贸易的健康发展对内蒙古边境地区经济社会发展、实现民族团结和边境安全有着重要的促进作用,制定切实可行的政策措施,进一步加快完善社会主义市场经济、加快转变经济发展方式和全面深化改革开放,促进内蒙古自治区经济发展势在必行。

三、内蒙古自治区加工贸易存在的问题及对策

(一) 内蒙古自治区整体经济发展态势

改革开放30多年,内蒙古自治区经济取得了快速发展。1978年,全区国民生产总值仅为58.04亿元。1983年,突破100亿元,达到105.88亿元。1996年,突破1000亿元,达到1023.09亿元。2010年,突破10000亿,达到11655.00亿元。2014年,达到17769.5亿元,按可比价格计算,增长7.8%,全区人均生产总值达71044元,首次突破7万元大关,按年均汇率折算为11565美元,增长7.5%。2015年《中国省域经济综合竞争力发展报告(2013~2014)——新常态下中国省域经济结构分析》蓝皮书显示:江苏省、广东省、北京市三省市位列全国31个省级行政区经济综合竞争力前三名,内蒙古排名第18位,在西部地区的

12 个省份中名列前茅。

在全区经济快速发展的大背景下，内蒙古自治区对外贸易规模也在稳步扩大，除 2012 年有所下滑之外，其余年份均呈快速增长态势。但是，相比 GDP 万亿元的规模，全区对外贸易总规模较小，反映出全区对外贸易依存度较低，仅为 5% 左右。见表 2-2。

表 2-2 2010～2014 年内蒙古自治区经济发展指标

年份	GDP（亿元）	GDP 增速（%）（按可比价格）	进出口总额（亿元）	对外贸易增速（%）	对外贸易依存度（%）
2010	11655.00	14.90	590.23	28.70	5.06
2011	14246.11	14.30	771.12	39.10	5.41
2012	15988.34	11.70	710.60	-4.90	4.44
2013	16832.38	9.00	742.75	6.50	4.41
2014	17769.51	7.80	893.78	21.40	5.03

数据来源：根据内蒙古自治区商务厅网站资料计算得出。

（二）内蒙古自治区加工贸易发展现状

1. 加工贸易规模小，波动大

自 2011 年内蒙古自治区加工贸易规模达到历史最高之后，加工贸易规模逐年下降，与我国整体加工贸易在 2009 年之后稳定增长的趋势相反。在内蒙古自治区对外贸易中，一般贸易占主导，其次是边境小额贸易，加工贸易规模最小。并且加工贸易规模近几年呈逐年下降趋势，目前占全区对外贸易总额不到 5%，占全国总加工贸易额不足 0.1%，具体如表 2-3、表 2-4 所示。

表 2-3 2010～2014 年内蒙古自治区一般贸易和加工贸易情况

年份	进出口总额（亿美元）	一般贸易		加工贸易		
		金额（亿美元）	在总贸易中占比（%）	金额（亿美元）	在总贸易中占比（%）	增速（%）
2010	87.19	40.64	46.60	9	10.30	240.35
2011	119.39	57.85	48.50	9.5	8.00	5.60
2012	112.57	52.26	46.40	4.66	4.10	-50.90
2013	119.93	66.62	55.60	2.78	2.30	-40.34
2014	145.5	80.4	55.30	2.6	3.23	-6.47

数据来源：内蒙古自治区商务厅网站。

表 2-4　内蒙古自治区加工贸易在全国加工贸易总额中的占比情况

年份	我国加工贸易进出口总额（亿美元）	内蒙古自治区加工贸易进出口额（亿美元）	内蒙古自治区加工贸易在全国总贸易额中的占比（%）
2010	11577.6	9.00	0.078
2011	13052.1	9.50	0.072
2012	13439.5	4.66	0.035
2013	13600	2.78	0.020
2014	14100	2.60	0.018

数据来源：中国商务部、内蒙古自治区商务厅网站。

2. 加工贸易形式多样

来料加工和进料加工是内蒙古自治区加工贸易的主要形式，两种方式规模此消彼长，变化幅度较大。2013 年以前，进料加工的方式占比较大，2013 年之后来料加工贸易额超过了进料加工，见表 2-5。

表 2-5　2010～2014 年内蒙古自治区加工贸易发展具体情况

贸易类型	2010 年进出口总值		2011 年进出口总值		2012 年进出口总值		2013 年进出口总值		2014 年进出口总值	
	金额（亿美元）	增速（%）	金额（亿美元）	增速（%）	金额（亿美元）	增速（%）	金额（亿美元）	增速（%）	金额（亿美元）	增速（%）
加工贸易	9.0	243.1	9.5	5.7	4.7	-51	2.8	-40.5	2.6	-6.5
来料加工	1.1	-13.2	1.2	9.1	0.7	-41.1	2.2	235.5	1.7	-23.5
进料加工	7.9	479.1	8.3	5.5	4.0	-52.3	0.6	-86	0.9	62.3

数据来源：内蒙古自治区商务厅网站。

3. 各盟市加工贸易发展不均衡

内蒙古自治区加工贸易开展规模较大的盟市主要集中在经济较发达以及具有地缘优势的盟市，例如呼和浩特市、满洲里市、赤峰市、包头市等。其中，呼和浩特市是全区最主要的加工贸易进出口城市，约占全区加工贸易总额的 85%，主要原因在于该市拥有全区唯一的国家级出口加工区，并且是全区重要的交通枢纽城市。

4. 私营企业进出口居首位

2011 年，内蒙古自治区私营企业以加工贸易方式进出口为 3.4 亿美元，增长 4.9%，占同期全区加工贸易进出口总值的 35.8%，其中，出口 3.2 亿美元，增

长 6.3%；进口 0.2 亿美元，下降 13.2%。同期，外资企业加工贸易进出口为
2.8 亿美元，增长 0.4%，占 29.5%。其中，出口 1.9 亿美元，下降 3.2%；进口
0.9 亿美元，增长 8.3%。

5. 香港地区为内蒙古自治区加工贸易的最大贸易伙伴

2011 年，内蒙古自治区加工贸易项下进出口值超过 1000 万美元的贸易伙伴
共计 12 个，其中超过 5000 万美元的仅为中国香港和日本。2011 年内蒙古自治区
加工贸易对香港地区进出口 6.2 亿美元，增长 6.4%，占同期全区加工贸易进出
口总值的 65.3%，其中，出口 3.3 亿美元，增长 7.4%；进口 2.9 亿美元，增
长 5.2%。

（三）加工贸易对内蒙古自治区经济的贡献度

经济增长贡献度指标可以从国民经济总量平衡的角度具体考察不同的贸易方
式对经济增长的贡献情况。本书利用国民经济恒等式将净出口分成加工贸易净出
口和一般贸易净出口两部分。根据公式计算历年来内蒙古自治区加工贸易对经济
增长的贡献度。根据国民经济核算体系，按支出法统计，国内生产总值（GDP）
由最终消费（含居民消费和政府消费）、资本形成（含固定资本的形成和存货变
动）和净出口（含货物进出口和服务的进出口）三大需求组成，可以用如下公
式表示：

$$GDP = C + I + (X - M)$$

其中，C 表示总消费，I 表示总投资，X - M 表示货物和服务的净出口。将
上述公式进一步变形，可以得到如下形式：

$$\Delta GDP = \Delta C + \Delta I + (\Delta X - \Delta M)$$
$$= \Delta C + \Delta I + \Delta NE$$

其中，NE 表示净出口，Δ 表示增加值。一般认为，当净出口为正时，其对
国内生产总值呈正向拉动作用；当净出口为负时，其对国内生产总值呈负向拉动
作用。我们从贸易方式上将净出口分成一般贸易和加工贸易两种贸易方式形成的
净出口构成，故又可将上式改写为：

$$\Delta GDP = \Delta C + \Delta I + \Delta NE_1 + \Delta NE_2$$

其中，ΔNE_1 和 ΔNE_2 分别表示一般贸易净出口和加工贸易的净出口增量。
通过继续如下变形：

$$\frac{\Delta GDP}{GDP} = \frac{\Delta C}{GDP} + \frac{\Delta I}{GDP} + \frac{\Delta NE_1}{GDP} + \frac{\Delta NE_2}{GDP}$$

$$= \frac{\Delta C}{GDP} \cdot \frac{C}{C} + \frac{\Delta I}{GDP} \cdot \frac{I}{I} + \frac{\Delta NE_1}{GDP} \cdot \frac{NE_1}{NE_1} + \frac{\Delta NE_2}{GDP} \cdot \frac{NE_2}{NE_2}$$

$$= \frac{\Delta C}{C} \cdot \frac{C}{GDP} + \frac{\Delta I}{I} \cdot \frac{I}{GDP} + \frac{\Delta NE_1}{NE_1} \cdot \frac{NE_1}{GDP} + \frac{\Delta NE_2}{NE_2} \cdot \frac{NE_2}{GDP}$$

从上式中我们可以得到两种贸易方式对经济增长的拉动作用的量化公式：

加工贸易对 GDP 增长的贡献度

$$= \frac{\Delta NE_2}{\Delta GDP} \times 100\%$$

$$= \frac{加工贸易净出口增加额}{GDP 增加额} \times 100\%$$

加工贸易对 GDP 增长拉动的百分点

$$= \frac{\Delta NE_2}{NE_2} \cdot \frac{NE_2}{GDP}$$

$$= \frac{\Delta NE_2}{\Delta GDP} \cdot \frac{\Delta GDP}{GDP}$$

= 加工贸易对 GDP 增长的贡献度 × GDP 增长百分点

表 2 - 6　2010 ~ 2014 年加工贸易对内蒙古自治区经济的贡献度和贡献率

年份	GDP 增加额（亿元）	加工贸易净出口增加额（亿元）	加工贸易贡献度（%）	GDP 增速（%）	加工贸易贡献率（%）
2010	1929.22	0.52	0.182	14.90	0.027
2011	2591.11	- 0.02	- 0.005	14.30	- 0.001
2012	1742.23	- 0.62	- 0.225	11.70	- 0.026
2013	844.04	- 1.88	- 1.379	9.00	- 0.124
2014	937.13	0.90	0.590	7.80	0.046

数据来源：依据内蒙古自治区商务厅网站数据计算整理得来。

由表 2 - 6 可知，在内蒙古自治区经济发展过程中，加工贸易的贡献很小，2010 ~ 2014 年，加工贸易贡献度都低于 0.01，2011 ~ 2013 年甚至为负数。近五年，对经济增长的拉动率最高值也不到 0.1%。可喜的是，2014 年加工贸易贡献度和贡献率双双从负转正，是近几年的最高值。相对于沿海平均 20% 左右的贡献度和 2% 左右的拉动度来说，内蒙古自治区加工贸易发展水平较低，未来还有很大的发展空间与潜力。

（四）内蒙古自治区加工贸易发展存在的问题

1. 加工贸易涉及产业集中

内蒙古自治区近年来从事加工贸易的行业主要集中在贵金属或贵金属制品、

铝材、单晶硅、纺织品、农产品、木材加工等产业，其中前三类行业约占加工贸易总出口额的70%。内蒙古自治区加工贸易涉及的产业中绝大部分属于传统优势产业，同时资源密集型特征明显，资本和技术密集型产业较少。

2. 加工贸易处于产业链最低端

长久以来，因为内蒙古自治区加工贸易企业不重视对核心技术的研发，设计能力和创新能力低下，致使在国际贸易分工中一直处在产品价值链的加工制造环节，盈利空间不足。例如，稀土是内蒙古自治区的优势矿产资源，也是内蒙古自治区加工贸易主要的出口产品，但是由于工艺技术和研发能力所限，稀土主要以初加工产品形态出口到日本和欧美，其价格与我国从这些国家进口的高端稀土制品价格相差百倍甚至更高。

3. 加工贸易产业链发展不完善

东部沿海省份一直是我国加工贸易的集中区域，经过多年的发展，产业链已经相当完善，西部省份普遍相对较差。由于内蒙古自治区原有的工业基础相对比较薄弱，由此造成产业的综合配套能力较差，配套产业集群尚未形成，向上游零部件产业和向下游物流业延伸程度不够，缺乏带动性强的龙头企业和配套协作企业，加工贸易大都处在"一进一出、单一工序"阶段。由于供应配套不完善，很多零件需要到外地采购，一方面无法满足企业按时交货的要求，另一方面加大企业物流成本，产品竞争力将大打折扣。缺乏配套产业已成为内蒙古自治区加工贸易发展最为突出的问题。

4. 加工贸易用工问题凸显

人力资源是第一资源，发展壮大加工贸易产业，需要大量产业工人，专业化人力资本是经济增长的真正动力。内蒙古自治区地处边陲，人口基数不足，当地人口数量难以支撑产业集群。加之珠三角、长三角等经济发达地区普遍提高工资标准，内蒙古自治区在务工的吸引力上难以匹敌，人力资源问题不容忽视。

5. 加工贸易企业品牌建设乏力

加工贸易企业在起步初期通过贴牌生产的方式主要是为了获得出口订单和一定的生产技术，但企业在积累到一定规模之后就应该发展自主品牌，加大自主创新，在我国不乏有很多成功的案例，例如格力。品牌是提升企业形象和产品价格的重要因素，一条LV羊绒围巾，内蒙古自治区羊绒加工企业原料成本和加工利润总计不到500元，而在LV专柜，其售价高达5000多元。内蒙古自治区加工贸易以中小型企业为主，企业在自主品牌建设方面意识不强，政府扶持力度有限。以羊绒企业为例，虽然内蒙古自治区已经拥有鄂尔多斯、鹿王、东达蒙古王、维信、盘古王、大根来、焱太、东黎、凯兰等一批国内知名品牌，但目前还未有一个著名国际品牌。

6. 加工贸易企业融资困难

前几年，由于受到金融危机和国内偏紧货币政策的影响，全区很多加工贸易企业陷入经营困难，生产资金吃紧。而全区金融业发展相对滞后，小额贷款起步较晚，这进一步制约了加工贸易产业的发展。

（五）促进内蒙古自治区加工贸易发展的对策建议

在借助全国加工贸易梯度转移的大趋势和"一带一路"经济发展战略的背景下，内蒙古自治区应该将发展加工贸易作为未来促进全区经济发展的新途径。

1. 加强各地区、各部门对加工贸易促进经济发展作用的认识

加工贸易是一种"两头在外、一头在内"的贸易方式，这种方式可以充分利用国内国际两种资源和两个市场，发展地区经济，拉动本地对外贸易，提高地区对外开放水平。我国加工贸易的开展始于 1978 年，经过多年的发展，已经成为我国对外贸易的主要方式。通过发展加工贸易，一方面发挥了我国劳动力比较优势，带来了大量的外汇收入；另一方面吸引了国外投资和技术转移，带动了加工制造业的发展。加工贸易成为我国接受跨国产业转移的重要方式，在东部地区有效地促进了特定产业的集聚，推动了 IT、纺织服装等产业集群带的形成，创造了东部地区工业化快速推进的奇迹。

然而，内蒙古地区对加工贸易的认知程度不高，同时，由于内蒙古自治区对加工贸易产业审批程序复杂，使企业走入对加工贸易的误区，对发展加工贸易望而却步，因此，要加快减少加工贸易的行政审批程序，提高办事效率和行政水平，同时，要加强对加工贸易发展理论和实践的研究，加大加工贸易对促进地区工业化进程重要意义的宣传力度，提高各部门、各地区对加工贸易的认识，使各地区、各部门准确把握加工贸易发展形势，因地制宜、因势利导，促进地区加工贸易的发展。

2. 提高科技水平和产业创新能力

随着我国劳动力成本优势逐渐丧失和发达国家"再工业化"口号的提出，内蒙古自治区加工贸易企业的生存压力与日俱增，因此，加工企业必须转型升级。首先，要以科技创新为突破口降低企业投入成本的同时提升生产效率。其次，企业要提高自主创新能力，创立自有品牌，逐渐从单一贴牌生产模式向代理设计生产模式转变。在这一过程中，自治区政府要注重对企业的引导和鼓励，发挥政府的杠杆作用。

3. 充分发挥龙头企业协会的桥梁和纽带作用

为了规避加工贸易企业小而散的局面，自治区政府应牵头尽快组建各行业行业协会。利用龙头企业资金、技术、信誉的优势，带领中小加工企业打造良好的

行业环境，为政府及有关部门政策、法规、规划的讨论等提供咨询和建议，提供行业信息和咨询服务，组织展览会、专题研讨会、学术讲座及国际交流等活动，开展对外经济技术合作与交流平台。

4. 提升加工贸易发展的软硬环境

（1）扩大物流规模，打造优良的发展加工贸易的硬环境。在"一带一路"战略规划中，内蒙古自治区是对北开放的桥头堡，内蒙古自治区要抓住国家公路加速成网的重要机遇，加快高速公路、干线路网和口岸公路建设。发挥内蒙古自治区联通俄罗斯和蒙古国的区位优势，完善黑龙江省对俄铁路通道和区域铁路网，以及黑龙江省、吉林省、辽宁省与俄远东地区陆海联运合作，推进构建北京—莫斯科欧亚高速运输走廊。借助交通运输网的升级，内蒙古自治区要积极拓展优势城市、口岸城市和海关特殊监管区加工制造、物流服务功能，打造联系西北、东北、华北、中东部地区及对北开放的物流服务基地，扩大物流规模，降低物流成本，为产业和贸易发展提供完善的物流服务保障。

（2）完善政策、制度支持体系，创造优良的发展加工贸易的软环境。从区域产业布局、环境培育、政策体系的建立和完善、组织领导、人员培训等方面为承接加工贸易转移提供全方位的政策支持。第一，要吸引东部企业与内蒙古自治区实行加工贸易的区域合作，要实行优惠政策，创造劳动力资源的比较优势，一方面，促进内蒙古自治区外出劳动力回流，对外出劳动力返乡就业在住房、税收、信贷等方面给予一定政策上的优惠和支持；另一方面，吸引外省劳动力来内蒙古自治区工作。第二，政府要发挥桥梁和纽带的作用，组织多种形式投资与贸易洽谈活动，通过贸易洽谈、推介会等形式，为企业开拓国际市场、开展加工贸易搭建交流合作平台。第三，创新管理方式、简化办事程序。商务部门要简化办事程序，提高办事效率，海关、商检等部门要创新保税加工海关监管模式，为办理加工贸易业务提供畅通渠道。第四，在政策上支持内蒙古自治区的科技投入，不断提高内蒙古自治区科技水平。第五，开辟承接产业转移发展加工贸易的信贷"绿色通道"，对符合条件的转移企业适当增加贷款额度，放宽企业贷款抵押担保条件；建立区、市两级中小企业信用担保体系，支持担保机构为落户的加工贸易企业提供贷款担保。

第 三 章

内蒙古自治区外经贸转型专题

　　近年来，在国家宏观政策引导下，内蒙古经济得到了快速发展，对外经贸也蓬勃向上。但当前全球有效需求不足，国内区内经济结构调整，在这些因素作用下，倒逼内蒙古外贸企业加快转型升级步伐，培育竞争新优势。因此，内蒙古企业需要进一步开拓优势特色产业的国际市场，增加对外投资，开展国际化经营，与俄蒙企业建立新的合作模式。

一、内蒙古自治区对外直接投资的现状、问题及对策

（一）内蒙古自治区对外直接投资的现状

1. 对外直接投资规模不断扩大，但全国排名靠后

2010～2014年，内蒙古自治区对外直接投资规模，除了2010年是3973万美元，其他年份都超过10000万美元，尽管2014年出现巨幅下降，但仍有21200万美元的对外直接投资规模。从全国32个省、自治区、直辖市（包括新疆生产建设兵团）排名情况来看，内蒙古自治区对外直接投资始终排在靠后的位次。见表3－1。

表3－1　2010～2014年内蒙古自治区对外直接投资规模及在全国排名情况

单位：万美元

年　份	2010	2011	2012	2013	2014
规　模	3973	10403	46035	49573	21200
排　名	27	27	19	22	27

数据来源：根据内蒙古自治区商务部网站资料整理而得。

2. 对外直接投资增速呈巨幅波动

2008年金融危机爆发之后，受国内和国际经济环境不景气的影响，我国对外直接投资的增速也呈平稳放缓态势，与此同时，内蒙古自治区对外直接投资增速却呈暴涨暴跌起伏不定的态势，波动巨大。2009年，内蒙古自治区对外直接投资额达18525万美元，对比2008年的460万美元，涨幅达3927.2%（同比，下同）。到2010年，对外直接投资负增长，跌幅为78.6%，2011～2013年，增速分别是161.8%、342.5%和7.7%，2014年又呈57.2%的负增长态势。见图3－1。

3. 对外直接投资产业特色和区域特色显著

近年来，内蒙古自治区对外直接投资领域日趋丰富，主要涉及森林采伐、农业种植、农畜产品销售、进出口贸易、房地产、基础设施、矿产资源勘探、酒店餐饮等，这种产业结构的投资恰好发挥了内蒙古自治区优势产业的特色，境外投资和境内产业相辅相成，共同发展。而内蒙古自治区对外直接投资区域也在逐年拓展，对外直接投资国别（地区）主要是俄罗斯、蒙古国、中国香港、德国、匈牙利、澳大利亚、美国、委内瑞拉、帕劳、韩国、英国、加拿大等，这种投资

区域分布恰好反映了内蒙古作为边境省区，向北开放、对外开放的国别对象。

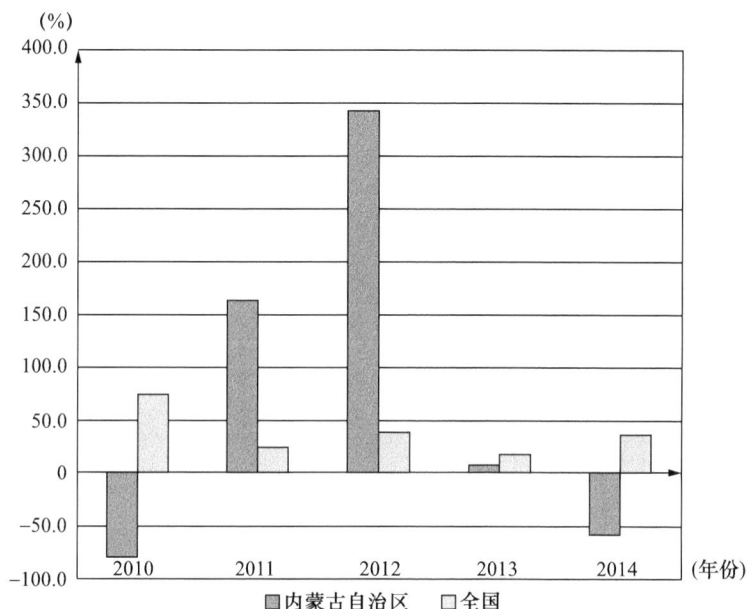

图 3 – 1　2010～2014 年内蒙古自治区与全国对外直接投资增速对比

数据来源：根据内蒙古自治区商务部网站数据整理而得。

（二）内蒙古自治区对外直接投资存在的主要问题

1. 对外直接投资的总体规模较小

以 2014 年为例，我国对外直接投资额为 4511.49 亿美元，内蒙古自治区对外直接投资额仅为 21.2 亿美元，占全国对外直接投资总额的 0.4%，在全国 32 个省市自治区（包括新疆生产建设兵团）中排名为第 27 位。而 2014 年，全国 GDP 为 63.64 万亿元，内蒙古自治区 GDP 为 17769.5 亿元，在全国 32 个省市自治区（包括新疆生产建设兵团）中排名为第 15 位，占全国 GDP 比重为 2.8%，可见，内蒙古自治区直接投资总规模与内蒙古自治区的经济总规模不匹配。

2. 对外直接投资结构不均衡

在地理分布结构上，内蒙古自治区企业对外投资遍布数十个国家，但大多数集中在俄罗斯、蒙古国、中国香港和欧美部分发达国家和地区，尽管也有对柬埔寨、帕劳等部分发展中国家的对外直接投资，但是对发展中国家的投资明显偏少。在对外直接投资的产业结构上，偏重矿产资源勘探、森林采伐、房地产、批发零售、贸易、运输以及农畜产品等资源密集型产业、劳动密集型产业和初级产品行业，相对缺乏对高新技术产业的投资。在对外直接投资方式上，80％的内蒙古自治区企业选择新建企业，国际上流行的跨国兼并、跨国收购的方式较少。投资结构各方面的不均衡，不利于内蒙古自治区企业灵活有效地发挥投资结构各个组成部分的特有优势。

3. 缺乏明确的投资战略，存在投资盲目性

内蒙古自治区企业对外直接投资尚处于初级阶段，还未制定对外直接投资总体发展战略。首先，内蒙古自治区有些企业从事对外投资不是生产经营发展到一定程度的结果，而是带有某种试探性、偶然性。这些企业对外投资是因为遇到了某个投资机会，或是为了获得海外投资所带来的税收减免。其次，更多的企业进行对外直接投资的主要目的仍是扩大出口市场，增加出口创汇，而不是依据企业全球化发展战略的实施计划而进行投资。这样投资的结果往往是企业只注重短期效益，走一步说一步。这样企业海外发展的持续性和全体布局性就较差，也将导致企业在全球市场的长期竞争中缺乏后劲。

4. 企业缺乏核心技术

核心技术和核心产品是企业无论在国内市场还是国际市场中制胜的必备因素。当前，内蒙古自治区的对外直接投资领域主要是矿产资源勘探、森林采伐、农畜产品加工等，这些领域的产品技术含量低，替代性强。从长远来看，航空航天、微电子、生物技术、互联网等高科技产业市场需求强劲，所以内蒙古自治区企业急需向这些领域拓展。事实上，内蒙古自治区的企业，乃至全国绝大多数企业都处在一个技术引进阶段，在关键技术方面还难以和国外拥有高新尖技术和成熟产品的企业相抗衡。从内蒙古自治区总体来看，与国内外发达地区相比，内蒙古自治区的企业明显存在：技术优势缺乏，对很多引进的先进技术消化吸收不彻底，创新能力较弱，特别是一些高端产品的核心技术仍然要依靠从国外引进，根本没有竞争优势可言，从而无力参与激烈的国际市场竞争，甚至连国内的市场都难以拓展。技术匮乏是制约内蒙古自治区企业开展跨国经营的长期性因素。

5. 企业缺乏高水平的跨国经营人才

现代企业的竞争主要是人才的竞争。对外直接投资需要管理、法律、技术、财务、贸易、营销等各方面高水平、高素质的人才。目前，高水平、高素质人才的缺乏是发展跨国经营、提高跨国投资水平的主要限制条件。与发达地区相比较，内蒙古自治区境外投资企业的员工文化素质水平较低，综合素质较差，普遍缺乏精通管理知识和当地制度法规的人才，因此不能适应异常激烈的国际竞争。

6. 市场信息掌握不到位，缺乏对投资项目的充分了解

内蒙古自治区企业境外投资面临着信息不灵，境外信息渠道狭窄，对外国的

相关法律、规章、制度、政策、投资环境知之甚少，在相关部门甚至互联网上能查询到的实用信息不多，相关的研究、咨询服务机构十分分散，各种信息资源不能够有效整合利用。由于内蒙古自治区企业对外直接投资较少，相关公共信息服务体系有待健全，对有关国家的政治、经济、法律，社会风俗、市场行情、行业和产品等信息缺乏透彻了解，企业往往有了对外投资的愿望，而无法实施相应的投资计划，即便实施了相关计划，也会因信息缺失或者信息掌握不到位而失败或者遭遇投资困境。

（三）内蒙古自治区企业对外直接投资的对策分析

1. 对外投资企业要科学地制定自己长期的发展战略

首先，境外投资企业必须充分掌握同行业的国际生产经营信息。在对同行业世界市场行情、各国生产经营情况有了充分了解的基础上，设计和开发出自己的优势领域和特色领域，对企业的对外投资进行精准定位。其次，要充分、透彻分析对不同的区域、不同的国家的投资在生产要素的重新配置上能够产生怎样的优化组合效果。分析时需要具有全球化的观念，应注重总体的对外投资效益，而不能仅看投资于某一个国家的经济效益。可能投资于某一个国家的经济效益并不理想，但是却能为其他投资项目带来更新的先进技术和更科学、有效的管理。因此，在规划中，要合理规划对不同区域不同国家的投资战略，不同国家采用不同的战略，从大处着眼，总体布局，这样方能使企业的对外投资工作长期有条不紊地发展下去。

2. 对外直接投资的企业要注重培养核心竞争力和比较优势

对外直接投资的企业要确保对外直接投资有利可图，必须具备核心竞争力和相当的比较优势，这就要求企业加大研发投入，注重经营管理经验的学习和总结，注重企业的管理经验、生产技术、销售技巧、融资能力、优质产品等方面的进步和提升，有实力的企业可以在境外科技资源密集的地区设立研发中心，注重提升产品质量和经营水平，注重提升参与国际竞争的层次。假如企业缺乏特定的核心竞争力和比较优势，企业就很难在境外投资的东道国立足，更不用谈与当地其他国家的跨国公司相抗衡了。

3. 创立"唯才是用"的企业文化

企业文化是一个企业的经营理念、价值标准、行为规范的总体体现，锐意创新、开拓进取、精诚团结的高水平、高素质员工是优秀企业文化的载体，它们的融汇是企业实现经营目标的战略平台，西方发达国家跨国公司乃至国内知名跨国公司长盛不衰的关键在于拥有"唯才是用"的企业文化。企业"走出去"时，面对国际市场纷繁复杂的环境，兼收并蓄是跨国经营成功的必然选择。企业可以通过"年薪制"、"股权共享"、"收益分成"等各种方式招贤纳士，使有利于企业跨国经营的国际性人才找到充分展现才华的人生舞台。如果拥有了大量既懂生产经营之道，又能熟悉应用国际惯例和国际规则；既了解东道国市场，又能够把握企业战略目标的专业性、综合性、国际性人才，内蒙古自治区企业才能把握住时代机遇，很好地开展境外投资。

4. 实施本土化经营

经营本土化又称经营当地化，是对外直接投资企业以东道国独立的企业法人身份，按当地的法律规章和人文习俗，以及国际通行的企业管理惯例进行企业的经营与管理。经营当地化是海外经营成功的必然规律和基本原则。因此，企业要成功地实施境外投资战略，首先要学会本土化经营，积极地融入东道国经济。企业在东道国开展生产经营活动时，至少要承认自己在形式上是东道国当地的企业，是在东道国业已形成的社会经济和法律环境下经营的企业法人，要把经营当地化作为自己的基点和发展方向，实现经营管理当地化、人员当地化和工资分配当地化。

5. 政府应加强对跨国公司的支持与监管

首先，加强海外投资的财政信贷和税收政策支持。对国内生产能力明显过剩、能弥补国内紧缺的资源供应、战略资源开发、有良好的技术能力和明显比较优势的行业和企业，国家和地方政府应该给予更优惠的财政支持和税收支持。其次，加强对海外投资的监管。在鼓励企业"走出去"的同时，要加强政府的监督与管理职能，这是"走出去"战略实施的保证。为此，政府要建立防止国有资产流失和对外投资企业逃税的机制；要完善对外投资统计制度和海外企业信息披露制度；要加强外汇监管，建立用户资料库，科学管理外汇的使用和回收；要加强政府部门之间的协调，减少政策之间不匹配现象；建立政府、行业协会等多层次的组织协调功能，制止恶性竞争和欺诈行为，维护经营秩序和我国企业的整体商业形象。最后，政府要加强国外投资环境变化的监测和服务意识，为企业提供可靠有用的投资决策信息，避免因信息不畅导致不必要的损失。

二、内蒙古自治区稀土出口定价权缺失的原因及对策

中国是世界上稀土资源最丰富的国家，内蒙古自治区是中国"稀土大省"，尤其是位于包头市的白云鄂博铁、铌、稀土共生矿床，稀土储量约占中国稀土总储量的87%，拥有全球最大的稀土矿山，不仅稀土储量居世界之最，而且稀土元素含量高，种类多，具有重要工业价值。但是，内蒙古自治区出口到世界各个不同国家的稀土主要是初级产品，而且价格低，成为制约内蒙古自治区稀土出口的主要问题。

（一）内蒙古自治区稀土出口定价权缺失的现状

1. 内蒙古自治区稀土供给量较大

稀土是典型的资源性产业，稀土产业和竞争优势在很大程度上依赖先天资源禀赋，中国是世界稀土生产大国，内蒙古自治区又是中国第一大稀土生产地区。稀土是内蒙古自治区拥有绝对资源优势且具有不可再生性质的商品之一，如表3－2所示，根据美国地质调查局2014年公布的世界稀土产量数据，2013年世界上有8个国家生产稀土，总产量是111760公吨，中国稀土产量为100000公吨，占世界稀土总产量的89.5%，而内蒙古自治区是中国稀土主要的生产地区，内蒙古自治区2013年全年实际生产稀土精矿4.7万吨，生产冶炼分离产品3万吨，内蒙古自治区2013年产量占中国总产量的近80%，可见，内蒙古自治区是稀土主要供给地区。这就表明，内蒙古自治区稀土产品在国际市场上具有绝对垄断优势。

表3－2 2013年世界稀土产量

单位：公吨

	中国	美国	印度	俄罗斯	澳大利亚	越南	巴西	马来西亚
产量	100000	4000	2900	2400	2000	220	140	100

数据来源：美国地质调查局。

2. 内蒙古自治区稀土出口总量波动较大，占全国稀土出口总量比重较低

内蒙古自治区是中国稀土的主要生产地区，近几年来，受国家对稀土出口行业政策限制，例如2015年稀土配额取消，2015年稀土出口关税取消，内蒙古自治区出口稀土的总量波动较大，占全国稀土出口总量的比重波动也比较大，但是总体处于下降的趋势，如表3－3所示，2008～2014年，内蒙古自治区出口稀土总量从1.31万吨减少到0.43万吨，占全国稀土出口的比重也由24.3%下降到15.5%，可见，内蒙古自治区作为中国稀土的主要生产地区，其出口量占全国比重比较低，也就是说，内蒙古自治区很少一部分稀土出口到世界各个国家和地区，内蒙古自治区稀土出口量下降很大一部分原因在于稀土出口缺乏定价权，出口价格低。

表3－3 中国及内蒙古自治区稀土出口情况

年份	中国稀土生产量（万吨）	中国稀土出口量（万吨）	内蒙古自治区稀土出口量（万吨）	内蒙古自治区稀土出口量占中国稀土出口量的比重（%）
2008	12	5.4	1.31	24.3
2009	12	4.39	1.33	30.3

年份	中国稀土 生产量（万吨）	中国稀土 出口量（万吨）	内蒙古自治区稀土 出口量（万吨）	内蒙古自治区稀土出口量占 中国稀土出口量的比重（%）
2010	13	3.89	1.58	40.6
2011	8.92	1.86	0.29	15.6
2012	11.1	1.63	0.33	20.2
2013	10	2.25	0.51	22.7
2014	11	2.78	0.43	15.5

数据来源：中国稀土网，www.cre.net。

3. 内蒙古自治区稀土出口价格较低

具有垄断优势的稀土产品理应获得高额垄断利润，但是内蒙古自治区稀土出口定价权却长期被国外厂商控制。如图3-2所示，内蒙古自治区稀土出口价格波动性比较大，2008年和2009年受金融危机影响，价格在0.34万~0.41万美元/吨，2010~2011年价格开始上升，2011年最高达到8.4万美元/吨，之后又出现下降趋势，2013年开始反弹，2014年达到4.8万美元/吨，内蒙古自治区稀土出口价格远远低于国际市场上稀土价格，稀土不断被贱卖是由于稀土的自身价值并不能够通过稀土的出口价格表现出来。长期的烂采、贱卖，致使中国稀土储备资源大幅度下降。据统计，以轻稀土为主的包头市稀土矿枯竭期大约为50年。因此，通过争夺稀土的定价权来推动内蒙古自治区稀土产业的可持续发展成为必要而紧迫的任务。

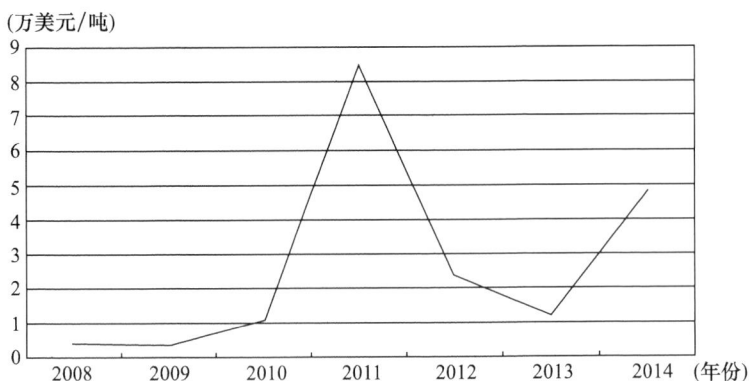

图3-2　2008~2014年内蒙古自治区稀土出口价格

数据来源：根据历年《内蒙古统计年鉴》计算。

（二）内蒙古自治区稀土出口定价权缺失的原因

1. 储备制度不完善

作为重要的战略资源，内蒙古自治区还没有有效的稀土储备制度；西方发达国家在稀土资源不足的情况下，进行了大量的储备。20世纪80年代，美国的战略矿原料特别工作组就建议国会建立稀土储备制度，美国封存了其稀土资源并大量购入中国的廉价稀土，目前美国的稀土资源稳居世界第二。日本国内并没有稀土资源，全部依赖从中国进口，日本于1983年开始建立自己的稀土战略资源储备，现在储备的稀土资源可以满足其20年生产的需要。此外，一些欧洲国家和韩国也早已建立了其稀土战略储备制度。当稀土的国际价格开始上升时，各国采购商减少采购量，利用自己的战略储备，迫使国内的企业接受其价格，他们用低廉的价格进行大规模储备，从而形成一个有利于买家的恶性循环，对内蒙古自治区稀土出口造成重大的利益损失。

2. 行业协会功能不足，且信息披露制度不完善

2011年7月，工信部批复了中国稀土行业协会的筹建，2012年4月8日，中国稀土行业协会正式挂牌成立，而之前成立于2003年10月26日的内蒙古稀土工业协会，是全区稀土企事业单位和稀土行业工作者自愿组成的具有行业性、广泛性的群众组织，是依法成立的人民团体，目前共有会员单位40家。内蒙古自治区稀土行业协会依法维护行业秩序，协调稀土产品价格，分析行业经济运行中存在的各类问题，积极向上级领导部门献言献策，维护会员单位的合法权益，积极完成自治区稀土办公室和有关领导部门委托交办的工作和任务，但是行业协会主要的负责人都由政府领导兼任，造成政会不分，行业协会独立自主性不足，无法凝聚力量发挥社会整体功能，形成价格联盟。此外，内蒙古自治区稀土信息披露制度不完善，稀土产品信息共享平台不完善，企业不能及时了解市场动态，对市场变化反应迟钝，由于信息不对称而造成的误判也时有发生，从而在国际竞争中处于被动地位。

3. 稀土定价机制不完善

作为稀缺的自然资源，稀土的定价不仅要考虑到开采成本、劳动力和运输成本，还应该包括开发稀土带来的环境成本，具体可能涉及地表植被补偿、水污染及空气污染费用。但是有限的稀土资源却招致了大量的毁林开荒，造成了坡度超标、水土流失、易地开发等严重问题。据统计，采用池浸工艺每开采1吨稀土，要破坏200平方米的地表植被，剥离300平方米表土，造成2000立方米尾砂，每年造成1200万立方米的水土流失。而内蒙古自治区稀土出口价格大部分没有考虑到环境成本，不考虑环境成本的稀土开采与加工以及出口并不能反映稀土真实的价格，低廉的价格更是加剧了稀土行业的内部竞争。

4. 企业无序竞争，行业集中程度低

虽然目前内蒙古自治区只有包头钢铁责任有限公司一家大型企业从事稀土生产和经营，但是内蒙古自治区从事稀土产业的中小企业数量还是比较多，仅包头稀土高新区就有 70 多家稀土生产企业。企业为了提高眼前利益，纷纷加入稀土开采的行列。但由于技术水平有限，管理模式粗放，无证开采，争相出口，互相竞争，以低价出口稀土，给稀土进口商以可乘之机，这不仅带来了巨大的环境压力，更是造成了稀土资源的巨大流失。同时，大量外企涉足稀土行业，逃避出口管理的限制，出口的稀土只是经过粗加工，然后就出口到国外，带来了稀土浪费现象。这样国家重点大型稀土开采企业对整个国内稀土行业的整体控制能力将大大削弱，不利于稀土贸易中定价权的掌控。另外，企业分布分散和行业集中程度低使政府和相关行业协会难以有效地发挥控制引导作用，在稀土出口贸易中，不能形成产业统一的整体优势，抑制了内蒙古自治区稀土贸易整体议价能力的提升。

5. 国内稀土产业技术力量薄弱，产品附加值低

目前，内蒙古自治区稀土某些水平已经处于世界前列，例如，2013 年内蒙古自治区取得两项重大技术突破。第一项技术是从 50% 稀土精矿开始，将分馏萃取理论引入到稀土精矿再精选工艺中，得到高品位稀土精矿。第二项技术是以 65% 高品位稀土精矿为原料，浮选分离得到单一氟碳铈精矿和独居石精矿为白云鄂博混合型稀土精矿冶炼提供了新的工艺技术，但在稀土功能材料等方面，依旧落后于发达国家。日本是目前世界上稀土应用并实现稀土附加值最高的国家，用于高新技术领域的稀土占到其稀土总消费量的 90% 以上，而内蒙古自治区稀土仍旧主要应用于传统领域，高新技术领域所占的份额还不到 50%，特别是在稀土新型功能材料领域，内蒙古自治区甚至中国几乎没有自主知识产权。发达国家掌控稀土深加工工艺，并形成了一系列的专利技术。由于这些技术的不开放，并不能够被中国企业有效地利用，极大地制约了内蒙古自治区乃至中国稀土工业产业结构调整。另外，虽然内蒙古自治区包头稀土高新开发区与中国工程院、中国科学院、清华大学等科研院所和高校建立了长期的合作关系，以稀土冶金及功能材料国家工程研究中心为中心，相继成立了稀土永磁电机研发、稀土分析检测等 10 个稀土工程研究开发中心，但是内蒙古自治区对于稀土产业的科研尚不成熟，产品附加值比较低。

6. 内蒙古自治区缺乏稀土期货交易市场且交易平台不完善

发展期货市场，主要是利用期货市场的两大功能：一是发现价格，利用市场公开竞价等交易制度对市场未来发展趋势作出预测；二是规避风险，通过套期保

值在期货市场上进行价格风险转移。内蒙古自治区包头稀土交易产品交易所刚刚成立，还处在起步阶段，只有现货交易，没有期货交易。这就造成了内蒙古自治区稀土企业不能够根据价格的未来发展趋势来预测指标，从而掌握交易商品的未来价格，也不能通过分析市场未来趋势来规避交易风险，更不能对于稀土的国际价格产生影响。

稀土信息交易平台是稀土产业运行的指南针。国家一方面通过稀土市场的价格变化及交易情况，适时地了解产业的运行状况；另一方面可以利用市场对宏观政策信息的极度敏感性，配合行业规划、总量控制、储备增减、出口管制、税收调整等政策手段，通过信息发布就可以表达国家意图，调控产业发展。尽可能避免过多地依靠非市场手段调控产业运行而造成的市场扭曲。包头稀土交易所是内蒙古自治区唯一一家从事稀土交易的场所，但是该交易所还存在自身建设和组织、监督、企业参与度、储存安全性、资金安全性、交易制度等问题。

（三）内蒙古自治区应对稀土出口定价权缺失的对策

1. 完善稀土储备制度

世界稀土资源的战略性不言而喻，世界各主要贸易国对于战略性资源都有较为成熟的储备体制，内蒙古自治区要明确稀土资源在国家经济安全和国防安全方面的战略地位。伴随着稀土的大量生产和出口，内蒙古自治区稀土储备水平严重下滑，而经济的快速发展预示着对稀土资源的大量需求，在这一点上内蒙古自治区正在面临着来自国内外的威胁，构建内蒙古自治区稀土的战略储备势在必行。在建立稀土资源的国际储备问题上，可以借鉴国外的经验。首先，稀土战略储备应法制化和制度化，通过法律约束构建稀土储备的具体方法、稀土储备数量安排和稀土储备的管理。其次，在储备主体上，借鉴日本和韩国的经验，由官方和民间共同建立储备制度，以国家储备为主，以企业储备为辅，保证稀土储备的战略性。再次，在储备方法上，应注重稀土原矿储备和稀土产品储备之间合理性，在保证环境的前提下，充分确保国民经济发展和国际经济协调的需求。最后，在储备资金的来源方面，政府拨款应占主导地位，并应设立储备专用账户，但是也要注重资金来源的多渠道化，让企业参与短期战略储备，费用由企业负担，另外，内蒙古自治区可以效仿日本的做法适当提供贴息贷款。

2. 实行权限管理制度

在世贸组织的要求下，2015年1月，中国开始取消稀土出口配额，出口配额取消将使中国无法限制稀土出口的总量，使中国在世界市场上更缺乏定价的话语权，为了控制内蒙古自治区稀土的出口总量，在稀土出口上应该实行权限管理制度。所谓权限管理制度，就是从开采、生产到加工冶炼等程序都制定相应的限制标准，达到这个标准才可以进行相应的作业，未达到标准的企业一律关停。一方面是为了减少开采量，另一方面是能够提高其准入门槛。包头钢铁集团已经形成一定的行业集中度，但是内蒙古自治区还存在大规模中小稀土生产企业。对这些企业实行权限管理制度控制，要求其在开采、冶炼分离等程序上达到相应的技术水平。一方面，技术的进步会减少因开采加工等带来的污染；另一方面，开采量的增加也会伴随着技术的进步。内蒙古自治区稀土产业虽然起步较早，但技术水平进步缓慢，只有加快技术创新研究，才能避免国外的潜在威胁，永久掌握国际定价权。

3. 利用行业协会加快完善内蒙古自治区稀土企业战略联盟，建立有效数据平台

内蒙古稀土出口失去定价权的一个重要原因，是内蒙古自治区稀土企业只是分散经营，并没有统一和联合起来，更没有形成强势的谈判集团。目前我国的稀土工业学会隶属于工业和信息化部，没有商务部的参与，导致力量极其有限。同时，又是半官方身份，对各个企业的影响力有限。即便如此，内蒙古自治区应该通过行业自律，政府引导稀土企业的行为，对内鼓励正当竞争打击垄断，对外将各企业联合起来，避免恶意价格竞争。有效的信息是企业做出决策的重要依据，对市场信息的掌握对参与国际竞争的企业来说显得异常重要。因此，政府应建立公开、透明的稀土信息共享平台，并及时发布权威的产品供求信息，为企业确立合适的生产水平，增强企业的议价能力提供帮助。

4. 完善稀土定价机制

要完善稀土定价机制，就要强调污染者付费原则。污染者付费原则是指规定一切向环境排放污染物的单位和个体经营者，应当依照政府的规定和标准缴纳一定的费用，以使其污染行为造成的外部费用内部化，促使污染者采取措施控制污染。污染付费原则的重要作用在于对已经造成环境破坏的开发企业要征收较高的环境补偿费用，用来恢复或者补偿已经造成的环境污染和破坏。另外，对于整个稀土和开采行业内的企业起一个约束的作用，警示其在稀土开采与提炼的同时，切实做好环境保护工作，从根本上增加稀土的价格，真实反映稀土的价值。做到既保护了资源、保护了环境，又推进集约开发、高效利用、循环发展，加快稀土关键应用技术研究和产业化，促进内蒙古自治区稀土行业可持续发展。

5. 通过兼并、重组，建立大型稀土企业，提高行业集中度

长期以来，稀土行业过于分散，这一重要的战略资源竟然"黄金卖出萝卜价"，根源在于稀土行业的散、乱、差。稀土行业存在着重复建设严重、产业集中度低、自主创新能力不强、市场竞争力较弱等问题，严重影响了产业结构调整优化、经济发展方式转变和产业竞争力提高。自2011年5月《国务院关于促进

稀土行业持续健康发展的若干意见》（以下简称《意见》）下发，国家"以大型企业为主导的稀土行业格局"的指导思想一目了然。截至 2015 年 1 月，已基本形成以包钢集团、中国五矿、中铝公司、广东稀土、赣州稀土和厦门钨业 6 家企业为主导的行业发展格局。下一步，一方面，内蒙古自治区应将进一步加强稀土行业管理，重点支持包钢集团进一步推进兼并重组，组建大型稀土企业集团；另一方面，包钢集团将承担起整合内蒙古自治区区域内稀土企业和优化资源的任务，包括整合区域内较为散乱的冶炼分离企业等。通过规模和技术门槛来淘汰落后产能，加速稀土资源整合。另外，包钢集团可以通过产业整合，形成区域性垄断企业，形成较为完整的产业链条。控制和优化稀土上游的生产，并加强与侧重稀土下游研发的五矿集团合作，形成较为完整的稀土产业链。

6. 调整稀土产业结构，进行技术创新，提高产品附加值

结构调整和优化是促进内蒙古自治区稀土产业发展的关键举措。一是产业结构优化。要促进稀土产业的转型升级，逐渐向新材料等战略性新兴产业发展，实现产业结构的不断合理化和高级化。二是产品结构优化。要努力提高产品附加值，向产业链高端延伸，同时严格限制产能，淘汰落后产能，有序减少初加工产品。三是产权结构优化。可以考虑将重要的稀土资源收归国有，实行稀土的国有化策略，通过开采总量的全面控制，既保护资源，又迫使企业"精细化"发展。内蒙古自治区稀土行业的优势集中在上游，稀土分离技术在全世界居领先地位，而稀土提炼技术却相当落后，在下游市场常受制于日本等国。为此，今后要把稀上产品的开发而不是稀土资源的开采作为稀土产业发展的重中之重。一方面，要突出企业在自主创新中的主体地位，打造高端产学研合作创新平台；另一方面，政府通过设立重大科技专项，支持关键技术研发，提升我国稀土产业科技创新的实力。

7. 建立并完善稀土交易平台

健全稀土等大宗商品信息共享平台，探索互联网与物联网相结合在大宗商品交易领域的应用，促进现货交易竞买竞卖、期货交易诚信交易、物流追踪与结算相结合，促进综合性电子交易体系的发展来推进内蒙古自治区稀土电子交易市场的发展。政府应通过设立稀土商品全球市场研究的专门机构，整合利用各种信息渠道构建稀土的信息共享平台，建立有效的国际稀土市场供需的信息数据，强化经济情报的重要性，通过经济情报，确立合适的供给水平，从而影响稀土资源的供给价格，并增强稀土出口的议价谈判能力。通过标准规范的交易模式和公开透明的信息发布避免暗箱操作，从而在交易中发现稀土资源的真实价格，最终建立一个国际市场认可的透明的定价机制。

8. 完善稀土期货功能

目前，包头稀土交易所只有现货交易功能，还不具备稀土期货交易功能。在

实际业务中，内蒙古自治区稀土出口企业缺乏常设的价格发现预测渠道，也缺乏规避价格和经营风险的场所，直接导致了这些企业在稀土出口方面对商品价格的影响力。期货市场的建立能够让国内的基金、金融机构的投资资本积极地参与到这个价格的发现中，从而在一定程度上预防国际贸易价格被国际资本操纵，甚至背离其真实价值的不利局面。另外，期货市场的另一个重要功能是价格风险规避，企业可以通过套期保值等手段来对冲价格风险，提高稀土企业的抗风险能力。我国期货市场目前发展还不成熟，可供交易的产品品种很少，且稀土还不在这些商品之内，我国的稀土国际价格仍受伦敦期货交易价格的影响。因此，内蒙古自治区要增强稀土出口的定价权，就一定要建立稀土国际期货交易平台。

三、内蒙古自治区与俄罗斯和蒙古国经贸发展的现实障碍及模式创新

基于内蒙古自治区与俄罗斯和蒙古国相互毗邻的地缘优势，俄罗斯与蒙古国一直以来都是内蒙古自治区最重要的经贸合作伙伴，在内蒙古自治区对外经贸关系发展中发挥着重要的作用。特别是在当前国家关于"扩大向北开放、建设丝绸之路经济带、深化同俄罗斯和蒙古国各领域互利务实合作"的重大决策布局背景下，内蒙古自治区应充分发挥自身的北接俄罗斯和蒙古国、内邻八省的区位优势，不断深化与俄罗斯和蒙古国的经贸合作、创新与俄罗斯和蒙古国的经贸合作模式，紧密与俄罗斯和蒙古国的经贸关系发展，这不仅对内蒙古自治区自身经贸发展意义重大，而且对我国北部边疆的安全与稳定意义非凡。

（一）内蒙古自治区经贸发展背景分析

蒙古国与俄罗斯是内蒙古自治区重要的贸易伙伴，从2014年国内外发展形势来看：一方面，俄罗斯和蒙古国国内经济低迷；另一方面，中国与俄罗斯和蒙古国整体关系全面提升。内蒙古自治区与俄罗斯和蒙古国的经贸关系在这种相互交织的背景下获得了稳定发展。

1. 俄罗斯和蒙古国国内经济发展低迷

（1）蒙古国2014年经济发展情况。受煤炭、铁矿石、铜等大宗商品价格下跌的影响，蒙古国经济持续下滑，GDP从2011年的17.3%，下降到2012年的12.3%，2013年的11.7%，特别是2014年经济下滑更为严重，扣除价格因素后（以2010年不变价格为标准），GDP实际增长7.8%。未来三年蒙古国经济发展形势不容乐观。究其原因，是维持其经济发展的以下一些主要指标发展不利：

第一，外商直接投资直线下滑。自2012年以来，蒙古国吸引外商直接投资

不断萎缩，2012 年当年吸引外资 31.99 亿美元，同比下降 30%；2013 年下降 52%；特别是 2014 年，在蒙古国的外国投资公司只有 335 家，是近十年来最低的年份（最高年份是 2007 年，有 1607 家外国公司到蒙古国投资），外商直接投资额下降了 74%，接近 2008 年 6 亿美元的低水平。

第二，对外贸易增长乏力。对外贸易作为一个国家对外经济活动的主要方面，对一个国家的经济发展发挥着重要的作用，但蒙古国近四年的贸易发展数据表明其对外贸易增长乏力。

蒙古国对外贸易额突破百亿美元大关是在 2011 年，但 2011 年之后，其贸易发展整体不利，2012 年、2013 年都有不同程度的下降。虽然 2014 年的贸易额达到了 110 亿美元，同比增长 3.5%，但其增长微弱，对其经济增长促进作用不大（见表 3－4）。另外，贸易伙伴也不断减少，由 2012 年的 146 个，减少到了 2013 年的 135 个，2014 年的 129 个，对其贸易整体发展有一定的影响。

表 3－4　蒙古国 2010～2014 年对外贸易发展情况

单位：亿美元

年份	2010	2011	2012	2013	2014
蒙古国对外贸易额	61.77	114.2	111.2	106.3	110
中蒙贸易额	39.8	64.3	66	59.56	73.1
内蒙古自治区与蒙古国贸易额	17	28.5	32.6	31.56	40.97

资料来源：商务部网、内蒙古自治区商务厅网。

中国是蒙古国第一大贸易伙伴，两国间的贸易额占蒙古国贸易总额的一半以上。因此中蒙贸易的发展情况基本左右了蒙古国贸易发展的方向。从中蒙贸易发展的现实来看，2011～2013 年，增长速度缓慢，且 2013 年还出现了些许的下降。2014 年受两国政治关系的影响，中蒙贸易突破了 70 亿美元，达到 73.1 亿美元，同比增长 22.7%，其中出口 22.2 亿美元，同比下降 9.5%，进口 50.9 亿美元，同比增长 45.1%。中蒙贸易的发展在一定程度上促进了蒙古国贸易的整体发展。

第三，宏观经济指标不断恶化。受国际市场低迷、经济发展乏力及国内法律法规变动频繁等因素的影响，投资者放缓了对蒙古国投资的步伐。蒙古国外债压力加大，外债余额不断增多，已从 2010 年的 16.05 亿美元增加到 2014 年的 216 亿美元。货币不断贬值、财政赤字不断加大，外汇储备不断减少，截止到 2014 年 12 月底，外汇储备已减少到 15 亿美元。外汇储备的剧减，使银行操纵外汇市场的能力在下降，导致本币贬值的势头无法控制。同时因为本币的贬值，导致通货膨胀加剧，全年 CPI 增长达 12.8%，货币购买力下降，企业经营困难重重，破产企业增加，失业压力加大。

（2）俄罗斯 2014 年国内经济发展。自 2014 年以来，俄罗斯经济增长乏力。根据俄罗斯统计局数据，2014 年俄罗斯经济增长仅为 0.6%，增长最快的行业为金融、农业、加工业及不动产的购买与租赁；下降最多的领域为建筑、水产业及社保服务。据国际货币基金组织预测，2015 年俄罗斯经济增长为－3%。经济发展的各个方面都出现了下滑。

第一，因经济制裁和油价下跌，使俄罗斯损失 2000 亿美元，最大的负面影响是油价下跌，这是俄罗斯经济衰退的主要推力，制裁造成的资本短缺共计400 亿～500 亿美元。

第二，2014 年外贸总额达 7939.7 亿美元，同比下降 5.7%，其中出口5071.7 亿美元，同比下降 3.8%；进口 2868 亿美元，同比下降 8.9%。其中，对其最大的贸易伙伴欧盟降幅明显，俄罗斯自欧盟进口同比下降12.2%，俄罗斯对欧盟出口同比下降 7.1%，均超过了俄罗斯平均的降低幅度。

第三，2014 年俄罗斯吸引外商直接投资 190 亿美元，同比下降 70%；俄罗斯资本外流量 2014 年达 1515 亿美元，同比增长 1.5 倍。其中，第四季度资本外流量达到 729 亿美元，环比增长 8.4 倍。

2. 中国与俄罗斯和蒙古国政治关系提速

2014 年俄罗斯和蒙古国国内经济发展低迷及俄罗斯与西方国家因克里米亚脱乌入俄政治事件，使其与西方关系恶化，在此背景下，中国与俄罗斯和蒙古国关系获得了全面提升。

（1）中蒙全面战略合作伙伴关系形成。2014 年习近平主席访蒙，两国元首全面规划了各领域务实合作，决定实施矿产资源开发、基础设施建设、金融合作"三位一体，统筹推进"发展战略，同时确立了互联互通和大项目合作为两国优先合作方向，开启了中蒙合作关系的新篇章，也将中蒙关系提升到了全面战略合作伙伴关系。

（2）中俄战略合作关系全面提升。2014 年对俄罗斯而言是内忧外患的一年，国内经济发展低迷、国外受到了西方国家的合力制裁。在这一敏感的历史时期，中国不仅没有加入西方国家对俄罗斯的制裁行列，而且不断加强与俄罗斯的合作，两国举行了一系列的会晤，签署了中俄天然气东线的购销协议，使中俄博弈20 年的天然气合作取得了突破，由此也全面提升了中俄合作关系。

（二）内蒙古自治区与俄罗斯和蒙古国经贸合作现状

内蒙古自治区与俄罗斯和蒙古国经贸合作集中表现在相互投资、贸易发展、口岸对接以及由此而带来的口岸货运与物流业的发展，下面重点分析 2014 年内蒙古自治区与俄罗斯和蒙古国经贸发展所取得的成效。

1. 贸易发展进一步提速

2014 年国际环境复杂多变，特别是内蒙古自治区最大的两个贸易伙伴——蒙古国与俄罗斯，经济发展低迷，各主要经济指标不断恶化。但内蒙古自治区在自治区党委正确领导下、在各部门的积极配合下，在落实国家稳增长、调结构、扩开放的政策实施下，对外贸易发展达到了创纪录的水平。2014 年内蒙古自治区完成 145.53 亿美元的贸易额，同比增长 21.4%。其中与俄罗斯和蒙古国的贸易发展迅速，贸易额为 71.51 亿美元，占内蒙古自治区对外贸易总额的 49.1%。

（1）内蒙古自治区与蒙古国的贸易发展。2014 年，内蒙古自治区与蒙古国贸易额达 40.97 亿美元，同比增长 29.8%，占全区进出口贸易的 28.2%，比 2013 年提高 1.9 个百分点。特别是自蒙古国进口 31.7 亿美元，比 2013 年净增加 11.59 亿美元，同比增长 57.6%，对全区进口贡献率达 444.1%。

从贸易结构来看，出口蒙古国的产品主要有机械、家用电器、日用品及水果鲜蔬等，从蒙古国进口的主要产品为煤、铜、钼等矿产品及羊绒、羊毛制品等。

（2）内蒙古自治区与俄罗斯贸易发展。2014 年，内蒙古自治区与俄罗斯贸易额达 30.53 亿美元，同比增长 16.2%，占比 21.0%，较 2013 年止跌回升了 20 个百分点。其中出口 6.49 亿美元，同比增长 136%，高于全区出口增幅 79.8 个百分点；进口 24.04 亿美元，同比增长 2.2%。

从贸易结构来看，内蒙古自治区对俄出口以机电产品、传统劳动密集型产品和农产品为主，自俄进口则以能源资源型产品为主，锯材、原木、成品油、纸浆进口均呈增长态势。

2. 口岸运输能力进一步提升

基于中国与俄罗斯和蒙古国关系的全面提升，得益于与俄罗斯和蒙古国经贸发展提速及对接口岸设施不断完善，内蒙古自治区口岸运输能力不断提升。2014 年全年口岸货运量达到 7085.67 万吨，同比增长 4.2%；客运量为 467.61 万人次，同比增长 2.9%；交通运输工具为 136.13 万架辆列次，同比增长 7.2%。具体分析如下：

（1）边境陆路口岸运输能力分析。

第一，货运量分析。边境陆路口岸包括铁路口岸与公路口岸，2014 年陆路口岸货运量总额达到 6664.78 万吨，其中铁路货运 3920.28 万吨、公路 2744.5 万吨。见表 3 – 5。

表3-5 内蒙古自治区陆路口岸货运量（2014年）

口岸名称		合计（万吨）	同比（%）	进口（万吨）	同比（%）	出口（万吨）	同比（%）
铁路口岸	满洲里	2868.15	-0.6	1419.91	-20	171.83	-17.7
	二连浩特	1052.13	3.6	902.56	3.8	149.57	2.6
	分计	3920.28	0.53	2322.47	-12.6	321.4	-9.4
公路口岸	甘其毛都	1278.55	18.2	1264.09	18.5	14.46	-3.7
	策克	809.82	7.6	806.92	10.8	2.9	-88.1
	二连浩特	303.8	4.6	11.57	13.4	292.23	4.3
	满洲里	142.46	17	12.10	14.7	130.36	17.2
	珠恩嘎达布其	121.20	13.3	95.74	7.5	25.46	42.1
	额布都格	27.84	562.8	23.22	4544	4.62	24.9
	满都拉	21.10	-27.7	20.78	-28.7	0.32	540
	黑山头	16.03	-1.7	13.29	-5.1	2.74	19.1
	室韦	12.10	30.1	11.89	30.6	0.21	5.0
	阿日哈沙特	11.6		4.4		7.2	
	阿尔山	—					
	分计	2744.5	13.2	2264	15.4	480.5	3.7

资料来源：内蒙古自治区商务厅网。

第二，客运量分析。2014年边境陆路口岸客运量为445.98万人次，其中铁路运送36.45万人次，公路运送409.53万人次。见表3-6。

表3-6 内蒙古自治区陆路口岸客运量（2014年）

口岸名称		合计（万人次）	同比（%）	入境（万人次）	同比（%）	出境（万人次）	同比（%）
铁路口岸	满洲里	13.24	-61.7	6.88	-59.8	6.36	-63.6
	二连浩特	23.21	10	12.44	-7.2	10.77	-13.1
	分计	36.45	-39.6	19.32	-36.7	17.13	-42.7
公路口岸	甘其毛都	42.15	24.2	21.26	24.7	20.89	23.7
	策克	23.90	21.9	11.95	21.9	11.95	21.9
	二连浩特	167.6	-5.1	82.72	-5.6	84.89	-4.6
	满洲里	143.31	0.7	71.65	-0.2	71.66	1.6
	珠恩嘎达布其	9.8	0.7	4.9	0.7	4.9	0.7
	额布都格	3.03	133.1	1.55	138.5	1.48	127.7
	满都拉	3.66	1.7	1.84	2.2	1.82	1.1
	黑山头	7.65	-6.7	3.88	-7.6	3.77	-5.7
	室韦	3.42					
	阿日哈沙特	4.5		2.2		2.3	
	阿尔山	0.16		0.08		0.08	
	分计	409.53	2.00	202.03	0.54	203.74	0.4

资料来源：内蒙古自治区商务厅网。

（2）航空口岸运输能力分析。目前，内蒙古自治区的航空口岸包括呼和浩特市、满洲里市、海拉尔市、二连浩特市及鄂尔多斯市，主要从事人员运输，从2014年的运输情况来看，共运送旅客21.78万人次，其中入境10.67万人次，出境11.11万人次。见表3-7。

表3-7 内蒙古航空口岸客运量及交通运输工具（2014年）

		呼和浩特市	满洲里市	海拉尔市	二连浩特市	鄂尔多斯市
客运量（万人次）	合计（万人次）	11.17	4.92	3.51	0.20	1.98
	同比（%）	33	11.8	95	75	—
	入境（万人次）	5.49	2.36	1.75	0.08	0.99
	同比（%）	33.9	7.3	94.4	-80	—
	出境（万人次）	5.68	2.56	1.76	0.12	0.99
	同比（%）	32.1	16.4	95.5	72.5	—
交通工具（万架次）	合计（万架次）	0.12	0.10	0.056	0.005	0.02
	同比（%）	20.0	42.8	40.0	-44.4	—
	入境（万架次）	0.06	0.05	0.028	0.0025	0.01
	同比（%）	20.0	42.8	40.0	-44.4	—
	出境（万架次）	0.06	0.05	0.028	0.0025	0.01
	同比（%）	220.0	42.8	40.0	-44.4	—

资料来源：内蒙古自治区商务厅网。

（3）陆港货运量分析。内蒙古自治区除了航空口岸及边境陆路口岸外，还有一些陆港，它们在内蒙古自治区货物运输方面也发挥了重要作用，主要包括赤峰市红山物流园区、包头市集装箱中转站、通辽市港口物流中心、巴市保税物流园区及二连浩特滨海国际陆港。随着内蒙古自治区对外经贸关系的不断拓展，陆港货运量也逐年上升。见表3-8。

表3-8 陆港货运量分析（2014年）

	合计（万吨）	同比（%）	进口（万吨）	同比（%）	出口（万吨）	同比（%）
赤峰市红山物流园区	215.20	8.1	206.5	8.2	8.7	7.4
包头市集装箱中转站	141.69	-7.1	0.00	0.0	141.69	7.1
通辽市港口物流中心	64	-14.7	0.00	0.0	64.00	-14.7
合计	420.89	—	206.5	—	214.39	—

资料来源：内蒙古自治区商务厅网。

3. 边境小额贸易总体呈下降趋势

内蒙古自治区依托与蒙古国及俄罗斯边境毗邻的地缘优势，大力发展与俄罗斯和蒙古国的边境贸易，使其在内蒙古自治区对外经贸发展中占有重要的地位。但自2013年以来，边境小额贸易总额及占比下降趋势明显，呈现出低位运行的发展态势。下面对2014年的边境小额贸易发展情况进行简要分析：

（1）边境小额贸易总额达35.7亿美元，同比下降11.4%。其中边境小额贸易出口4.4亿美元，同比增长11.2%；边境小额贸易进口31.3亿美元，同比下降14%，呈现出出口稳步增长，进口持续走低的发展态势。

（2）贸易伙伴主要是俄罗斯和蒙古国，集中了边境小额贸易70%左右的份额。其中俄罗斯是内蒙古自治区边境小额贸易的主要进口国，集中了70%以上的进口额，蒙古国是内蒙古自治区边境小额贸易的主要出口国，集中了约70%的出口额。

（3）边境小额贸易的结构。出口产品主要集中在钢材，水泥，蔬菜，纺织纱线、织物及制品，鲜水果、干水果及坚果，服装及衣着附件，鞋类，家具及其零件，冰箱及粮食。进口产品主要有锯材，原木，煤及褐煤，铁矿石及其精矿，成品油，纸浆，肥料，塑料，苯乙烯，纸及纸板等。

（4）从经营主体来看，民营企业主导着内蒙古自治区边境小额贸易的发展，国有企业进出口发展萎缩；从经营地区来看，满洲里市的边境小额贸易发展起着主导作用，集中了边境小额贸易的一半以上，其次是二连浩特市，约占30%。

4. 内蒙古自治区"走出去"发展分析

俄罗斯和蒙古国是内蒙古自治区企业"走出去"的主要国别地区。2013年，全区核准设立的对俄投资企业10家，中方协议投资额0.44亿美元，占同期全区对外直接投资总额的4.3%；对蒙投资企业6家，中方协议投资额0.69亿美元，占同期全区对外直接投资总额的6.7%，低于上年近27个百分点。2014年，实现了恢复性增长，全区核准设立的对俄投资企业19家，中方协议投资额0.81亿美元，占同期全区对外直接投资总额的7%；对蒙投资企业19家，中方协议投资额3.53亿美元，占同期全区对外直接投资总额的30.7%。

（三）内蒙古自治区与俄罗斯和蒙古国经贸发展的现实障碍

1. 俄罗斯和蒙古国对中国的信任有保留

中国与俄罗斯和蒙古国间边境毗邻既是中国与俄罗斯和蒙古国经贸发展的基础，又可能成为双方经贸关系深入发展的障碍。从中国与俄罗斯和蒙古国间经贸关系发展的现实来看，俄罗斯和蒙古国对中国有很大的保留，比如在矿产资源的投资与开发、劳务输出等方面都有限制。究其原因，与中国与俄罗斯和蒙古国间历史上错综复杂的关系、蒙古国特殊的地理位置、西方国家背后的支持及中俄间在产业领域的相互竞争等有关。

蒙古国从一边倒的外交政策到多支点、不结盟的第三邻国的外交政策，转变的不只是外交政策一种形式，还是其保持独立思维的一种体现，更是其善于运用自身的优势，博取最大经济、政治利益的一种体现。历史经验告诉这个国度，不能完全依附于任何一个国家，要依托自身的战略位置优势及丰富的能源资源优势，游走于各大邻国及第三邻国间，获取最大的政治经济利益。而中蒙关系正常化以来，两国间的关系发展可以佐证这一点。

在蒙古国国内经济形势低迷的背景下，习近平主席于 2014 年 8 月 21 日对蒙古国进行了国事访问，取得很大成功，不仅将两国关系上升到全面战略伙伴关系，而且制定了未来双方关系发展的主要方面，给中蒙双方带来了许多期许。但尽管如此，蒙古国政府政权更迭频繁，某个领导人下台有可能导致其在位期间签署的所有协议废除。因此，未来中蒙经贸关系的发展面临着许多的不确定性。

中俄间的关系经历了近半个世纪的跌宕起伏，终于进入了历史上最好的发展时期。但回顾与俄罗斯关系的发展，总有隔靴搔痒的感觉。表面上政治关系融洽，但经贸合作总是时不时以能源领域的优势来要挟中国，而几次能源领域的合作都是在俄罗斯面临内焦外困的背景下取得突破的。2009 年石油换贷款是这样，2014 年天然气领域合作取得突破也是如此，这说明俄罗斯与中国间没有真正达到相互信任，而是有所保留。

2. 通道不便、物流不畅

物流与通道是毗邻国家经贸发展的关键因素，但一直以来，中国与俄罗斯和蒙古国间虽有漫长的边境线、若干个对接的口岸，但通道不便与物流不畅问题始终是制约中国与俄罗斯和蒙古国经贸发展的重要因素。其中既有客观原因，又有人为因素。

蒙古国经济发展落后，对国内基础设施建设投入严重不足，导致国内基本的交通设施都不完善，许多路都是自然生态。特别是蒙古国依托能源矿产资源开采与出口维持其经济的运营，运输设施的完善与否直接影响其出口成本的大小。但作为内陆国的蒙古国，铁路设施奇缺，其唯一的一条贯通中蒙俄古国的中央铁路不仅年久失修，已是超负荷运行，且许多矿产资源密集区至今无铁路可通。事实上蒙古国地理位置非常重要，不仅处于中俄间，又位于东北亚经济圈，完全可依托其特殊的地理位置，发展其转口贸易。但因其经济落后，国内资金短缺，无力对运输设施建设进行投资，使其不仅不能依托其区位优势发展转口贸易，拉动国内经济的发展，且国内丰富的能源矿产资源也因为运输设施的不完善，提高了其成本，降低了其竞争能力。

俄罗斯与中国毗邻的地区属于俄罗斯的偏远地区，离其政治中心距离远，政府对其投资少，使该地区不仅自然环境恶劣，且因缺乏相应的投资，使其交通不便、经济发展落后，再加上"中国人口威胁论"的言论，使俄罗斯处处提防中国，导致了中俄间合作存在障碍。

另外，人为因素也是造成中国与俄罗斯和蒙古国间通道不便的重要因素，主要体现在中国与俄罗斯和蒙古国间铁路轨距的不同。因历史原因，俄罗斯和蒙古国对中国有极强的防备心理，其现有的铁路都是按着俄罗斯的宽轨标准修建的，而中国铁路的修建都是采用国际标准轨距，导致凡是出入二连浩特和满洲里火车，都需要底盘换装或货物重新装卸，而由此导致每吨货物增加成本 2~4 美元。据蒙古国《日报》2014 年 5 月 26 日报道：因蒙方连接中国的铁路采用宽轨，近 3 年来蒙古国各煤炭企业因此多支出了 1 万亿图格里克（约合 34.5 亿元人民币）运输费，收入损失 4000 亿图格里克（约合 13.8 亿元）。而通道不畅、运输成本提高，不仅限制了中蒙间贸易的发展，也降低了蒙古国能源矿产资源整体的竞争能力。

3. 合作模式单一，缺乏创新

因地缘及经济互补性的特征，俄罗斯和蒙古国两国多年来连续成为内蒙古自治区最大的贸易伙伴及内蒙古自治区境外投资的重要目的国。但纵观内蒙古自治区与俄罗斯和蒙古国间经贸发展的现实，投资与贸易基本都围绕着能源矿产资源而展开，不仅合作形式及合作内容单一，且合作模式也缺乏创新，导致内蒙古自治区与俄罗斯和蒙古国间经贸发展不仅后劲不足，且易引起俄罗斯和蒙古国的反感。因此，应借助于当前中国与俄罗斯和蒙古国间良好的政治关系及共建草原丝绸之路经济带的背景，内蒙古自治区与俄罗斯和蒙古国间经贸发展应在合作模式上大胆创新。在合作内容上不仅要加强在通道建设中的合作，重视产业合作，更要依托共有边境及重要的对接口岸，加强跨境经济合作区的建设，使其成为未来支撑内蒙古自治区与俄罗斯和蒙古国经贸关系深入发展的重要平台。

（四）内蒙古自治区与俄罗斯和蒙古国经贸发展模式创新

2014 年虽然俄罗斯和蒙古国国内经济发展不利，但得益于中国与俄罗斯和蒙古国良好的政治关系，内蒙古自治区与俄罗斯和蒙古国的经贸关系获得了历史性突破，在很大程度上也促进了内蒙古自治区整体对外经贸关系的发展。但经贸发展的现实障碍又会制约内蒙古自治区与俄罗斯和蒙古国未来经贸关系深入发展。因此，在内蒙古与俄罗斯和蒙古国经贸关系发展中，要突破传统的经贸合作模式，建立起新的合作模式，以促进双边经贸关系深入发展。

第一，着眼于俄罗斯和蒙古国资源富聚的特点，突破通道不便、物流不畅对内蒙古自治区与俄罗斯和蒙古国经贸关系发展的制约，实现两地真正的互联互通。

蒙古国是一个矿产资源丰富的国家，其出口收入的 90% 都来源于矿产资源的出口。俄罗斯能源资源富聚，其出口收入的 90% 都来源于能源资源的出口。因此，内蒙古自治区与俄罗斯和蒙古国间经贸关系的发展也离不开能源和矿产资源。但目前，对于内蒙古自治区与俄罗斯和蒙古国的能源矿产资源贸易而言，最大的障碍是运输成本及物流成本过高。基于此，未来，内蒙古自治区与俄罗斯和蒙古国间经贸关系的发展要从以下三方面不断加强合作：①加强中国与俄罗斯和蒙古国的政策协调，打消俄罗斯和蒙古国对我国的顾虑，使中国与俄罗斯和蒙古国间的所有轨道都能对接；②要构建完善的交通设施，加强公路、铁路的互联互通，特别是要增加中国与俄罗斯和蒙古国对接铁路的建设，降低运输成本；③建立现代化的物流体系，推进报关和运输的便利化，促进过境运输合作，以便在贸易发展的各个环节上降低贸易成本，从根本上解决中国与俄罗斯和蒙古国间通道不便、物流不畅的问题，实现中国与俄罗斯和蒙古国间真正的互联互通。

值得欣喜的是，2014 年 10 月 24 日，蒙古国国家大呼拉尔（议会）通过决议案，在《关于保障国家铁路运输政策实施的若干意见》决议案中规定，塔温陶勒盖—嘎顺苏海图、霍特—毕其格图新铁路将修建标轨。其中，嘎顺苏海图与内蒙古自治区甘其毛都口岸接壤，毕其格图与内蒙古自治区珠恩嘎达布其口岸接壤。这虽然只是运煤专用线的标准轨的建设，但对于中蒙间的铁路运输已是一个巨大的进步，这将规避多年来因轨距不同所增加的不必要的运输成本。

第二，立足于草原丝绸之路经济带构建的背景，搭建"中蒙俄经济走廊"，凝聚政、商、经、研的力量，实现内蒙古自治区与俄罗斯和蒙古国全方位的合作。

国家主席习近平 2014 年 9 月 11 日在出席中蒙俄三国元首会晤时说，中方提出共建丝绸之路经济带倡议，获得俄方和蒙方积极响应。可以把丝绸之路经济带同俄罗斯跨欧亚大铁路、蒙古国草原之路进行对接，打造"中蒙俄经济走廊"。"中蒙俄经济走廊"不只是一个经济带，也不只是一个通道，而是涉及通道建设、产业合作及贸易发展等方面，是一个综合性的平台。因此，中蒙俄三国应立足于草原丝绸之路经济带构建这个平台，在产业合作与经贸发展方面取得突破。

产业合作是内蒙古自治区与俄罗斯和蒙古国经贸发展的基础。内蒙古自治区与蒙古国既有文化渊源、风俗习惯等共性，又有要素禀赋、经济发展水平、产业结构、收入等方面的差异性，而这是两地产业合作的基础，主要表现在资源能源的勘探与开采、农业种植、畜牧业养殖、轻工业发展及工业制造等方面。产业合作既是贸易发展的有效支撑，又是通道构建的基础；没有产业合作，贸易发展也就失去了基础。

经贸关系是内蒙古自治区与俄罗斯和蒙古国关系发展中最主要的方面。地缘优势及经济互补性使内蒙古自治区与俄罗斯和蒙古国贸易发展潜力大，特别是随着草原丝绸之路经济带构建，经济发展差异性较大的三地会在这个平台上进行广泛的产业合作，促进贸易发展。但如何发展，需要中蒙俄三国政府的政策支持、需要专家学者的智力支持、需要行业协会的协调与沟通，更需要经商人员的实践与创新等。

总之，"中蒙俄经济走廊"构建涉及通道建设、产业合作及贸易发展，这既是一个综合性的问题，又是一个崭新的平台。在这个平台上，需要利益相关方建言献策，集集体智慧，为内蒙古自治区与俄罗斯和蒙古国全方位的合作与发展提供智力支持。

第三，借助于内蒙古自治区与俄罗斯和蒙古国共有的边境，建立中蒙俄跨境经济合作区，创新合作模式，实现内蒙古自治区与俄罗斯和蒙古国经贸合作的双赢。

内蒙古自治区不仅有4200多公里的边境线，还有若干个与俄罗斯和蒙古国对接的口岸，而目前这些自然的优势在经贸合作中并没有充分发挥。因此，未来内蒙古自治区与俄罗斯和蒙古国两国将依托边境毗邻的地缘优势，建立跨境经济合作区，创新合作模式，深化三地的经贸关系。

目前，跨境经济合作区已成为沿边各省拓展与周边国家经贸合作的新形式。而对内蒙古自治区与俄罗斯和蒙古国间的经贸合作来说，多年来由于政治及经济等方面的制约，导致三地的经贸合作长期低位运行。需要借助于当前中国与俄罗斯和蒙古国政治关系融洽的有利时机，创新合作模式，而构建中蒙俄跨境经济合作区则是最优的选择。

从发展条件来看，中蒙间的对接口岸二连浩特及扎门乌德是中蒙间设施最全、地理位置最优越的对接口岸，非常适合依托对接口岸建立跨中蒙边境的经济合作区。利用政府给予的各种优惠政策，实现区域合作范围内经贸关系的自由发展，特别是借助跨境经济合作区，利用蒙古国在许多国家的免税及减税待遇，实现中国产品的国际化发展。值得欣慰的是，在丝绸之路经济带构建背景下，二连浩特与蒙古国的扎门乌德间的跨境经济合作区正在积极推动，可以预计，该跨境经济合作区的构建，必将为中蒙经贸合作提供一个新的有发展潜力的合作平台。

第四，发挥内蒙古自治区与俄罗斯和蒙古国边境毗邻的地缘优势，搭建各种经济链，使其成为中国与俄罗斯和蒙古国间的货物集散之地、产品加工之域、跨国旅游之门、人文交流之窗。

在中国与俄罗斯和蒙古国经贸关系发展中，内蒙古自治区具有独特的优势，其与俄罗斯和蒙古国毗邻的 4200 多公里的边境线，十余对对接口岸，使其成为中国货物北上及俄罗斯和蒙古国货物南下的重要枢纽。

内蒙古自治区是蒙古国货物南下或东出的必经之地。蒙古国是内陆国家，其夹在中俄两国之间，没有出海口。在过去年代，主要的通道是向北，借助于俄罗斯通道出海，使蒙古国的货物走向世界。但相比俄罗斯，借助于中国通道更具有经济意义。内蒙古自治区因位于中蒙间毗邻地区，是蒙古国借助于中国通道走向世界的必经之地。

内蒙古自治区还是我国货物北上走出国门的桥头堡。内蒙古自治区因与俄罗斯和蒙古国毗邻的地缘优势，被国家定位为向北开放的桥头堡，在当前共建草原丝绸之路经济带及构建"中蒙俄经济走廊"的背景下，内蒙古自治区应发挥如下四种作用：一是立足于外连内接的地缘优势，建立起内蒙古自治区与俄罗斯和蒙古国间的"物流产业链"，使其成为中国与俄罗斯和蒙古国间"货物集散之地"；二是立足于内蒙古自治区与俄罗斯和蒙古国间资源禀赋互补性的特性，建立起矿产资源、石油、森林、畜牧业、木材加工、农业种植、纺织服装等"产业链"，使其成为中国与俄罗斯和蒙古国间"产品加工之域"；三是立足于中国与俄罗斯和蒙古国间不同的旅游资源，建立跨国旅游路线，搭建中国与俄罗斯和蒙古国两国间的"旅游产业链"，使其成为中国与俄罗斯和蒙古国间的"跨国旅游之门"；四是立足于中国与俄罗斯和蒙古国的文化资源、历史渊源、文化古迹，搭建起文化交流、教育培训的"产业链"，使其成为中国与俄罗斯和蒙古国间的"人文交流之窗"。

四、内蒙古自治区企业国际化经营存在的问题及对策建议

近年来，随着国家和内蒙古自治区各项经济开发战略的实施，内蒙古自治区经济社会发展取得了巨大的进步，内蒙古自治区的经济得到了快速发展，内蒙古地区产值占全国的 GDP 比重稳步提升。在这种开发背景下，内蒙古自治区企业得到了蓬勃发展，并且越来越多的内蒙古自治区企业开始走出国门，开展国际化经营。随着内蒙古自治区经济开放程度的不断提高，内蒙古自治区企业国际化在自治区经济发展中所起的作用越来越重要，因此，有关内蒙古自治区企业国际化发展的研究也越发重要。

（一）内蒙古自治区企业国际化经营的必要性

1. 经济全球化和中国加入世界贸易组织要求内蒙古自治区企业国际化

目前，经济全球化和世界经济一体化进程在不断加快，世界各国与地区之间

的相互合作越来越紧密。国家的核心竞争力在很大程度上取决于其拥有的国际性企业的数目。因此，国内的企业要想实现持续稳定的发展就一定要参与国际市场的竞争。

随着中国加入世界贸易组织以及 2008 年世界金融危机的消退，企业经营环境在不断改变，企业实施国际化经营战略也应相应调整。内蒙古自治区企业作为内蒙古地区经济对外开放的主体，其国际化水平是内蒙古地区对外开放的重要指标，是内蒙古自治区经济融入经济全球化的重要力量。随着经济全球化的不断变化，经济的国际化是未来发展的趋势，内蒙古自治区企业若不进行相应的改变，则将难以跟上全国经济乃至世界经济的发展。

2. 内蒙古自治区产业结构的调整要求内蒙古自治区企业国际化经营

经济发展史研究表明，在经济不断向前发展的同时，产业结构也在随之发生改变。由此可见，只有对产业结构进行持续调整，才能够确保经济的不断进步。在国际经济高速发展的今天，作为国家能源基地的内蒙古自治区，其产业结构的矛盾和问题日渐突出，低级粗放、效益低下的弊端严重延缓了内蒙古自治区企业从资源优势转化为经济优势的过程。所以，内蒙古自治区企业要摆脱单一、传统、粗放的产业结构，实施外向型经济战略转型，进而才能带动产业结构的全面升级。

3. 内蒙古自治区经济更快融入全国乃至全球的需要

我国东部发达省区的经济发展迅速在一定程度上是因为承接了发达国家的产业。改革开放以来，我国东部发达省区依靠承接全球性的产业转移率先发展起来，并领先于中西部地区，更是遥遥领先于内蒙古自治区。但是，当前在东部发达省区经济快速发展的同时，其土地成本、劳动力成本和环境成本越来越高，而内蒙古自治区相对而言土地成本、劳动力成本还维持在较低水平，进行国际化的企业较少，这使得东部发达省区部分国际化产业向西部地区转移，内蒙古自治区企业国际化经营出现了重大机遇。内蒙古自治区企业正是通过承接产业转移，吸收了东部发达省区企业国际化的经验，使内蒙古自治区经济更快更好地融入全国乃至全球的经济发展中去。

（二）内蒙古自治区企业国际化经营中存在的主要问题

1. 企业国际化战略模糊，目标不明确

企业跨国经营的终极目标是实现盈利。但是，目前内蒙古自治区的企业在走出国门时考虑的是自身的市场拓展，有的甚至是为了能够在扩大企业自身海外知名度的同时享受国内各级政府给予的各种优惠政策。没有明确的目标，企业就进行跨国经营，必然会出现盲目经营的后果。因此，在开展跨国经营之前，企业应根据自身的实际情况，先对企业的现状和未来发展目标做出科学缜密的分析与评估，这是非常重要而必要的。根据分析和评估结果再决定企业可否进行跨国经营，能否实行跨国经营的国际战略。在决定实行国际化战略后，内蒙古自治区企业更应注重对自身地位和所处竞争环境的明确认识和分析。可以将企业核心竞争力和其主要竞争对手进行比较，对市场进行分类。由于内蒙古自治区企业国际经营尚处于国际化经营的初期阶段，大多数企业的国际化战略水平较低，所以，现阶段首要考虑的应该是多国市场战略，然后再向全球化战略推进。

2. 资源优势没有得到充分发挥

内蒙古自治区作为多种资源基地，在资源经营方面拥有天然的禀赋优势，但是在国际商务往来中，内蒙古自治区资源型企业由于生产规模、技术水平、市场需求等因素限制，原料的定价权常常掌握在国际供应商和需求商手中，导致其在国际化进程中，不能发挥自身的比较优势，也无法形成自身在资源行业产业链中的竞争优势，从而在国际商务谈判中处于被动地位。另外，比较优势产生于地区之间不同的资源禀赋。对内蒙古自治区企业来说，如果仅仅满足于本地区拥有的得天独厚的资源优势，一味强调本地区资源占有的特殊性，寄希望于依靠资源禀赋发展本地经济，单纯性依赖廉价劳动成本和廉价资源的优势，从而忽视竞争优势的培养，忽视竞争在实现区域比较优势中的关键作用，必然会使企业所拥有的比较优势大为减小，以致最后完全丧失。

3. 行业经营主导权缺失

资源行业产业链由原料、生产系统、销售系统和终端用户几部分组成。产业链上每一环节都对企业所经营的资源行业本身发挥着重要的作用。内蒙古自治区资源型企业在所经营行业中很多处于产业链中低端生产加工环节，在参与国际竞争时，容易在原料进口和成品出口上遭遇双重夹击：一头是国外卖家对企业所需能源、原料的垄断高价，尽管内蒙古自治区的资源进口需求在国际市场价格形成中开始发挥作用，但最终定价权仍掌握在国外卖家手中，巨大的资源进口需求反而成为国外卖家炒价的砝码；另一头是国外买家对国际市场和营销渠道的掌控，由于销售渠道的限制，内蒙古自治区企业出口很难绕开国际中间商直接进入国际终端市场，只能被动参与交易，从而导致利润过多地转移到国际中间商手里，丧失竞争优势，而与此同时，国际中间商往往通过控制产业链中高端的贸易金融环节来获取巨额利润。

4. 企业家和员工的素质达不到国际化经营的需要

企业走向国际化经营，是企业领导层集体的决策还是企业家个人决策，对于这个问题，不同的理论有不同的结论。但共同点在于，企业家素质的高低程度，对一个企业未来发展起到一定的影响力。而内蒙古自治区的企业家由于受到商业环境落后、其受教育环境落后、专业技能落后、没有丰富的国际经营成败经历等方面的影响，其决策水准还有待提高，以满足国际化经营。内蒙古自治区企业的人力资源管理也同样受上述因素的制约，在准备国际化进程中，有时难以确立正确的人力资源观念和认识，不能合理、有效地利用人力资源为企业创造出最高效益。所以，内蒙古自治区企业在国际化进程中，需要重视企业人力资源管理战略的国际化。

（三）内蒙古自治区企业国际化经营的对策建议

1. 企业要制定清晰明确的国际化经营战略和经营目标

任何一个企业都应该懂得在企业发展到一定程度之后，就必然要走国际化的发展道路，这是在目前经济全球化和世界经济一体化飞速发展的背景下企业获取国际市场的必然途径，但是这条发展路线并不是一帆风顺的，中途必然会遇到各种艰难险阻。目前内蒙古自治区企业应该建立的观念就是我国是现阶段国际上发展最快速的地区之一，内蒙古自治区企业具有十分巨大的发展空间。所以对于内蒙古自治区企业而言，可以趁中国经济飞速发展之时，立足国内，放眼国际，尽早制定清晰明确的国际化经营战略和经营目标，以便日后更好、更顺畅地发展国际化经营业务。

2. 重视核心技术的引进与研发，提升企业国际竞争力和主导权

当前跨国公司的竞争越发激烈，想要在跨国竞争中取胜，掌握核心技术是关键因素之一。内蒙古自治区企业由于长期处于国际产业链的低端，不断承接国内外的产业转移、技术转移，忽视了对核心技术的投入和研发。而纵观国际上知名跨国公司的发展历史，拥有了核心技术就拥有了强大的竞争力，甚至是主导权。为此，企业和各级政府要加强对核心技术的引进与研发，提升企业的国际竞争力以及主导权。

3. 中央政府和内蒙古自治区各级政府应该加大对本地区企业国际化经营的引导

从世界各国企业国际化的角度来看，各个国家的企业发展都接受过政府的引导。比如美国、日本、欧洲的企业在发展国际化的过程中，政府都对其进行过科学有效的指导，我国东部发达省区企业出现了许多优秀的跨国公司，这些企业在国际化经营发展中也不无例外地得到了政府的引导。因此，内蒙古自治区各级政府应科学引导企业开展国际化。具体而言，企业在进行对外投资和国际化的过程中，要按照自治区经济发展特征开展国际化，使企业国际化和自治区的经济发展、经济结构调整相符合，避免其在国际化进程中的重复投资，或者与地区发展政策相违背，导致其在国际化经营中受到损失，避免在为某一个项目上海外企业

一窝而上，避免恶性竞争的发生。

4. 加强培养和引进国际化经营人才

内蒙古自治区地广人稀，自然条件和社会条件相对落后，导致内蒙古自治区很难引进和留住人才，在国际化经营人才方面更加匮乏，既懂技术又具有海外管理经验的高级人才非常紧缺。因此，内蒙古自治区应有针对性地培养为本地区企业国际化经营服务的复合型人才。首先，内蒙古自治区政府和企业应该通过当地高校加紧对经济管理型人才的培养。因此内蒙古自治区政府应该帮助本地区企业紧密联系高校，应充分发挥内蒙古自治区高校的作用，使得这些高校培养大量的本地区企业国际化所需要的对口人才。比如开设与投资的东道国法律体系、商业规则、历史文化相关的课程。在这方面内蒙古财经大学比较成功，内蒙古财经大学大部分专业设置了蒙汉双语授课，以及专门针对中国与蒙古国合作的相关课程，并鼓励学生到有条件的企业进行实习，使学生可以熟悉投资的东道国企业经营方式和企业文化。其次，内蒙古自治区各级政府除了为企业开展国际化经营培养人才外，还要大力改善用人环境，吸引海归人才和东部发达省区培养出来的人才，为内蒙古自治区企业国际经营建设提供人才。

第 四 章

内蒙古自治区口岸经济专题

　　近年来，内蒙古沿边开放取得了巨大成就，口岸经济也呈现出一定的发展规模。但从发展现状来看，口岸经济发展所需的资源承载力不足、口岸开发开放滞后、政策创新能力不足等问题依然存在。因此，明确指导思想、原则，做好总体规划及具体产业布局成为推动内蒙古口岸经济发展的主要任务。

一、内蒙古自治区口岸物流发展现状及特点

内蒙古自治区依托地域优势，与蒙古国和俄罗斯有着漫长的边界线长，是向北开放的重要桥头堡，是打造"中蒙俄经济走廊"和我国向北开放的国际物流大通道的重点。截至 2014 年，内蒙古自治区共有对外开放口岸 16 个，空运口岸3 个，分别是呼和浩特、海拉尔、满洲里；陆路（铁路）口岸 2 个，分别是二连浩特、满洲里；陆路公路口岸 11 个，分别是满洲里、二连浩特、策克、甘其毛都、珠恩嘎达布其、满都拉、额布都格、阿日哈沙特、黑山头、室韦、阿尔山。其中对俄罗斯边境口岸有 4 个，对蒙古国边境口岸有 9 个。

（一）内蒙古自治区口岸物流现状

1. 口岸进出口货运量

2014 年，内蒙古自治区口岸进出口货运量为 6798.9 万吨，同比增长 1%，其中进口货运量 4621 万吨，同比增长 3.9%；出口货运量 1291 万吨，同比增长10.4%；转口 886 万吨，同比增长 17.9%。其中，铁路口岸进出口货运量 3899.6万吨，同比增长 6.7%；公路口岸进出口货运量 2425.3 万吨，同比下降 8.7%；对俄罗斯口岸进出口货运量 3031.7 万吨，同比增长 6.9%；对蒙古国口岸进出口货运量 3293.2 万吨，同比下降 5.2%；陆港国际集装箱中转货运量 474 万吨。见表 4 - 1。

表 4 - 1　2014 年内蒙古口岸运行数据一览表

指标	数量	同比变化（%）
进出口货运量	6798.9 万吨	+1
进口货运量	4621 万吨	+3.9
出口货运量	1291.9 万吨	+10.4
转口	886 万吨	+17.9
铁路口岸进出口货运量	3899.6 万吨	+6.7
公路口岸进出口货运量	2425.3 万吨	-8.7
对俄罗斯口岸进出口货运量	3031.7 万吨	+6.9
对蒙古国口岸进出口货运量	3293.2 万吨	-5.2
陆港国际集装箱中转货运量	474 万吨	
口岸进出口总值	160.1 亿美元	
外贸进出口总值	119.93 亿美元	+6.5
出口	40.95 亿美元	+3.1
进口	78.98 亿美元	+8.4

从各口岸情况来看，满洲里、二连浩特、甘其毛都3个口岸为货运量超过千万吨大关，分别为满洲里口岸3006.1万吨，同比增长6.7%；二连浩特口岸1305.7万吨，同比增长12.5%；甘其毛都口岸1081.3万吨，同比下降12.7%。

2. 口岸进出口货物类型

从品类方面来看，进口货物排前3位的商品为原煤2344万吨，同比增长12.2%；各种矿石和矿石粉1022.6万吨，同比下降7.3%；木材809.3万吨，同比增长6.1%。其次是化肥、原油、化工产品等。出口排前3位的商品为矿产品及建材127.2万吨，同比增长54.6%；轻工品及家电84.3万吨，同比增长7.4%；苹果41.5万吨，同比增长34.3%。再次是机电产品、日用百货。

受内外经济形势的影响，2014年进出境货运量较2013年同比增幅收窄，受市场需求和价格因素影响，木材和铁矿砂两大主要品类进口乏力，化肥进口保持稳定，矿产品及建材出口保持稳定增长。从各口岸来看，除满洲里、二连浩特、黑山头、室韦和珠恩嘎达布其口岸外，其他口岸较2012年同期相比均呈现不同程度的下降。二连浩特口岸主要以铁矿石进口为主，其次是木材和铜矿，全年进出口总体呈稳步增长态势。甘其毛都口岸受国内市场需求和蒙古国限制外籍劳务政策的影响导致煤炭进口量同2012年相比下降。策克口岸因受蒙方坑口价格和劳务费的上涨及国内煤炭价格下滑影响出现运量下降。

（二）内蒙古自治区重点口岸发展现状

1. 二连浩特口岸

二连浩特口岸建于1956年，位于内蒙古自治区正北部锡林郭勒草原，口岸对应蒙古国的扎门乌德口岸，是中国对蒙古国开放的最大公路、铁路口岸，边境线长68.29公里。二连浩特是距首都北京最近的陆路口岸，也是我国中西部和环渤海地区陆路连接欧亚最近的口岸。二连浩特面对蒙古国、俄罗斯及欧洲国际市场，背靠京津唐环渤海经济圈和呼包鄂经济带，是中国向北开放的前沿阵地，也是中国重要的商品进出口集散地。

（1）口岸物流基础设施。目前，二连浩特铁路口岸二连浩特站拥有宽轨到发线10条，接发车能力为18对，准轨到发线6条，接发车能力为34对。准轨改编能力为12对，宽轨改编能力为9对。国内货场占地44445平方米，联运货场面积为540000平方米。货场作业线49条，包括国内货场3条、专运线2条、联运换装线44条。换装能力分别为原油年换装能力850万吨、机械区年换装能力500万吨，外围作业线年换装能力150万吨，总计换装能力年1500万吨。二连浩特已成为具备多品类、高运量的大型综合性陆路口岸。2005年，首列自呼和浩特市经二连浩特至德国法兰克福的中欧班列开行成功，打通了中国与欧洲经贸往来的陆路大通道，为 8 年后丝绸之路和草原丝路的发展建起了桥梁。2013 年郑欧班列再次经二连浩特口岸出境开向欧洲。

（2）口岸物流量。2014 年，全市口岸进出口货物为 1350 万吨，公路货物运输量达到 452.17 万吨，同比增长 6%；铁路货物运输量达到 897.83 万吨，同比增长 2%。铁路在二连物流产业中占主要地位，约占 2/3，且相对稳定，年过货量位居我国陆路口岸第 3 位。近年来随着公路和航空条件的改善，公铁联运及部分航空运输的运量逐年提升。

2. 满洲里口岸

满洲里口岸于 1901 年开通，是第一亚欧大陆桥的交通要道，是中国通往俄罗斯等独联体国家和欧洲各国重要的国际大通道，也是全国最大的陆路口岸，肩负着中俄贸易主要货运任务。满洲里口岸由铁路、公路航空口岸组成。

（1）铁路口岸。满洲里铁路口岸位于中俄 41 号界碑处，与俄罗斯后贝加尔铁路口岸相对应，是我国最大的铁路口岸，也是中俄贸易最大的通商口岸，承担了中俄贸易 60% 的货运量。现有宽准轨到发编组线 51 条，其中宽轨 24 条，准轨 27 条，口岸站换装线、专用线等线路 90 余条；宽轨列车会让站 1 个。2013 年，满洲里铁路进出口货运量达到 3000 万吨，目前口岸换证能力已经不能满足口岸发展的需要。

满洲里启动了满洲里新国际货场建设。满洲里新国际货场占地面积约 15 万平方千米，一期投资 33 亿元，主要包括铁路物流中心、煤炭散装货场、汽车专业货场、集装箱专办站、矿石散装货场和危化品等专业货场，投入使用后，铁路口岸站场布局资源配置将会更加合理，铁路口岸综合换装能力可达 7000 万吨。

满洲里铁路口岸进口货物主要有木材、原油、化工、纸类、化肥、铁矿砂、合成橡胶等。货物流向全国 29 个省、直辖市、自治区。2012 年，俄罗斯原油进口通道由陆路改为管道，使满洲里口岸形成了 890 万吨的运量缺口。出口货物以轻工产品、机电产品、矿产品、石油焦、食品、建材等为主。2013 年满洲里铁路口岸开通"苏满欧"、"广满欧"、"郑满欧"多条中欧班列，依托俄罗斯西伯利亚大通道优惠的运价，这条新的国际联运通道成了中国当前运行速度最快、运输价格最低、通关服务最优的欧亚货运大通道。借助"苏满欧"这条新的物流通道，苏州周边生产的大量电子产品经满洲里口岸直达欧洲。未来将会有更多地区借助满洲里口岸通道打开欧洲市场，中欧班列开行发展良好。2013 年铁路进出口集装箱 71106TEU，同比增长 6%；铁路口岸进出口货运量 2884.3 万吨，同比增长 6.1%；进出境客运量达 34.6 万人次，同比增长 16.4%。

（2）公路口岸。满洲里国际公路口岸自 1998 年投入使用，是我国唯一实行 24 小时通关的国际公路口岸。公路口岸目前年通过能力达到人员 1200 万人次，车辆 120 万辆车次，货物 600 万吨。

3. 甘其毛都陆路（公路）口岸

甘其毛都公路口岸与蒙古国南戈壁省汉博格德县嘎舒苏海图口岸相对。位于内蒙古自治区巴彦淖尔市乌拉特中旗巴音航盖苏木境内，占地面积 9.4 万平方米。口岸设计过货能力 3000 万吨，年旅客通行能力 100 万人次。由于口岸对应蒙古国南戈壁省，总面积 60% 以上的地下都是煤矿资源，探明储量 530 亿吨，铜矿储量居世界前列，甘其毛都口岸将成为农民工重灾区乃至全国重要的向北开发的前沿阵地和能源大通道。2013 年，甘其毛都公路口岸进出口货运量达 1081.3 万吨，同比下降 12.7%，进出境车辆达 24.9 万辆次。

目前神华铁路和中国铁路已基本修建到口岸，但由于蒙古国仍为公路运输，使口岸过货量受到严重制约。蒙古国已经对本国矿区至中国边境的铁路线路进行了规划，两国铁路接轨后，口岸运量将大幅提升。

4. 策克陆路（公路）口岸

策克口岸位于中蒙边界 572 号界碑附近，距额济纳旗府所在地达来呼布镇 76 公里。东距甘其毛都口岸 800 公里，西距新疆老爷庙口岸 1200 公里，对外与蒙古国南戈壁省西伯库伦口岸对应，可辐射蒙古国南戈壁、巴音洪格尔、戈壁阿尔泰、前杭盖、后杭盖五个矿产资源较为富集的省区，是阿拉善盟对外开放的唯一一国际通道，也是内蒙古自治区西部及陕、甘、宁、青四省区共有的陆路口岸。1992 年经自治区政府批准季节性开放。2005 年 6 月 29 日，国务院批准策克口岸为中蒙双边性常年开放陆路边境口岸，并批准策克口岸设立海关、边检、检验检疫等查验机构。2009 年 1 月 12 日，策克口岸正式实行中蒙双边性常年通关。

目前，临策铁路、策克一级公路直达口岸。蒙古国境内仍为公路运输，导致策克口岸年过货量受到制约。策克口岸进口货物主要是原煤，出口货物主要是电力、水泥、机械设备。2013 年，口岸进出口货运量为 752.5 万吨，同比下降 16.6%；进出境客运量 19.6 万人次，进出境车辆 16.4 万辆次。

5. 阿尔山口岸

阿尔山口岸位于内蒙古自治区兴安盟阿尔山市伊尔施镇，与阿尔山口岸对应的是蒙古国东方省的松贝尔口岸。1992 年，内蒙古自治区人民政府以内政函 [1992] 86 号文件批准阿尔山口岸为季节性对外开放的国家二类口岸（边境贸易临时过货点）。2004 年，中蒙两国签署的《中华人民共和国政府和蒙古国政府关于中蒙边境口岸及其管理制度协定》确认阿尔山口岸为国际性季节开放口岸，口岸的通道位置、开放时间等得到了中蒙两国政府的确定。2013 年 7 月 15 日，阿尔山—松贝尔口岸正式开通。

阿尔山有可能是未来连接内蒙古自治区东部和蒙古国的重要铁路枢纽。目前，蒙古国与内蒙古自治区东部地区没有直接的铁路线连接，蒙古国境内东侧的铁路需要从乔巴山经俄罗斯境内再通向满洲里。蒙古国本身没有出海口，较为经济的选择就是通过中国达到出海的目的。为此，蒙古国出海方案中最重要的措施就是从"三山"建设铁路和公路到中国的阿尔山，然后通向大连港和俄罗斯远东沿海边疆港口，其中最核心的举措是修建中蒙"两山"（中国阿尔山和蒙古国乔巴山）铁路。而乔巴山（蒙古国）、阿尔山口岸（内蒙古国）、乌兰浩特市、白城市、长春市、珲春市是具体线路。但打通蒙古国铁路牵涉多国的利益博弈，蒙古国自身也有多重考虑，导致其进度缓慢，至今尚未实质性推进。

（三）内蒙古自治区口岸物流的特点

1. 中蒙口岸西强东弱，中俄口岸满洲里"一家独大"

中蒙口岸西部地区发展速度较快，口岸过货量明显高于东部区，这与蒙方对应区域经济发展水平相关。中俄口岸满洲里无论是在运输通道完备性、口岸过货品类、口岸过货能力、口岸通关能力及双边口岸物流服务综合能力的匹配度上都远远高于其他口岸，满洲里口岸担负着中俄贸易陆路通道的排头兵作用。

2. 各口岸担负进出口功能不同

满洲里口岸和二连浩特口岸是中俄、中蒙进出口综合性口岸，其中二连浩特口岸是中蒙唯一铁路口岸，运输通道包括铁路通道、公路通道，新修建的二连浩特机场未来也将承担航空客运和货运功能；运输品类涵盖能源产品、矿产品、机电产品、食品、生活用品等各大品类，运输方式包括散堆装货物、集装箱、袋装货物、危险品货物等各类包装货物，运输流向包括进出口、过境运输、邮政运输等；运输数量基本做到双向均衡。

策克、甘其毛都、满都拉、珠恩嘎达布其等口岸均为资源进口单一型口岸，口岸依托蒙方大型煤矿或其他矿山，以进口大宗资源型产品为主。

3. 双边口岸基础设施规模和能力不对称

目前中蒙二连浩特口岸和中俄满洲里口岸的基础设施和过货能力相对均衡，但也存在外方对自身口岸投资不足的问题。其中二连浩特口岸的"换装"能力目前已达到千万吨以上，满洲里口岸经过扩能改造年过货能力达到7000万吨。但是相对综合性口岸，其对应的外方口岸投资和建设速度明显不足。目前策克口岸、甘其毛都口岸、满都拉口岸中方铁路和公路已直达边境口岸，并且与国内公路和铁路网联通，运输和辐射能力完备，而外方口岸基础设施落后，公路等级严重滞后，致使双边过货能力不足。

（四）内蒙古自治区口岸物流发展中需要解决的问题

1. 口岸发展经济所需的资源承载力不足

口岸的形成和发展都是源起于双边贸易对货物运输的需求，由此产生延伸的换装、运输、口岸通关、包装、加工、综合服务等业态。随着口岸过货量的提高，口岸逐渐形成了以交通运输、物流服务为核心的产业特点。目前内蒙古自治区各口岸均在规划建设各大工业园区，但由于内蒙古自治区各口岸的地理位置、气候环境、经济发展、技术水平、人力资源等有所不同，在口岸经济发展中均遇到了支撑口岸工业和其他产业发展的资源承载力不足的问题。

因此在口岸经济发展中应摒弃各口岸各自为政，由自治区政府站在区域经济一体化的高度进行整体规划，口岸与内陆经济发达地区互相借力，联动发展，充分发挥各自优势资源，进行系统规划部署，全区域共同发展。

2. 相关能源运输线路未正式开通

多年来内蒙古自治区就开通至蒙古国相关矿区货运线路问题与蒙古国进行积极沟通。但蒙古国为了维护其国内利益，并且争得更大的中蒙国际道路运输市场份额，一直不同意开通中国至蒙古国煤矿、铜矿区货运路线。为维护企业自身利益和国家战略的长远利益，运输企业只能按照蒙古国要求在蒙古国注册运输企业，将车辆出口至蒙古国，在蒙古国办理相关手续后，让运输车辆挂蒙古国牌照。历史上策克、甘其毛都口岸最高约有 6500 辆类似中方企业投资挂蒙方牌照车辆从事煤炭运输。2012 年以来，受国际煤炭价格下降，国内宏观调控以及蒙古国劳务签证法律实施的影响，对蒙古国煤炭运输运力过剩开始逐步显现。情况最严重时，甘其毛都口岸仅有约 1000 辆在运营，5000 余车辆闲置。由于这些车辆大都是采取"民间融资"方式购置，由此带来的社会矛盾也较突出。

3. 口岸开发开放滞后，政策创新能力不足

尽管二连浩特口岸和满洲里口岸已被列入国家重点开发开放试验区，但在执行过程中的开放程度，政策的先试先行深度和广度缺乏整体规划和策划，与东南沿海省份海运口岸的开放水平相比还相对滞后，在政策创新能力上不足。目前蒙古国已对口岸基础设施建设进行了规划和设计，但由于经济危机，本国经济发展不足，基础设施建设搁浅。因此在未来双边经贸合作方面可以加大国际金融合作，采用多种融资合作手段，从交通入手，带动经贸和其他产业开发合作。

二、内蒙古自治区对蒙古国边境口岸物流节点建设对策

（一）概况

口岸不仅是国家对外开放的窗口，也是发展外向型经济的重要纽带。落实国家"一带一路"战略，就是要以政策相通、设施联通、贸易畅通、资金融通、

民心相通为主要内容，充分发挥各省区的比较优势，全面深化我国与沿线国家和地区的经济贸易联系。内蒙古自治区横跨东北、华北、西北，毗邻八省区，与俄罗斯、蒙古国交界，边境线长达4200多公里。独特的区位优势，决定了内蒙古自治区在"丝绸之路经济带"和"中蒙俄经济走廊"建设中的地位举足轻重。在内蒙古自治区与蒙古国约3210公里的边界线上，共有陆路边境口岸10个，分别是二连浩特、策克、甘其毛都、珠恩嘎达布其、阿日哈沙特、满都拉、额布都格、阿尔山、巴格毛都（未开放）、乌力吉（未开放）。中蒙陆路货物运输量的95%都经过内蒙古自治区的口岸，其中二连浩特是我国对蒙古国最大陆路口岸，也是我国通往蒙古国唯一的铁路口岸和沟通欧亚大陆的重要交通枢纽，策克、甘其毛都、阿日哈沙特、额布都格、珠恩嘎达布其等口岸也已经成为我国进口能源的主要通道和经贸合作平台。作为国家"一带一路"战略省区之一，依托区位优势和口岸优势，内蒙古自治区正在积极推动口岸基础设施建设，构建层次合理、协调有序的交通物流体系，充分发挥口岸连接蒙古国以及中亚、东欧各国的纽带和桥梁作用。

目前，内蒙古自治区对蒙古国各边境口岸的交通、电力、通信、水利等基础设施日益完善，以口岸为依托的沿边开放带也逐步形成，但各口岸发展极不平衡。在口岸基础设施、与经济腹地距离、过货量等方面各口岸存在较大差异。同时，在对蒙边境口岸物流发展全局中各口岸的战略地位、层次、发展水平、功能设置等方面也存在差异。如果对各口岸不加甄别，统一进行口岸基础设施建设，不仅投资规模巨大，而且对部分过货量较小的口岸来说是一种资源浪费。因此，需要根据各口岸具体情况以及发展来定位，将有限的资金集中于对重点口岸的建设，将重点口岸打造成为具有规模、临岸工业发达、功能齐全的核心口岸，以形成边境口岸物流体系中的增长极。同时，充分发挥口岸与口岸、口岸与经济腹地间的联动效应，提高口岸整体物流运行效率，减少交易成本。

国外学者对于口岸物流中心建设的研究成果较多。在港口物流中心功能研究方面，Khalid Bichou 和 Richard Gray（2004）指出，港口是一个复杂的、多方面的机构，其机构内部的功能及部门常常在不同层面进行相互协作，并指出港口具有成为物流中心功能的潜力已经成为了一种共识。Sung-Woo Lee，Dong-Wook Song 和 Cesar Dueruet（2008）认为，在全球化、交通大变革、物流一体化以及沿海港口腹地不断扩张的背景下，港口的功能特别是产生新的货物分配形式和供应链的功能也随之变化，这种变化使中心港口城市的空间结构发生改变，促进了城市经济发展。Chuan-xu W（2008）运用定量研究方法，将非线性优化模型应用到两阶段的物流区域港口群系统，并认为个别港口腹地的货物运输量及相应的运输能力、各港口间的经营能力决定了影响区域港口间整合与分散的系统性因素。

Jean – Paul Rodrigue，Jean Debrie 和 Antonie Fremont （2010） 指出，内陆口岸是与沿海口岸相互联系的内陆终端，在运输和供应链的功能中，它扮演着装载中心或联运中心的角色。Jason Monios 和 Gordon Wilmsmeier （2012） 通过研究指出，物流节点及集群促进了区域间流通的发展。

随着口岸经济的不断发展，我国学者对口岸物流节点也进行了相应研究。庄倩玮、王健（2005）认为，在国际物流发展层面，口岸是货物的集结点和信息传递中心，也是十分重要的国际贸易服务枢纽。在国际物流过程中，口岸处于核心地位。江建能（2007）采用定性与定量分析相结合的方法，着重研究了我国对俄边境口岸物流开展过程中各个边境口岸的层次定位问题。冯祥（2009）分析了云南边境口岸的现状及物流需求，通过建立数理模型预测了云南省 GDP、物流货运量以及边境口岸货运量。张必清、博斌（2013）从滇越边境口岸物流的分布、特点及重要性出发，提出滇越边境口岸物流体系构建的两种模型：以河口为核心的单核伞形模型和以河口、天保为核心的双核伞形模型。

可见，国内外学者采用定性和定量方法对口岸物流节点的重要性、口岸物流体系建设展开研究，研究角度各异。然而，对内蒙古自治区边境口岸尤其是内蒙古自治区对蒙古国边境口岸物流节点建设的研究几乎是空白。本书借鉴国内外相关研究成果，采用层次分析法分析了内蒙古自治区对蒙古国边境口岸物流节点的重要度，并提出了口岸建设的对策建议。

（二）层次结构模型的建立与分析

1. 指标体系的选取及模型的构建

边境口岸物流涵盖了运输、存储加工、装卸搬运、保税、通关等一系列环节，这些活动将进出边境的货物作为主要服务对象，在边境口岸及其载体城市区域内互换境内外需要的各种资源和要素。在边境口岸物流节点选择与规划中，要综合考虑边境口岸物流所依托城市的经济实力、口岸城市与经济腹地连接能力、边境口岸吞吐能力及其建设政策等因素，将口岸物流综合实力最强的口岸作为口岸物流中心。同时，基于科学性、代表性、综合性、数据可得性及相关性的指标选取原则，本书建立层次分析指标体系见表 4 – 2。

表 4 – 2　口岸节点重要性评价的层次分析指标体系

目标层	准则层	指标层
口岸节点重要性评价体系（A）	载体城市的宏观经济因素（B1）	地区生产总值（C1）
		第三产业产值（C2）
		社会消费品零售总额（C3）

目标层	准则层	指标层
口岸节点重要性评价体系（A）	边境口岸物流规模（B2）	进出口总额（C4）
		进出口货运量（C5）
		出入境人数（C6）
		出入境车辆数（C7）
	边境口岸与经济腹地的物流连接能力（B3）	口岸依托城市货运周转量（C8）
		公路连接境内的交通（C9）
		铁路连接境内的交通（C10）
		口岸与经济腹地的距离（C11）
	边境口岸建设的政策因素（B4）	口岸批准开放机关（C12）
		口岸开放时长（C13）

在确定各层各因素权重时，本书采用 Saaty 的 1~9 标度方法表示本层所有因素针对上层因素的相对重要性并构造判断矩阵，然后对判决矩阵进行一致性检验，若检验值 CI ＜0.1，则判决矩阵通过容忍度为 10% 的一致性检验，在指标相对重要程度的比较当中前后具有一致性。

在计算各参评个体的综合评价得分时，选用均值化法对各指标值进行无量纲化，使用层次分析法得出其各指标权重并采用线性综合评价模型计算综合得分。

各指标均值化：$y_{ij} = \dfrac{x_{ij}}{\dfrac{1}{n}\sum\limits_{j=1}^{m} x_{ij}}$（$j = 1, 2, \cdots, m$）

线性综合评价模型：$SCORE_j = \sum\limits_{i=1}^{n} \omega_i \times y_{ij}$（$i = 1, 2, \cdots, n$）

其中，x_{ij} 表示 j 口岸的 i 指标值，y_{ij} 为 j 口岸 i 指标的均值化结果，ω_i 表示 i 指标的权重，$SCORE_j$ 为口岸 j 的最终评价得分。以下各层指标的分析均使用该方法进行权重设定及综合评价。

2. 层次单排序及其一致性检验

（1）载体城市宏观经济因素的层次分析。在载体城市的宏观经济因素对于各口岸物流节点重要性影响的分析中，本书一方面考虑了载体城市的经济基础，另一方面考虑了载体城市的市场规模并设置了三个指标。其中载体城市的地区生产总值（C1）及第三产业产值（C2）分别从正面与侧面反映了载体城市的经济基础；载体城市社会消费品零售总额（C3）反映了载体城市的市场规模。在以上三个指标对于口岸物流节点重要性的评价中，正面反映经济基础及市场规模的

C1 指标与 C3 指标从不同的方面度量了口岸载体城市的宏观经济水平，应当具有相同的重要性，相比之下，侧面反映载体城市经济基础的 C2 指标的重要性要比前两者弱。基于以上分析，构造出层次分析的判决矩阵并计算得出各个指标的权重为 [0.4286，0.1429，0.4286]，与其重要性分析相一致。在一致性检验中，最大特征值为3，CI 值为0，小于0.1，判决矩阵符合一致性条件。

根据以上分析，整理得出 2013 年内蒙古自治区对蒙古国各口岸载体城市宏观经济因素的综合评价结果，见表 4-3。

表 4-3　内蒙古自治区对蒙古国各口岸载体城市宏观经济因素综合评价结果

口岸	载体城市	C1	C2	C3	得分	排名
策克	阿拉善盟	0.363	0.171	0.161	0.249	6
甘其毛都	巴彦淖尔市	0.683	0.474	0.557	0.599	4
满都拉	包头市	2.800	3.762	3.107	3.069	1
二连浩特	锡林郭勒盟	0.738	0.510	0.533	0.617	3
珠恩嘎达布其	锡林郭勒盟	0.738	0.510	0.533	0.617	3
阿尔山	兴安盟	0.340	0.315	0.495	0.403	5
额布都格	呼伦贝尔市	1.170	1.129	1.307	1.223	2
阿日哈沙特	呼伦贝尔市	1.170	1.129	1.307	1.223	2

数据来源：各指标数据均根据《内蒙古统计年鉴》（2014）整理计算得出。

根据载体城市宏观经济因素综合评价结果，载体城市宏观经济因素最优的满都拉口岸位于"呼包鄂"经济圈中的包头市。包头市是内蒙古自治区制造业及工业中心，2013 年其生产总值高达 3424.75 亿元，第三产业总值为 1629.14 亿元，分别比排名第二的呼伦贝尔市高出 39.36% 及 133.19%。载体城市宏观经济因素排名并列第二的额布都格口岸及阿日哈沙特口岸位于呼伦贝尔市。呼伦贝尔市幅员辽阔，资源丰富。2013 年其生产总值为 1430.81 亿元，第三产业总值为 488.95 亿元，社会消费品零售总额为 456.7 亿元，均高于载体城市的平均水平。

（2）边境口岸物流规模的层次分析。在边境口岸物流中心节点的选择中，口岸物流规模应为考察的重点因素，本书选取了反映货物流量的进出口总额（C4）及进出口货运量（C5）、反映人口流量的出入境人数（C6）及反映交通流量的出入境车辆数（C7）作为指标。对于口岸节点重要性评价及选择来说，反映流通量的（C5）、（C6）、（C7）指标相比进出口总额更加重要；在边境口岸的建设中货物流通（C5）及车辆流通（C7）又比人员流通（C6）更加重要。据此，可以得出内蒙古自治区边境口岸物流规模的判决矩阵。基于判决矩阵，计算得出各个指标的权重为 [0.0847，0.3788，0.1788，0.3577]，与其重要性分析相一致。在一致性检验中，最大特征值为 4.00，CI 值为 0.0021，小于 0.1，判决矩阵符合一致性条件，两两因素的判决具有一致性，指标权重科学合理。

基于以上分析，整理得出 2013 年内蒙古自治区对蒙古国各口岸物流规模评价结果，见表 4-4。

表 4-4　内蒙古自治区对蒙古国各口岸物流规模评价结果

口岸	C4	C5	C6	C7	得分	排名
策克	0.811	1.828	0.571	1.364	1.351	3
甘其毛都	1.689	2.627	0.987	2.062	2.052	2
满都拉	0.032	0.071	0.105	0.116	0.090	5
二连浩特	5.094	3.172	5.899	3.791	4.044	1
珠恩嘎达布其	0.265	0.260	0.285	0.574	0.377	4
阿尔山	0.000	0.000	0.002	0.002	0.001	8
额布都格	0.001	0.010	0.038	0.033	0.023	7
阿日哈沙特	0.108	0.032	0.114	0.058	0.063	6

数据来源：根据内蒙古电子口岸信息网公布各口岸流量数据及《内蒙古统计年鉴》（2014）整理、计算得出。

在口岸物流规模指标的分析评价中，二连浩特口岸、甘其毛都口岸及策克口岸分别居前三位。二连浩特口岸位于中国的正北方，对接蒙古国的扎门乌德口岸，是欧亚大陆桥中的重要战略枢纽。联检区设有四进四出八通道，实现客货分流。公路口岸新联检区集通关查验、仓储运输、生活服务于一体。近年来，公路口岸货、客运量不断增加，特别是出口货运量逐年攀升。甘其毛都口岸与策克口岸分别与蒙古国南戈壁省的嘎顺苏海图口岸和西伯库伦口岸相对应。南戈壁省具有丰富的煤、铜、金等矿产资源，两个口岸是内蒙古自治区与蒙古国间重要的煤炭等资源运输通道，过货量连年攀升。

（3）边境口岸与经济腹地物流连接能力的层次分析。边境口岸与经济腹地的物流连接能力是在边境物流系统规划及中心口岸选择中必须考虑的重要环节。从口岸进口的商品或原材料既可以在口岸当地消费，又可以进行生产加工后再出口或运往经济腹地，也可以直接运往经济腹地进行加工、消费等。本书选取口岸依托城市货运周转量指标（C8），其反映口岸所在地整体物流周转能力及路面交通设施建设水平；同时选取反映口岸交通设施建设的公路连接境内交通指标（C9）、铁路连接境内交通指标（C10）、口岸与经济腹地距离指标（C11）。在口岸节点重要性评价及与腹地物流连接能力方面，口岸依托城市货运周转量（C8）

与其口岸公路设施情况（C9）应当具有相当的重要性。在货物物流运输中，公路运输成本大于铁路运输成本，因此，铁路设施情况（C10）相对于公路设施情况（C9）更加重要。同时，口岸与经济腹地的距离影响了口岸至经济腹地的运输成本、运输时间，也是应当考虑的重要因素。基于以上分析构造判决矩阵，并计算得出各个指标的权重为［0.148，0.163，0.3629，0.3261］，与其重要性分析相一致。在一致性检验中，最大特征值为4.02，CI值为0.0068，小于0.1，判决矩阵符合一致性条件，两两因素的判决具有一致性，指标权重科学合理。

在对各口岸与经济腹地连接能力的评价中，对于指标公路连接境内的交通（C9）及铁路连接境内的交通（C10）按照表4-5进行评分，得出其初始数据。

表4-5　公路连接境内交通及铁路连接境内交通的评分细则

指标	公路连接境内的交通（C9）		铁路连接境内的交通（C10）
	省道	国道	
评判标准	若有与口岸相连接的省道计1分，若无则计0分	若有与口岸相连接的国道计2分，若无则计0分	若有与口岸相连接的铁路计1分，若无则计0分

同时，口岸与经济腹地的距离越远则口岸重要程度越小，即指标（C11）为负指标，据此，本书使用口岸与经济腹地中心点（省会呼和浩特）的直线距离的倒数作为指标值，以实现各指标取值含义的统一。根据以上分析，基于层次分析法得出的指标权重，整理计算得出2013年内蒙古自治区对蒙古国各口岸与经济腹地连接能力评价结果见表4-6。

表4-6　内蒙古自治区对蒙古国各口岸与经济腹地的连接能力评价结果

口岸	C8	C9	C10	C11	得分	排名
策克	0.496	0.800	2.667	0.569	1.357	3
甘其毛都	1.022	0.800	0.000	1.357	0.724	5
满都拉	3.046	0.800	0.000	2.148	1.282	4
二连浩特	0.432	2.400	2.667	1.611	1.948	1
珠恩嘎达布其	0.432	0.800	2.667	0.766	1.412	2
阿尔山	0.503	0.800	0.000	0.522	0.375	8
额布都格	1.035	0.800	0.000	0.519	0.453	6
阿日哈沙特	1.035	0.800	0.000	0.509	0.450	7

数据来源：指标C8初始数据出自《内蒙古统计年鉴》（2014），指标（C9）、指标（C10）及指标（C11）初始数据来源于2012年蒙古国交通图和内蒙古自治区电子口岸网站。

在口岸与经济腹地的联通能力评价中，各口岸基本具有成熟的公路交通系统，仅有 3 个口岸具备铁路连接境内的交通通道。在参评的 8 个口岸当中，二连浩特口岸与经济腹地的联通能力最强，其不仅具有与其相连铁路的蒙古国口岸，而且二连浩特口岸所在地与呼和浩特地理位置较近，与经济腹地的联通能力强。与经济腹地联通能力排名第二的珠恩嘎达布其口岸位于锡林浩特市正北方向，地处"双珠"铁路的末端，是蒙东煤运通道的起点。名列第三的策克口岸位于阿拉善盟正北方向，是临策铁路的始端。该铁路西起策克口岸，东至内蒙古自治区巴彦淖尔市临河区，与京包线、包兰线等共同形成贯通东部至西北边疆的铁路运输通道。

（4）边境口岸建设政策因素的层次分析。政策因素对边境口岸物流节点重要程度有一定影响。本书从口岸批准开放机关（C12）及口岸开放时长（C13）两个方面探讨边境口岸建设的政策因素。首先，依口岸批准机关的不同可将口岸分为一级口岸和二级口岸，其对口岸建设的规模会产生重要影响；其次，依口岸开放时长又分为季节性开放口岸及常年开放口岸，季节性开放口岸双边贸易流量随口岸开放和关闭而变化，在边境口岸重要性评价及选择中，口岸双边贸易的持续性应是重点考虑的对象，据此可得出其判决矩阵。在此判决矩阵中仅有两个因素，故而不存在一致性问题。据层次分析结果得出指标（C12）及（C13）的权重分别为 [0.333，0.666]，与其重要性分析相一致。根据口岸批准开放机关及口岸开放时长的不同，拟建立评分体系见表 4-7。

表 4-7　内蒙古自治区对蒙古国各口岸政策因素评分细则

指标	口岸批准开放机关（C12）	口岸开放时长（C13）
评判标准	批准开放机关为国务院得 2 分；批准开放机关为自治区政府得 1 分	常年开放口岸得 2 分；季节性开放口岸得 1 分

根据以上评分细则及指标权重，经整理、计算得出内蒙古自治区对蒙古国各口岸政策因素评价结果，见表 4-8。

表 4-8　内蒙古自治区对蒙古国各口岸政策因素评价结果

口岸	C12	C13	得分	排名
策克	1.231	1.333	1.298	1
甘其毛都	1.231	1.333	1.298	1
满都拉	0.615	0.667	0.649	3
二连浩特	1.231	1.333	1.298	1
珠恩嘎达布其	1.231	1.333	1.298	1

续表

口岸	C12	C13	得分	排名
阿尔山	0.615	0.667	0.649	3
额布都格	0.615	0.667	0.649	3
阿日哈沙特	1.231	0.667	0.854	2

数据来源：根据内蒙古自治区电子口岸信息网公布的各口岸信息并依据评分细则整理、计算得出。

策克口岸、甘其毛都口岸、二连浩特口岸及珠恩嘎达布其口岸排名并列第一，它们均为一类常年开放口岸；阿日哈沙特口岸排名第六，为一类季节开放口岸；满都拉口岸、阿尔山口岸及额布都格口岸在政策因素中排名最后，其均为二类季节开放口岸。

3. 层次总排序及其一致性检验

本书分别从载体城市的宏观经济因素（B1）、边境口岸物流规模（B2）、边境口岸与经济腹地连接能力（B3）及边境口岸建设的政策因素（B4）四个方面分析、计算了内蒙古自治区对蒙古国各口岸的子层次得分。边境口岸物流规模（B2）及边境口岸与经济腹地连接能力（B3）直接影响了节点物流流量，而载体城市的宏观经济因素（B1）及边境口岸建设的政策因素（B4）从侧面辅佐了边境口岸物流节点的建设。因此，将以上四方面作为指标对总目标（即边境口岸物流系统中心节点选取）进行层次分析时，指标（B2）与指标（B3）相对于指标（B1）及指标（B4）更加重要。据此，得出总层次判决矩阵。基于判决矩阵，计算得出各个指标的权重为 [0.0728，0.4729，0.2844，0.1699]。在一致性检验中，最大特征值为 4.05，CI 值为 0.0169，小于 0.1，判决矩阵符合一致性条件，两两因素的判决具有一致性。

根据各口岸指标（B1）、指标（B2）、指标（B3）及指标（B4）的综合评价得分，结合四项指标的指标权重，计算得到 2013 年内蒙古自治区对蒙古国各口岸重要性评价的最终得分见表 4 - 9。

表 4 - 9　内蒙古自治区对蒙古国各口岸重要性评价层次分析结果

口岸	B1	B2	B3	B4	得分	排名
策克	0.249	1.351	1.333	1.299	1.257	3
甘其毛都	0.599	2.052	0.647	1.299	1.419	2
满都拉	3.069	0.090	1.228	0.650	0.725	5
二连浩特	0.617	4.044	2.037	1.299	2.757	1
珠恩嘎达布其	0.617	0.377	1.501	1.299	0.871	4
阿尔山	0.403	0.001	0.342	0.650	0.237	8
额布都格	1.223	0.023	0.458	0.650	0.340	7
阿日哈沙特	1.223	0.063	0.455	0.855	0.393	6

数据来源：初始数据根据子层次分析结果并整理、计算得出。

根据以上统计表，按照高分到低分排列，八个边境口岸重要度依次为二连浩特口岸、甘其毛都口岸、策克口岸、珠恩嘎达布其口岸、满都拉口岸、阿日哈沙特口岸、额布都格口岸及阿尔山口岸。

（三）结论及对策建议

1. 各口岸节点的层次定位及区位布局

根据以上分析结果，以各口岸节点在内蒙古自治区对蒙古国边境口岸分布中的重要度为依据，确定二连浩特口岸为核心口岸，甘其毛都口岸、策克口岸为重要口岸，珠恩嘎达布其、满都拉、阿日哈沙特、额布都格及阿尔山五个口岸为一般口岸。同时，综合考虑边境口岸之间地理区位、交通联系、进出口货物类别、与蒙古国口岸对接等因素，形成内蒙古自治区对蒙古国边境口岸区位布局，加快沿边地区开放步伐。西部以策克、乌力吉、甘其毛都、满都拉口岸为重点，打造对蒙能源资源战略通道、加工和储备基地；中部以二连浩特、珠恩嘎达布其口岸为重点，打造集商贸流通、综合加工、国际物流、人文交往为一体的对蒙经济合作示范区；东部以阿尔山、额布都格、阿日哈沙特口岸为重点，打造对蒙跨境旅游和生态产业合作区。

2. 边境口岸物流节点建设的对策建议

（1）完善口岸基础设施。政府要加大财政投入力度，用于口岸交通、电力、通信、水利和城市等建设，进一步配套设施，完善城镇区、物流园区、加工区、生活功能区功能。按照谁投入、谁使用、谁受益的原则，多渠道筹措资金，引导鼓励多种所有制企业参与口岸基础设施建设。抓好口岸的城镇化建设，利用口岸城市这个平台，发展工业、加工贸易、商贸流通和旅游业。同时，要加强与蒙古国的联系与沟通，争取在口岸建设和合作方面取得新进展，共同夯实口岸发展基础。

（2）推动口岸信息化建设。按照"政府主导、联合共建、实体运作"建设机制，加快推进内蒙古自治区电子口岸建设，实现一次申报、一次查验、一次放行和信息互换、监管互认、执法互助的通关模式，并依托电子口岸推动中蒙跨境电子商务快速发展。积极应用信息网络等先进技术和管理办法，提升口岸综合服务水平，提高通关效率，降低物流成本，实现通关、物流、贸易管理与服务等计算机系统的互联互通和信息共享，推进口岸管理现代化。

（3）加快口岸园区建设。加快二连浩特国家重点开发开放试验区建设，推动二连浩特综合保税区，二连浩特、甘其毛都边境经济合作区建设。依托重点工业园区和边境经济合作区，加快发展进口资源落地加工业，实现资源过埠转化。充分利用口岸过货通道本身兼备的物流功能，引入国内外大型物流公司、第三方物流企业在口岸园区建立专业货场和进口资源中转地，大力发展装卸、换装、仓储、运输、电子商务、连锁配送等现代物流业，健全物流基础设施、物流信息、物流配套设施、物流产业政策体系四大平台，将口岸、口岸所在市镇、加工园区建设成为区域性运输枢纽和物流中心。

（4）加快交通运输体系建设。作为国家向北开放的最主要门户，内蒙古自治区要把握"一带一路"为内蒙古自治区发展带来的战略机遇，加快国内连接口岸的交通运输体系建设，将内蒙古自治区主要口岸和国内交通枢纽连通起来，以开放的态度突破地域界线构建大物流体系。加快丝绸之路辐射区域公路、铁路路网建设，打通丝绸之路北路，畅通向东、向南路线，实现与俄罗斯和蒙古国及周边省区重要节点的高水平连通，为自治区加快融入丝绸之路经济带提供支撑。

（5）加强口岸建设政策支持。政策支持可以促进口岸在融资、加强基础设施建设、促使口岸贸易便利化等方面的建设。各级政府要在人员往来、加工物流、跨境旅游等方面给予口岸相应的一些政策倾斜；特别是对于二连浩特、甘其毛都、策克口岸涉及丝绸之路经济带重要开放门户和跨境通道，要在口岸设立和开放上给予更大的政策支持。

三、内蒙古自治区口岸经济产业布局问题分析

自1992年满洲里成为我国首批四个沿边开放口岸城市以来，内蒙古自治区陆续开放了16个沿边陆路开放口岸，不仅形成了一条横跨东西的经济开放带，也成为我国实施沿边开放战略的重要前沿。但纵观内蒙古自治区的口岸经济发展现状，其基本业态大都围绕着口岸而展开，表现为口岸竞相开放，货物的装卸、仓储、中转、资源落地加工以及边境贸易的发展等，但缺乏完整的产业集群和产业链的支撑，导致口岸经济产业"空洞化"特征明显，因此，口岸经济产业布局成为当前口岸经济发展的重要任务。早在2013年，内蒙古自治区就明确提出要抓住国家深入实施沿边开发开放战略的重要机遇，构筑空间布局合理、产业支撑有力、内引外联地位突出、口岸与腹地优势互补的发展格局，成为内蒙古自治区口岸经济发展的方向。本书以我国最大的沿边陆路口岸——满洲里口岸为例，以其口岸经济发展为研究对象，探究其存在的问题，形成具有对全区口岸经济发展有指导意义的借鉴，并据此，对内蒙古口岸经济的产业布局进行全面规划。

（一）内蒙古自治区口岸经济发展现状分析

内蒙古自治区口岸经济的发展是依托"口岸"这个特殊的稀缺资源，大力发展口岸疏运、对外贸易、边境旅游、资源落地加工等具有口岸特色的产业。不

仅促进了口岸所在城市的经济发展，也为内蒙古自治区利用自身的区位优势，对外拓展与其毗邻国家的经贸关系，对内架起内陆省份走向国际市场的桥梁发挥了重要的作用。在内蒙古自治区众多口岸中，满洲里口岸作为一个百年口岸，在口岸经济发展中具有示范效应。

1. 口岸货运

2014年内蒙古自治区口岸全年口岸货运量达到7085.67万吨，同比增长4.2%，其中满洲里口岸货运量累计完成3011万吨，增长0.2%，占内蒙古自治区口岸货运量的42.5%。在满洲里口岸3011万吨货运量中，进口1432万吨，出口302万吨，转口1277万吨，特别是转口贸易发展迅速，与2013年相比增长44.1%，占全区的100%，即内蒙古自治区的转口贸易都是由满洲里口岸完成的，体现了满洲里口岸发挥的中转作用。

2. 外贸发展

2014年内蒙古自治区的进出口总额共计145.53亿美元，与2013年同期相比，增长21.4%。其中，出口总额为63.93亿美元，进口总额为81.58亿美元。

2014年满洲里口岸外贸进出口总值50.4亿美元，与2013年同期相比增长20%，占内蒙古自治区外贸总额的34.6%。其中，进口19.8亿美元，增长3.0%；出口13.1亿美元，增长229.4%，旅游贸易17.5亿美元，增长7.0%。其发展特点如下：

（1）主要出口商品、贸易方式及经营主体。2014年，满洲里公路口岸出口果菜39.03万吨，占同期我国对俄罗斯出口果菜的42.5%，同比增长15%，实现贸易额13.75亿元人民币，已经连续4年居我国对俄罗斯口岸出口果蔬之首。果蔬种类不断增多，已由最初的圆葱、甘蓝、苹果、柑橘等几个品种逐渐发展到几十个品种，2014年彩椒、金橘、杧果、菠萝等热带水果出口量增长较快。出口蔬菜主要有番茄、洋葱和马铃薯，其余蔬菜出口超过万吨的还有鲜或冷藏的卷心菜、萝卜、辣椒和黄瓜。

从贸易方式来看，一般贸易方式出口激增。2014年，满洲里口岸以一般贸易方式出口13万吨，增加1.1倍，占同期口岸蔬菜出口总量的55%；其余以边境小额贸易方式出口，增加1%。

从经营主体来看，私营企业占据主导地位。2014年，满洲里口岸私营企业出口23.1万吨，增加40%，占同期口岸果蔬出口总量的98.1%。

（2）主要进口商品、贸易方式及经营主体。2014年，满洲里口岸进口依然以木材进口为主。全年，进口原木511.4万立方米，同比增加12%，贸易值达41.2亿元人民币，增长9.8%。进口均价为每立方米805.1元，下跌2%。

从贸易方式来看，以边境小额贸易方式进口为主。2014年，满洲里口岸以边境小额贸易方式进口原木 500 万立方米，增加 13.8%，占同期口岸原木进口总量的 97.8%；以加工贸易方式进口 7.7 万立方米，减少 43%；其余以一般贸易和保税监管场所方式进口。

从经营主体来看，几乎全部为民营企业进口。2014 年，民营企业经满洲里口岸进口原木 506.4 万立方米，增加 14.1%，占同期口岸原木进口总量的 99%；其余为国有企业和外资企业进口，均呈减少态势。

3. 旅游创汇

满洲里口岸 2014 年全年边境旅游人数达 64.9 万人，增长 1.0%。其中，中方出境 10 万人，与 2013 年持平；俄方入境 54.9 万人，增长 1.2%（全年出入境旅游人数达 130 万人次，增长 0.8%）。国内旅游人数达 530.1 万人次，增长 7.8%。旅游总收入达 45.6 亿元，增长 3.8%（含一日游）；旅游创汇 2.9 亿美元，同比增长 1.7%。

4. 园区建设

满洲里口岸在已有中俄互市贸易区、国家级开发开放试验区的基础上，2015 年 4 月，满洲里综合保税区获国务院批复，成为内蒙古自治区首个、全国第 46 个综合保税区，实现了内蒙古自治区保税区零的突破。根据国务院批复，满洲里综合保税区规划面积 1.44 平方公里，总投资 4.6 亿元，地处满洲里市公路口岸、铁路口岸和航空口岸三大口岸的中心交汇处，地理位置极为优越。建成运营后，将以现代物流、保税仓储、国际贸易和保税加工四大产业为重点，逐渐发展成为内蒙古自治区乃至全国重要的生产服务基地、国际物流集散地、大宗商品交易地、制造业加工出口基地和国际展览展示中心。另外，满洲里口岸还被国家确定为粮油、农畜产品定点进口口岸，进口农产品落地加工实现历史性突破。

5. 通道开辟

继 2014 年 3 月 17 日正式开通了"苏满欧"班列后，又相继开通了"营满欧"、"粤满俄"、"湘满欧"、"汉满俄"、"渝满欧"、"津满欧"六条班列。从运营的结果来看，"苏满欧"集装箱班列常态化运营，"营满欧"、"湘满欧"、"渝满欧"等国际班列成功开行，全年发送 350 列、货物 2.8 万标箱。另外，开通至俄罗斯、蒙古国、韩国国际航线 8 条和国内城市航线 21 条，进出港旅客突破 40 万人次，增长 33%，增速位居全区第一。

6. 通关创新

2014 年满洲里海关正式启动关检合作——"三个一"通关新模式，即一次申报、一次查验、一次放行。"一次申报"是指企业进出口货物时，只需一次录入申报数据即可实现数据共享；"一次查验"是指关检双方对口岸现场同一批货物均需查验时，依照各自规定要求同步进行查验作业；"一次放行"是指信息联网、关检核放，关检双方将放行信息经公共信息平台发送到口岸经营单位，在卡口对货物实施一次放行。"三个一"模式推广后，极大地提高了满洲里口岸通关效率。比如，口岸进口木材的通关时间由先前的 3 小时缩短到 10 分钟，"三个一"通关模式的实施，对提高通关效率、降低企业成本、促进贸易便利化有着积极意义。

（二）内蒙古自治区口岸经济发展存在的问题

近年来，内蒙古自治区沿边开放取得巨大的成就，口岸经济发展也具备了一定的规模，特别是 2014 年以来，随着中俄、中蒙关系的全面提升，作为丝绸之路经济带上的节点省区、"中蒙俄经济走廊"上的关键点以及我国向北开放的经济带，内蒙古自治区口岸发挥着越来越重要的作用。2014 年内蒙古自治区全年口岸货运量完成 7085.67 万吨，同比增长 4.2%；贸易额达到 145.53 亿美元，同比增长 21.4%，其中与俄罗斯和蒙古国贸易额为 71.51 亿美元，占比 49.1%，即约一半的贸易是与俄罗斯和蒙古国完成的，凸显了口岸在内蒙古自治区经贸发展中的突出作用。但从内蒙古口自治区岸经济发展的现状来看，还存以下问题：

1. 口岸经济特色不明显

总体来说，各口岸经济发展大同小异，口岸经济业态基本雷同，都围绕着口岸货运、旅游服务等而展开，没有突出地区特色，相互竞争激烈。但由于各口岸所处的位置、基础条件及发展的历程不同，毗邻地区条件不同，各口岸经济发展存在的问题也有所区别，比如满洲里口岸作为一个百年口岸，其发展业态基本上是口岸运输、外贸发展、旅游贸易等。满洲里口岸毗邻的俄罗斯，森林资源丰富，木材进口是内蒙古自治区从俄罗斯进口的主要产品，但并没有打造成如广西"红木之都"那样的品牌，也没有产生广西红木品牌的效应。因此，未来内蒙古自治区应借鉴广西的做法，打造属于自己的特色产品与品牌，内蒙古自治区口岸经济发展才能有真正的产业基础。

2. 口岸经济发展不稳定

内蒙古自治区口岸经济缺乏真正的产业支撑，且内蒙古自治区各口岸毗邻的俄罗斯和蒙古国经济发展及政策实施不稳定，比如蒙古国政权更迭频繁，在矿产资源政策制定与实施时，朝令夕改是其常态化的表现。俄罗斯对森林资源出口控制越来越严，特别倾向于深加工木材的出口，而对于原木出口的管制越来越严，所有这些都直接影响内蒙古自治区各口岸经济发展。因此，内蒙古自治区口岸经济发展不稳定成为常态。

3. 外贸结构低度化特征明显

从内蒙古自治区各口岸外贸发展的结构来看，大都是出口果蔬、日用百货、建筑材料，进口的大都是能源资源。缺乏高附加值产品的贸易，因此低度化的外贸结构不仅利润空间小，且受贸易伙伴国的抵制严重。因此，不断改善口岸地区的贸易结构，提升利润空间，是其未来口岸经济稳定发展的必由之路。

4. 贸易方式结构失衡

内蒙古自治区对外贸易发展方式以一般贸易为主，其次是边境小额贸易，加工贸易规模最小，对贸易发展的贡献度最小。以 2014 年为例，在 145.5 亿美元的贸易额中，从主要贸易方式来看，一般贸易进出口额达 80.4 亿美元，占进出口总额的 55.3%；边境小额贸易进出口额达 35.7 亿美元，占进出口总额的 24.5%；加工贸易进出口额仅为 2.6 亿美元，占进出口总额的 3.2%。事实上，边境口岸地区有发展加工贸易的优势条件，其毗邻的俄罗斯和蒙古国市场，对中国的日用百货需求量极大，而俄罗斯和蒙古国资源的出口对中国依赖程度大，因此，口岸地区可依托自身的区位优势及国家赋予的优惠政策，将国内外的优势资源集聚到口岸地区，大力发展加工贸易，紧密与俄罗斯和蒙古国的经贸关系，提高加工贸易对内蒙古贸易发展的贡献度。

5. 口岸地区企业竞争力弱

口岸地区企业以中小企业为主，以私营、民营企业居多，口岸缺乏对大企业的吸引能力，特别是一些发展边境贸易、加工贸易的企业，因规模小、规范程度低、产品质量差，使其竞争力弱，影响了内蒙古自治区口岸企业的声誉。因此，未来应采取措施，将大企业吸引到口岸，以提升内蒙古自治区口岸地区经贸发展的竞争能力。

6. 口岸地区缺乏产业支撑

产业的发展是一个地区乃至一个国家经济发展的生命，纵观内蒙古自治区口岸地区的产业发展，基本业态围绕着口岸而展开，没有形成有效的产业支撑。因此，在重视口岸物流业发展的同时，要更加重视产业的发展。根据不同口岸的区位、产业基础、毗邻国家的发展特征，重新定位和布局口岸的产业发展。

（三）内蒙古自治区口岸经济产业布局方略

基于内蒙古自治区口岸经济发展的现状及存在的问题，内蒙古自治区口岸经济发展要从指导思想、原则、总体规划及具体布局等方面，对内蒙古自治区口岸经济的产业布局进行全面规划。

1. 内蒙古自治区口岸经济发展的指导思想

总体来说，要重视口岸的建设与发展，但不能固守"口岸"，要将产业发展与口岸建设紧密配合，要将腹地经济发展与沿边开放相融合，实现口岸开放与产业发展共同繁荣、沿边开放与腹地发展相互支撑。

（1）以"口岸"为窗口、以"通道"为纽带。口岸经济的发展离不开口岸的开放，口岸作为内蒙古自治区与俄罗斯和蒙古国对接的窗口，发挥着重要的作用，不仅承担着中国与俄罗斯和蒙古国间的货运、客运的通关任务，还承担着俄罗斯和蒙古国与其他国家货物转口的任务。但口岸的过货多少又与通道的畅通息息相关。因此，口岸经济的发展依然要将口岸与通道作为建设的重点。

（2）以"沿边开放"为基础，以"腹地经济"为支撑。口岸经济发展仅靠口岸，难以发展壮大，因此，口岸经济发展要充分发挥内蒙古自治区作为中国与俄罗斯和蒙古国对接的沿边开放带的作用，同时要将与内蒙古自治区毗邻的国内外经济区作为口岸经济发展的腹地，建立产业带，促进沿边开放与腹地经济发展相互支撑的发展局面。

2. 内蒙古自治区口岸经济发展的基本原则

基于内蒙古自治区口岸经济发展的现实，未来内蒙古自治区口岸经济发展将体现"科学布局、协调发展、产业第一、效益优先"的基本原则。

（1）坚持科学布局的原则。内蒙古自治区口岸资源丰富，但在布局上欠合理，因此，未来要优化现有的口岸资源，构筑立体的全方位开放格局。进一步开辟国际航线，拓展口岸发展空间，不断提升口岸功能。

（2）坚持协调发展的原则。口岸经济是内蒙古自治区经济发展的重要组成部分，口岸经济的发展与内蒙古自治区整体经济发展相互依存，互为条件。因此口岸的产业布局应当围绕着内蒙古自治区国民经济发展规划而展开，与国民经济发展规划相协调与相适应。

（3）坚持产业第一的原则。口岸经济发展不仅是口岸的开放，更重要的是支撑口岸发展的产业。因此，未来，口岸经济发展应坚持产业第一的原则，将产业的布局与发展作为口岸经济发展的第一要务，实现产业对口岸发展的强有力的支撑。

（4）坚持效益优先的原则。加强口岸综合管理，协调口岸查验单位出台优惠措施，支持口岸、外贸企业发展，支持口岸、机场和通道的竞争能力的提升，以实现最大的社会效益和经济效益。

3. 内蒙古自治区口岸经济产业发展的总体规划

根据内蒙古自治区口岸经济发展现状及存在的问题，依托内蒙古自治区与国内毗邻地区产业结构、资源结构及商品结构等互补性的特征，基于内蒙古自治区口岸经济发展的指导思想与原则，内蒙古自治区口岸经济的产业布局将按照"一带四区"的发展思路来建设。

（1）沿边开放带。沿边开放带由口岸、边境线及口岸所在的城市组成，是国内外的衔接区。从目前口岸经济发展的实际来看，其产业大都围绕着口岸物流业而展开，通过口岸、通道、仓储、物流配送等第三产业的建设，发挥口岸通道作用。但随着口岸设施的不断完善，沿边开放区应充分发挥自身与俄罗斯和蒙古国边境毗邻的地缘优势、中国与俄罗斯和蒙古国间资源互补及经济互补的优势，使口岸经济发展从通道经济上升到加工贸易、工业制造等模式。

内蒙古自治区位于中国北部边陲，东西狭长。自东北至西北共有 4200 公里的边界线，口岸所处的地区自然环境差别很大，既有雨水充沛、河流纵横的东部地区，也有干旱荒凉、人烟稀少的西部地区，且与口岸毗邻的内陆腹地优势各不相同。根据内蒙古自治区地理位置及其与俄罗斯和蒙古国对接的口岸，将内蒙古自治区与俄罗斯和蒙古国对接的边境带分为三个部分，东部口岸带、中部口岸带及西部口岸带。东部口岸带以满洲里及阿尔山口岸为核心；中部口岸带以二连浩特及珠恩嘎达布其为主；西部口岸带以策克及甘其毛都为主。口岸带是内蒙古自治区与俄罗斯和蒙古国衔接的中间地带，其产业布局既要考虑与其毗邻的国内腹地的经济发展对其的支持作用，又要考虑与其对接的国外市场的需求。其布局如图 4-1 所示。

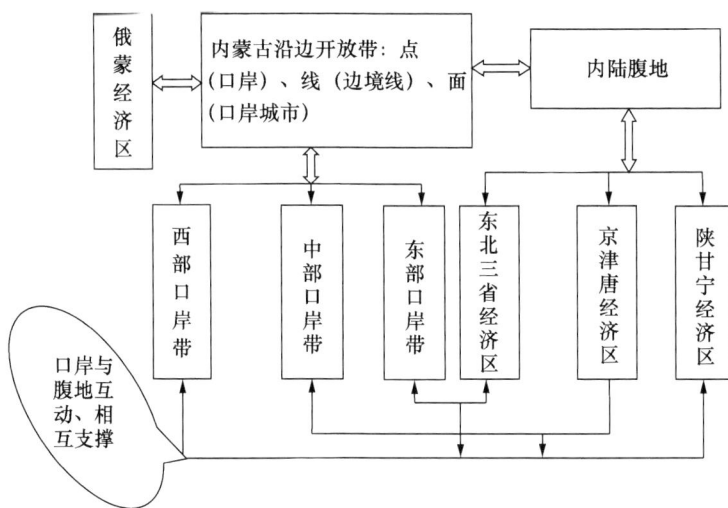

图 4-1　内蒙古自治区口岸经济"一带四区"布局

第一，东部口岸带。东部口岸带主要集中在呼伦贝尔市及兴安盟，以口岸城市满洲里和阿尔山为主，包括与俄罗斯对接的二卡、室韦、黑山头等口岸。满洲里是中俄间最大的陆路口岸，交通便利，滨洲铁路横跨呼伦贝尔市，经过满洲里，并通向俄罗斯，因此依托完善的铁路路线，可以实现内蒙古东部地区口岸城市的国际化发展。满洲里作为一个百年口岸，依托其优越的地理位置及国家赋予的开发开放试验区的优惠政策，建立起了中俄互市贸易区及边境经济合作区，形成了对外贸易、加工贸易、边境旅游与商贸旅游共同繁荣的发展局面。

第二，中部口岸带。内蒙古自治区中部口岸带主要集聚在锡林郭勒盟，以二连浩特、珠恩嘎达布其两个口岸城市为主，成为内蒙古中部地区服务蒙古国的主要口岸城市。

二连浩特口岸与蒙古国扎门乌德市隔界相望，两市相距9公里，是我国对蒙古国开放的最大公路、铁路口岸，也是实施向北开放战略的重要支点。中蒙间唯一一条铁路经过二连浩特，是中蒙间货运及客运的枢纽。随着中蒙草原丝绸之路经济带的构建，二连浩特市与乌兰巴托市都被确定为草原丝绸之路经济带的节点城市，其发展潜力巨大。另外，二连浩特口岸与国内经济区域联系广阔。以二连浩特为终点的集二线，连通京包线、京山线，与蒙古国、独联体各国及东西欧各国的铁路结成一座欧亚铁路大陆桥。以北京为起点，特别是通过京包、京山线与天津港相连，是日本、东南亚及其他邻国开展对蒙古国、俄罗斯及东欧各国转口贸易的理想通道。二连浩特依托口岸优势，面向国内、国外两个市场，积极发展口岸过货通关、商贸物流、加工制造等产业，成为口岸经济发展的重要支撑。

第三，西部口岸带。内蒙古地区西部口岸带主要以策克、甘其毛都、满都拉为口岸城市，成为内蒙古西部地区服务蒙古国的主要对接城市。以位于阿拉善盟的策克口岸为例，策克口岸是阿拉善盟对外开放的唯一一条国际通道，是内蒙古、陕西、甘肃、宁夏、青海五省区所共有的陆路口岸，同时也是内蒙古自治区第三大口岸。近年来，随着国家及自治区政府对口岸建设投入的不断增加，口岸基础设施不断完善，一批有实力的大企业陆续入驻策克口岸，物流、商贸、加工等产业快速发展，成为促进就业、带动三产及其他产业快速发展的重要支撑。

（2）内陆腹地。内陆腹地是毗邻边境口岸，并对其有很强支撑作用的内陆地区。基于内蒙古口岸带的划分，与内蒙古边境口岸毗邻的内陆腹地有三个。

第一，东北三省经济区。东北三省是内蒙古东部口岸的内陆腹地，是我国的重工业区，其不仅工业基础雄厚，且交通发达，通过东北三省，可直接与朝鲜、日本及韩国等东南亚国家衔接。特别是伴随着振兴东北老工业基地政策的实施，黑龙江、吉林、辽宁利用自身的区位优势，对内不断加强与蒙东地区的合作，对外依托与俄远东地区的滨海边疆区、犹太自治州、阿穆尔州等资源富集地区毗邻的地理优势，在资源合作开发、农业种植以及产品加工生产等方面开展了富有成效的合作，取得了一定的成效，形成了富有特色的黑吉辽经济区。

第二，京津唐经济区。京津唐经济区是内蒙古自治区中部口岸带的内陆腹地，以北京、天津及河北省为中心的环渤海经济区，在经济发展上各有所长。北京市拥有知识经济等优势，天津市拥有加工制造业和海运等优势，河北省则拥有轻重工业发达和港口资源丰富的优势，三方优势有着很强的互补性。京津冀经济区，作为内蒙古自治区中部口岸的腹地，可以在高科技产业、工业制造、服务发展方面形成对内蒙古自治区向北开放的强有力的支撑，而且俄罗斯和蒙古国依托内蒙古自治区与京津冀等经济区的对接，可以借道出海，加强与东南亚国家的经贸合作，这对中部口岸经济发展形成支持。

第三，陕甘宁经济区。陕甘宁经济区是与内蒙古自治区西部口岸相毗邻的地区，也是西部口岸带的内陆腹地。陕甘宁作为革命老区，具有"两大传统优势"——红色政治优势和能源资源优势。目前，在共建丝绸之路的国际背景下，作为2100多年前古丝绸之路起点的陕甘宁地区，在新的历史时期，将引来发展机遇。陕甘宁地区与内蒙古自治区对接，不仅在经济发展中可以实现优势互补，而且在通道建设方面可以相互借鉴。陕甘宁地区可依托内蒙古自治区打通向北开放的通道，建立起与俄罗斯和蒙古国的经贸关系，内蒙古自治区可借助于丝绸之路通道的开辟建立起与中东欧国家的经贸关系。使双方在对外关系的拓展方面实现大的突破。

（3）俄罗斯和蒙古国经济区。俄罗斯和蒙古国经济区是内蒙古自治区边境口岸对外辐射地。内蒙古自治区与俄罗斯和蒙古国在资源、产业、商品等方面存在很强的互补性，俄罗斯和蒙古国是内蒙古自治区最主要的两大贸易伙伴。

第一，与俄罗斯和蒙古国经济关系。首先，与俄罗斯的经济互补性强。由于长期受苏联大力发展重工业战略政策的影响，俄罗斯地区以原材料和粗加工产品为工业生产主要方向，精加工生产非常薄弱，轻工业发展明显滞后，农业生产远远满足不了当地工业和居民的日常需求，其市场上的农产品、轻纺和家电商品主要依赖进口。苏联解体后，俄罗斯虽然试图调整和优化产业结构，但由于资金短缺、工业设备落后，至今收效甚微。而内蒙古自治区产业结构和俄远东虽有一定相似之处，但近几年的产业结构调整和优化已经初见成效，特别是农业、轻纺、电器和食品加工工业发展迅速，与俄远东地区相比具有明显的优势。其次，与蒙古国人文环境相似。蒙古国是内陆国家，没有自己的港口，发展对外贸易需要借助于我国和俄罗斯的口岸，这样不但增加成本，而且也有很多不可控的因素，所以发展蒙中贸易、蒙俄贸易是蒙古国的首选。蒙古国作为东北亚的中心地带，具有影响东北亚经济贸易区的地缘优势，而我国的经济发展较快且稳定，是东北亚经济贸易区的核心。由于内蒙古自治区与蒙古国文化背景、风俗习惯等方面非常相似，因此得天独厚的区位、口岸、人文优势使内蒙古自治区在中蒙交往和经贸合作中发挥桥梁和纽带作用。

第二，对外辐射地的条件。①东部口岸对外辐射地的条件。内蒙古自治区东部口岸与俄罗斯远东地区毗邻，其矿产资源、水资源及森林资源丰富，为东部口岸发展加工贸易提供原料来源。另外，中国日用品、化工产品、建材、服装鞋帽、果蔬产品在俄罗斯远东地区很有市场，因此，内蒙古自治区与俄罗斯远东地区有产业合作的基础。②中部口岸对外辐射地的条件。中部口岸对外辐射地是蒙古国，其矿产资源丰富，但国内交通落后、对接口岸设施基础差，特别是其资源密集区缺乏基本的运输条件，成为中国与蒙古国合作的制约。但随着中蒙全面战略伙伴关系及草原丝绸之路经济带的构建，这一问题将得到有效解决。③西部口岸对外辐射地的条件。主要是对外辐射蒙古国南戈壁、巴音洪格尔、戈壁阿尔泰、前杭盖、后杭盖五个畜产品、矿产品资源较为富集的省区，是我国重要的能源资源的来源地。

4. 内蒙古自治区口岸经济产业布局

内蒙古自治区口岸经济带的布局将以沿边开放带为依托，在充分发挥口岸物流通道作用的基础上，将俄罗斯和蒙古国的优势资源与内陆腹地的技术、人才、资金等集聚到口岸，大力发展加工贸易，特别是深加工贸易，使其成为口岸经济发展的有利支撑。

（1）产业布局的经济条件。

1）东部口岸带产业布局的经济条件。互补性是三地经济合作发展的基本特征，表现在呼伦贝尔的农产品、人力资源丰富；俄远东地区的矿产、森林、水资源丰富；东北三省的工业基础及便利交通等，体现出了产业发展的互补性的特征。

2）中部口岸带产业布局的经济条件。以中部口岸为纽带，蒙古国与国内腹地之间经济互补性强，交通相衔接，因此口岸经济的产业布局要充分发挥国外辐射地及内陆腹地的优势，实现产业合作。

3）西部口岸产业布局的经济条件。西部地区辐射的蒙古国地区，大都是资源富集区。我国西部地区也是中国能源资源富集区，因此，产业布局应侧重能源资源产业链的建立。

（2）产业布局方案。

1）构建起完整的口岸物流体系。口岸物流涉及运输、仓储配送、流通加工、口岸通关、增值服务等物流过程，是进出口贸易的重要环节。但从目前口岸地区的实际发展来看，物流业缺乏完整的产业集群和产业链的支撑，口岸所提供的主要服务是货物装卸、简单的仓储、国际中转等物流的基本服务。虽然口岸的工业园区开始发展，但工业项目尚处在分散、低关联度、原料初级加工阶段，工业项目的技术含量低。附加值高的加工工业、高技术产品企业几乎还是空白，相关的农产品出口加工、工业深加工的特色产业缺乏。因此，通过构建完整的口岸物流体系，建立起具备口岸特征的产业链，是口岸经济发展的必然选择。

2）将口岸建成产品深加工的集聚地。从目前口岸经济发展的现状来看，大都是资源落地加工，其稳定性差。未来应从以下方面将加工贸易做大做强：

第一，将俄罗斯和蒙古国能源、矿产及森林资源与国内腹地的技术、人才及资金齐聚到口岸，借助于口岸这个平台，进行深加工，将其产品从两个方向输出：一是将深加工产品出口到俄罗斯和蒙古国；二是将深加工产品通过国内运输渠道进入国内市场或出口到东南亚国家市场。

第二，将国内腹地的优势产品深加工项目引入口岸，直接面向俄罗斯和蒙古国市场。中国与俄罗斯和蒙古国间因资源禀赋、技术等存在差异，经济互补性强，中国的果蔬、粮食、轻工业品、建材、毛纺制品等在俄罗斯和蒙古国很有市场，因此要想使口岸经济避免"空洞化"，必须将国内一些在俄罗斯和蒙古国有市场的特色产品引入到口岸，就地加工生产、直接出口，形成对口岸经济发展的有利支撑。

第三，将口岸打造成制造业基地。当前内蒙古自治区口岸经济的产业结构是"三二一"型，围绕口岸经济发展的第三产业比重较高，达到 60%～80%。从理论上分析，这一结构似乎使口岸经济发展已经达到了发达国家的水平，但事实并非如此，这种"三二一"产业结构形成的原因并不是经济发展到了一定的程度，而是由口岸的特殊地理位置所决定的。其发展特别容易受外部环境条件变化，诸如国际关系、政策调整、市场变化、消费理念等因素的影响和冲击，且口岸的第三产业大都以生活服务业为主，而非生产性服务业，这也是为什么口岸经济根基不实的主要原因。因此，在未来，依托俄罗斯和蒙古国资源，加大口岸地区工业制造的发展，不仅是经贸发展的基础，也会带动相关产业，比如生产性服务业的发展。

第四，发展口岸关联度高的加工工业及工业园区。要在全区范围内着重布局基础好、有潜力的工业开发区和工业园区，发展加工贸易，打造制造业中心，使之尽快成为内蒙古自治区工业发展新的经济增长点。要合理进行产业布局，明确产业发展方向，严格企业生产标准，引导企业在基地内形成上下游产品有序链接、资源循环利用的发展方式，形成集群优势。要积极发挥自治区多口岸和满洲里口岸及二连浩特口岸作为国际大通道的优势，把口岸经济变成内蒙古自治区新的经济增长点。

第五，将内蒙古自治区口岸建成综合性开发基地。内蒙古自治区处于我国北部边疆，地理位置重要，目前，中国与俄罗斯和蒙古国关系进展顺利，特别是2014 年习近平主席访问蒙古国，双方关系上升为全面战略伙伴关系，作为与蒙古国毗邻的最重要的省份，内蒙古自治区口岸建设与开放不仅是内蒙古自治区的内部事情，而是上升到国家战略的层面，因此，其建设与发展意义重大。基于目前内蒙古自治区口岸经济发展的特点，其建设应是全局性和综合性的，包括人文交流、商贸流通、货物运输、通道贯通等各个方面。

（四）结论

第一，口岸经济不仅是通道经济，更是产业经济。口岸经济是综合的概念，是一个以口岸为核心，依托口岸而发展的跨行业、跨领域、跨地域、多层次的复合经济。口岸的通道作用不可忽视，承担国内外商品的进出口、人员的出入境的责任，起到内联外引的作用。但口岸绝不仅仅是通道，它还是一种优势资源，如何很好地利用这种资源，那就是与腹地要素的紧密结合，形成一种产业，一种依托口岸资源，独具口岸特征的优势产业，去支撑口岸发展。这是口岸经济稳定发展的基础。

第二，腹地经济不是自我循环经济，是要借助于通道，与周边国家形成一种优势互补的产业经济的发展模式；腹地经济不是自我经济，是要与区内外各产业主体相互协作，形成各种不同类型的产业基地，起到辐射引领的作用；腹地经济也不是封闭经济，是要借助于口岸形成外向型经济发展的模式。

第三，口岸经济与腹地经济应当密切配合，相互支撑，互为依靠，形成一种相互共赢的发展模式。口岸是沿边各地区的一种优势资源，口岸经济是沿边地区繁荣的基础，而腹地经济又是口岸经济发展的后盾，双方是一种窗口和基地、桥梁和腹地关系。

第 五 章

中蒙俄经贸合作专题

　　"一带一路"战略的实施以及"中蒙俄经济走廊"的建设，为中国与俄蒙经贸发展与能源合作带来了机遇。贸易便利化是当今各国及国际组织普遍关心的热点问题，也是制约中蒙俄经贸发展的重要因素之一。因此，提升贸易投资便利化成为带动中蒙俄经贸发展的重要举措。

一、提升中蒙贸易投资便利化的对策分析

中蒙两国在"一带一路"背景下，双方将积极利用经贸合作的潜力与机遇，通过多种方式推进中蒙经贸合作的深度与广度。2014 年，中蒙两国签署《中华人民共和国和蒙古国关于建立和发展全面战略伙伴关系的联合宣言》（以下简称《宣言》），将两国的战略伙伴关系提升为全面战略伙伴关系。双方签订了涵盖经贸、矿产、电力、交通、基础设施建设、金融等领域的 30 多项合作文件，并决定推动建立跨境经济合作区，争取在 2020 年双边贸易额逐年扩大，达到 100 亿美元。其中，提升双边贸易便利化水平是重要手段之一。贸易便利化是当今各国及国际组织普遍关心的热点问题。

（一）贸易便利化概述

目前，贸易便利化还没有标准定义。世界贸易组织将贸易便利化定义为"国际贸易中货物流动所需数据要进行收集、呈报、传递以及处理，贸易便利化就是对这个过程中涉及的行为、惯例以及手续进行简化与协调"。欧洲国际商会对贸易便利化做出了界定："贸易便利化，是对货物在国际间从销售者到购买者流动所需手续和相关信息流动以及支付方式的简化与标准化。"APEC 在其贸易便利化行动计划中指出，"贸易便利化是指对阻碍、延迟跨境货物流动或增加其流动成本的海关及其他行政手续的简化及理顺"；或者说"对进出口货物贸易边境措施的削减，使得国际货物贸易能以最有效率的方式跨境流动"。简言之，贸易便利化就是简化和协调货物在国际贸易各项活动中所涉及的各种程序以提高贸易政策透明度和降低贸易成本。

全球推动贸易便利化的机构有 13 家，包括世界贸易组织（WTO）、联合国贸易便利化与电子业务中心（UN/CEFACT）、世界海关组织（WOC）、联合国国际贸易法委员会（UNCITRAL）、联合国贸发会（UNCTAD）、国际海事组织（IMO）、国际商会（ICC）、世界银行（WB）、经济合作与发展组织（OECD）、国际贸易中心（ITC）、全球贸易和运输便利化伙伴（GFPTT）、联合国亚太经济与社会理事会（ESCAP）和联合国亚太无纸贸易专家网络（UNNEXT）。其中世界贸易组织、联合国贸易便利化与电子业务中心、世界海关组织是从事贸易便利化工作的主要机构。其他 10 家机构主要是辅助进行贸易便利化活动。

贸易便利化包含简便化、标准化和协调化。它要求提高贸易政策、法律、法令、法规透明度，建立高效的监督程序，简化国际贸易中涉及的各种程序、数据资料和行政管理手续，加强电子商务和电子政务，完善知识产权保护措施和规则

等。因此，贸易便利化对于进出口贸易商而言，可以减少物流延误、快速通关、降低交易费用、提高竞争力；对于政府而言，通过提升政策制度的透明度，资源更优利用，可获得更高的经济绩效、提高收入。

（二）贸易便利化程度指标体系

国内外学者在研究贸易便利化的过程中使用了不同方法，选择的评测指标各异，基本上涵盖了政策环境、海关与基础设施环境、政府和金融环境等方面。本书利用世界经济论坛（World Economic Forum）发布的全球贸易投资便利化报告（GETR 2014）中的评估指标与评估数据，从而构建中蒙两国贸易便利化评估体系。

根据世界经济论坛发布的《全球贸易促进报告（The Global Enabling Trade Report，GETR)》测定的全球贸易便利化指标（Enabling Trade Index，ETI）体系分为四个一级指标，即市场准入、边境管理、基础设施、合作环境，七个二级指标，包括国内市场进入、国外市场进入、边境管理的效率与透明度、交通基础设施的可获得性与质量、运输服务的可获得性和质量、信息通信技术的使用与可获得性、合作环境；以及 40 个三级指标，涵盖了贸易便利化所涉及的全部内容，是非常权威的测量各国便利化程度的指标体系，如表 5 - 1 所示。

表 5 - 1　世界经济论坛发布的全球贸易便利化指数体系[①]

一级指标	二级指标	取值范围	三级指标	取值范围
市场准入 Market access	国内市场进入 Domestic market access	1 ~ 7	关税税率（%）Tariff rate	0 ~ n
			海关税则复杂性指数 Complexity of tariffs index	1 ~ 7
			进口免税份额（%） Share of duty - free imports	0 ~ n
	国外市场进入 Foreign market access	1 ~ 7	东道国关税（%） Tariff faced	0 ~ n
			目标市场优惠边际指数 Index of margin of preference in destination mkts	1 ~ 7

---

① 根据世界经济论坛发布的《全球贸易促进报告 2014》整理，www. weforum. org。

一级指标	二级指标	取值范围	三级指标	取值范围
边境管理 Border administration	边境管理的效率与透明度 Efficiency and transparency of border administration	1~7	边境服务指数 Customs service index	0~1
			清关效率 Efficiency of the clearance process	1~5
			进口所需天数 No. of days to import	0~n
			进口所需单据数 No. of documents to import	0~n
			进口成本 Cost to import（US$ per container）	0~n
			出口所需天数 No. of days to export	0~n
			出口所需单据数 No. of documents to export	0~n
			出口成本 Cost to export（US$ per container）	0~n
			进出口非正常支出 Irregular payments in exports and imports	1~7
			进口手续时间预测 Timed predictability of import procedures	1~7
			海关透明度指数 Customs transparency index	0~1
基础设施 Infrastructure	交通基础设施的可获得性与质量 Available and quality of transport infrastructure	1~7	航空运输可获得性 Available airline seat km/week，millions	0~n
			航空运输基础设施建设 Quality of air transport infrastructure	1~7
			铁路运输基础设施建设 Quality of railroad transport infrastructure	1~7
			班轮运输联通性指数 Liner shipping Connectivity index	0~157.1
			港口基础设施建设 Quality of port infrastructure	1~7
			铺面道路比率 Paved roads（% of total）	
			公路运输质量 Quality of roads	

一级指标	二级指标	取值范围	三级指标	取值范围
基础设施 Infrastructure	运输服务的可获得性和质量 Availability and quality of transport services	1～7	装运的便捷与可购性 Ease and affordability of shipment	1～5
			物流能力 Logistic competence	1～5
			追踪与跟踪能力 Tracking and tracing ability	1～5
			运输的及时性 Timeliness of shipments in reaching destination	1～5
			邮政服务有效性 Postal services efficiency	
			运输方式转换的有效性 Efficiency of transport mode change	
	信息通信技术的使用与可获得性 Availability and use of ICTs	1～7	移动电话拥有量（每100人） Mobile phone subscriptions/100 pop.	
			个人使用网络比率（%） Individuals using Internet	
			固定宽带接入量（每100人） Fixed broadband internet subscription/100 pop.	
			移动宽带拥有量（每100人） Active mobile broadband internet subscription/100 pop.	
			企业间业务往来信息通信技术使用情况 ICT use for business－to－business transactions	
			企业与客户间网络使用情况 Internet use for business－to－consumer transactions	
			政府在线服务指数 Government online service index	0～1

一级指标	二级指标	取值范围	三级指标	取值范围
合作环境 Operating environment	合作环境 Operating environment	1~7	财产保护指数 Protection of property index	1~7
			公共机构效率与责任指数 Efficiency and accountability of public institutions index	1~7
			财政服务指数 Access of finance index	1~7
			外国人参股开放指数 Openness to foreign participation index	1~7
			实体安全指数 Index of physical security	1~7

（三）中蒙两国贸易便利化指数的比较

本书选取全球贸易投资便利化报告中的评估数据为基础，对中蒙两国在不同领域的贸易便利化程度进行比较。GETR（2014）中的指标经调查评分、计算后，统一分值为 1~7 分，1 分为最低分，即便利化程度最低，7 分为最高分，即便利化程度最高。根据世界经济论坛的研究，中国的便利化指数为 4.3，全球排名第54 位，属于中等偏上水平；蒙古国便利化指数为 3.0，全球排名第 130 位，便利化水平较低。如表 5 - 2 所示。

表 5 - 2 GETR（2014）中国与蒙古国贸易便利化指数对比①

指标名称	权重（%）	中国		蒙古国	
		数值	排名	数值	排名
贸易便利化指数	100	4.3	54	3.0	130
市场准入	25	3.1	119	2.9	126
边境管理	25	4.9	48	2.4	137
基础设施	25	4.6	36	3	103
合作环境	25	4.6	37	3.7	105

---

① 数据引自世界经济论坛（World Economic Forum）发布的《全球贸易促进报告 2014》（The Global Enabling Trade Report 2014）。

　　从中蒙两国的贸易便利化指数来看，两国贸易便利化水平都有提升的空间，尤其是蒙古国，在统计的 138 个国家中，排第 130 名，严重制约了中蒙双边贸易的发展。两国与排名第一的新加坡相比，都存在很大差距，如图 5 - 1 所示。从对比结果来看，中国在市场准入上最为薄弱，尤其是国外市场进入存在最多障碍，在交通基础设施的建设、运输服务的提供、边境管理及合作环境上存在一定优势；蒙古国存在的最大问题在于边境管理的效率与透明度、基础设施建设及国外市场进入，相比较而言，在国内市场进入、通信技术与合作环境上，便利化指数稍高一点，但总体上蒙古国便利化水平较低。中蒙两国贸易便利化二级指标的具体情况如表 5 - 3 所示。

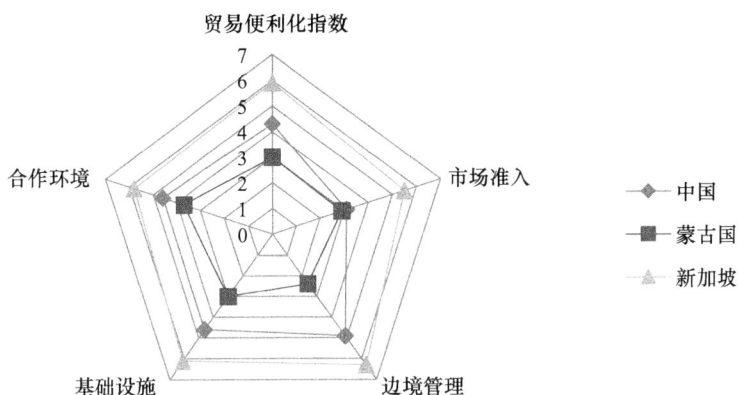

图 5 - 1　中蒙两国与新加坡便利化指数对比

表 5 - 3　中蒙两国贸易便利化二级指标指数比较

二级指标	中国		蒙古国	
	数值	排名	数值	排名
国内市场进入	4.3	98	4.4	92
国外市场进入	1.9	125	1.4	132
边境管理的效率与透明度	4.9	48	2.4	137
交通基础设施的可获得性与质量	5.1	16	2.3	125
运输服务的可获得性和质量	4.8	31	3.0	129
信息通信技术的使用与可获得性	3.7	82	3.8	78
合作环境	4.6	37	3.7	105

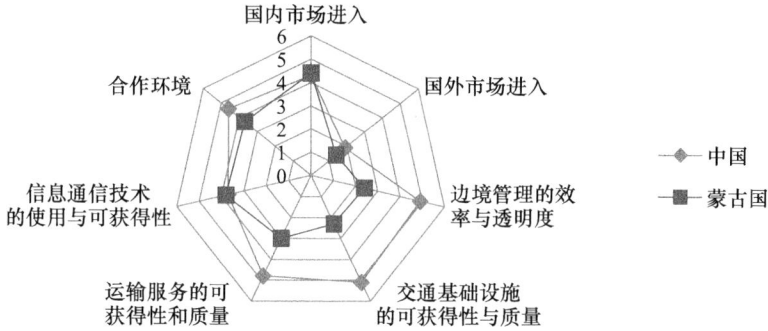

图 5 - 2 中蒙两国便利化指数二级指标对比

我们再从 2012 年和 2014 年发布的中蒙两国便利化指数的数据进行对比发现（如表 5 - 4 所示），中国便利化指数基本都呈现出上升的趋势，也就是说便利化程度不断改善和提高，而蒙古国大多数指标呈现下降的趋势，即便利化水平下降。从排名来看，蒙古国从 2012 年的第 114 位下降至 2014 年的第 130 位，而中国则从 2012 年的第 56 位上升至第 54 位。对于中国来说，总便利化指数提升，便利化程度提高，排名上升，其中边境管理和基础设施建设进步最快，便利化程度得到改善，而市场准入则退步最大，成为制约中国便利化最大的发展因素。对于蒙古国而言，总便利化指数下降，便利化程度恶化，排名下降，所有一级指标均呈现下降趋势，存在较多障碍，如图 5 - 3 所示。

表 5 - 4 2012 年与 2014 年中蒙两国贸易便利化指数对比

指标名称	年份	中国		蒙古国	
		数值	排名	数值	排名
贸易便利化指数	2012	4. 22	56	3. 4	114
	2014	4. 3	54	3	130
市场准入	2012	3. 55	108	3. 52	110
	2014	3. 1	119	2. 9	126
边境管理	2012	4. 42	45	2. 82	118
	2014	4. 9	48	2. 4	137
基础设施	2012	4. 27	48	3. 21	101
	2014	4. 6	36	3	103
合作环境	2012	4. 63	45	4. 06	82
	2014	4. 6	37	3. 7	105

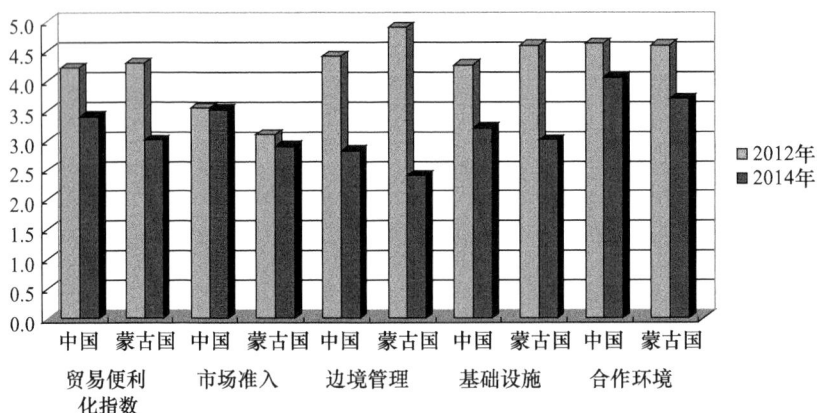

图 5 – 3　2012 年与 2014 年中蒙两国贸易便利化对比分析

1. 市场准入

该指标选用国内和国外市场准入来衡量一个国家或地区的市场保护水平以及出口商在东道国市场所面临的保护水平。这一指标包括了一国的关税和非关税措施，也包括免税进口品的份额、关税方差、关税高峰值频率、不同关税的数量及特定关税的份额。国外市场准入的衡量指标包括东道国的关税水平和目标市场的优惠水平。

表 5 – 5　中蒙两国市场准入指数对比

指标体系			中国		蒙古国	
			数值	排名	数值	排名
市场准入			3.1	119	2.9	126
	国内市场进入		4.2	98	4.4	92
		关税税率（%）	11.1	114	4.6	63
		海关税则的复杂性	6.3	57	6.9	4
		关税方差	7.7	45	0.7	4
		关税峰值	2.3	60	0.2	29
		特定关税份额	0.7	75	0.0	1
		关税种类	106	78	4	5
		进口免税比重（%）	48.1	89	1.4	133
	国外市场准入		1.9	125	1.4	132
		东道国关税税率（%）	5.4	58	5.8	124
		目标市场优惠边际指数	3.5	132	3.2	133

从表 5 – 5 对比分析中蒙两国市场准入，可以看出以下特点：

（1）中国虽在市场准入便利化指标上优于蒙古国，但两国均处于全球低端水平。两国均排在 100 名之后，属于全球落后水平。

（2）中蒙两国国外市场准入便利化指数成为制约两国贸易便利化水平的最重要因素。受全球经济危机、国际贸易保护主义、国内成本上升等因素的影响，中国出口产品进入外国市场的难度与几年前的情况相比加大了。

（3）蒙古国进口关税税率相对较低，海关税则相对简单，便利化优于中国。中国出口产品面临的东道国关税税率相对蒙古国低一些，但中国进口免税比重相对较高。

2. 边境管理

边境管理是衡量一国边境管理效率、通关税收成本、征税过程和过境管理透明度的指标，得分越高代表边境管理效率越高，该评测结果是评测一国海关软环境的指标，包括边境服务指数、清关效率、进口所需天数、进口所需单据数、进口成本、出口所需天数、出口所需单据数、出口成本、进出口非正常支出、进口手续时间预测、海关透明度指数共 11 项指标，如表 5 – 6 所示。

表 5 – 6　中蒙两国边境管理指数对比

指标体系			中国		蒙古国	
			数值	排名	数值	排名
边境管理			4.9	48	2.4	137
	边境管理的效率与透明度		4.9	48	2.4	137
		边境服务指数	0.64	53	n/a	n/a
		清关效率	3.2	38	2.2	121
		进口所需天数	24	91	50	133
		进口所需单据数	5	27	13	137
		进口成本	615	6	2950	125
		出口所需天数	21	90	49	133
		出口所需单据数	8	108	11	136
		出口成本	620	12	2745	127
		进出口非正常支出	3.9	55	3.3	83
		进口手续时间预测	4.5	41	3.0	121
		海关透明度指数	0.90	39	n/a	n/a

随着中蒙经济贸易往来不断加深，口岸的通关能力成为实现中蒙进一步展开合作与交流的第一步。中国与蒙古国之间的贸易往来主要是矿产资源、机械设备、畜牧产品及居民生活用品。这些货物大部分需要大型的运货车辆或铁路来运输。因此，口岸的通关服务能力直接影响着中蒙两国贸易往来的水平。

中国边境管理水平远远高于蒙古国边境管理水平，蒙古国边境管理水平全球排名垫底。中国进口、出口成本均较低，处于全球领先水平；蒙古国与之相反。蒙古国边境服务效率及透明度都比较差。

从数据分析来看，中蒙两国通关能力都需进一步提高。据介绍，中蒙两国边界开放有18对口岸，其中，二连浩特口岸是中蒙最大陆路口岸，扎门乌德口岸是蒙中最大陆路口岸。扎门乌德口岸每年从4月开始客运量、货运量大幅增加，每天过境人数达8000人次左右，交通工具1500辆，到了货运高峰期延误时间在20天左右，通关效率极其低下。二连浩特的情况好于扎门乌德，但仍存在一些问题。首先，二连浩特口岸的所谓24小时通关是不完全的。据实地调查了解，二连浩特口岸只有铁路的二连浩特站实现了24小时通关，其他部门如海关、银行等均没有实现24小时的工作制。由于这些部门晚上不处理相关业务，使得有需要办理报检、报关、接受检验和缴纳各种费用的货主必须等到次日办理，导致当日货物堆积，不能够当日发货，延长货物停留时间平均达到14~17小时，严重地制约了铁路口岸的通关效率。

近些年来，随着中蒙贸易日益活跃，扎门乌德至二连浩特进出货运量和出入境人数快速增长，口岸拥堵日益突出，严重制约了中蒙两国贸易。

中国对蒙古国开展业务的企业经营规模较小，只能实现多家企业申报一整列车皮。据统计，二连浩特市有90%的对外贸易企业属于小规模经营企业，这些小企业没有能力申请一整列货物，时常是多家小企业联合申报一列车货物。但是由于各企业的申报时间、进出口产品种类及车皮流向不同，导致货车的换装、排空、编组等方面运作时间长，货车到达宽轨现场的通关换装速度慢。二连浩特口岸通关能力方面存在的问题，在一定程度上代表了其他对蒙口岸存在的问题，反映了目前内蒙古自治区对蒙古国口岸通关能力不足的现状。

3. 基础设施建设

交通和通信基础设施是衡量所在国与贸易有关的交通运输、通信设施的质量。基础设施指标可以细分为交通基础设施的可获得性和质量、交通服务的可获得性和质量、通信网络的可获得性三个指标，用以衡量一国包括航空、铁路、公路等各种运输方式的质量，运输部门的服务、运力、开放程度，一国移动通信、互联网、电子商务的普及率及政府网上效率，具体指标分析如表5-7所示。

表 5 - 7　中蒙两国 2014 年基础设施指标数值及排名

指标体系		中国		蒙古国	
		数值	排名	数值	排名
基础设施		4.6	36	3.0	103
交通基础设施的可获得性和质量指标		5.1	16	2.3	125
	航空运输密度	3452.7	6	24.8	110
	航空运输基础设施质量	4.5	60	3.2	118
	铁路运输基础设施质量	4.7	19	2.6	62
	班轮运输联通性指数（0～157.1）	157.5	1	n/a	n/a
	港口基础设施建设	4.5	54	2.6	131
	已建工路的覆盖率（%）	53.5	65	9.7	128
	公路运输质量	4.5	50	2.3	132
交通服务的可获得性和质量		4.8	31	3.0	129
	海运的便捷性和可提供性（1～5）	3.5	22	2.6	107
	物流能力	3.5	35	2.3	121
	追踪与跟踪能力	3.5	29	2.1	134
	运输的及时性	3.9	36	2.5	134
	邮政服务有效性	4.8	57	3.0	121
	运输方式转换的有效性	4.6	40	2.9	121
通信网络的可获得性 ICTs 指标		3.7	82	3.8	78
	移动电话拥有量（每 100 人）	80.8	108	120.7	44
	个人使用网络比率（%）	42.3	73	16.4	102
	固定宽带接入量（每 100 人）	12.7	48	3.8	81
	移动宽带拥有量（每 100 人）	16.9	72	18.2	71
	企业间业务往来 ICTs 使用情况	4.9	64	4.6	84
	企业与客户间网络使用情况	5.1	40	4.3	78
	政府在线服务指数（0～1）	0.53	59	0.59	44

（1）蒙古国基础设施建设严重落后，不能与中方对等发展。蒙古国的基础设施建设还不完善，交通设施明显滞后，铁路通道能力发展不足。蒙古国是内陆国家，没有港口，运输只能靠铁路和公路，有些路段自改革开放以来，已经陈旧多年，存在很多安全隐患。

蒙方口岸的基础设施由于对铁路基础设施长期投入不足，设备严重老化，牵引动力和车皮数量不足，运输速度慢、运量小、运输成本高，影响铁路口岸货运量的增长；在公路运输方面，乌兰巴托至扎门乌德"千禧公路"启动十几年至今尚未全线贯通。蒙方口岸基础设施薄弱，接收能力低，客货通道未实现分流，而且车辆均在卡口处查验，导致车辆不能及时放行，中蒙之间公路车辆经常滞留，严重降低了口岸通关疏运效率。

蒙古国发往中国的车皮数量和中国国内发往口岸的空车皮的数量不足，导致二连浩特口岸大量货物滞留。煤炭、铁矿石等货物进口车皮需要先由中国国家铁道部向蒙古国铁路局下达车皮计划后，再由蒙古国铁路装运，由于铁路车皮的计划不够，限制了煤炭和铁矿石的运输。另外，由蒙古国进口的木材、铁矿石等货物需要通过国内铁路运输，申请国内车皮要提前向呼和浩特铁路局申请，由于呼和浩特铁路局发往二连浩特口岸的空车皮不充足，使得二连浩特口岸的一部分加工产品不能及时向外运输，这也往往使得大量货物滞留在二连浩特口岸，严重影响了口岸的通关效率。

扎门乌德口岸目前是蒙古国基础设施条件最好的口岸，过去，由于蒙古国经济发展水平有限，对口岸投入不足，导致与中国对应口岸的基础设施建设严重落后，与中国一方的口岸相比较存在明显的差距。蒙古国其他一些口岸到目前为止仍没有实现全线通电、通讯、通路。据了解，目前蒙古国全国公路总里程中柏油路仅占总公路的22%，沙路仅占总公路的30%，仅有一条铁路贯穿蒙古国南北方向。落后不便的交通运输严重制约了口岸经济的发展，使得通过蒙古国口岸的通关能力和运输能力大打折扣。虽然近几年蒙古国方面十分重视口岸的建设利用，蒙古国总统、总理也亲自考察过扎门乌德等口岸。蒙古国政府2013年还实施了"新型苏木（县）建设"项目，加大对扎门乌德口岸社会事业发展和基础设施建设投资力度。但是，使口岸的基础设施得到充分的改善还得等待一些时日。

（2）中方基础设施建设取得一定发展，但仍需完善。随着"向北开放战略"的实施，国家、自治区政府和口岸所在地的地方政府积极投入资金建设口岸，口岸建设也得到了一定发展，口岸规模已经基本形成。从中蒙口岸建设的整体情况来看，各主要口岸的基础设施建设近年得到长足发展，但配套设施建设还不完善，不能够满足现代化口岸的多元化、多功能服务的需求。

在内蒙古自治区对蒙古国口岸中，常年开放的口岸如二连浩特、甘其毛都、策克、珠恩嘎达布其等口岸已经实现了"四通"，即通水、通电、通讯、通路，基础设施得到很大改善。但是在口岸道路基础设施建设、物流园区场地建设、货物检验设备及换装设施等方面存在很多问题。以二连浩特口岸为例，近年来，内蒙古自治区二连浩特市对口岸基础设施建设工作非常重视，相继开通运行了一批关系到口岸长远发展的项目，如公路口岸货运新通道、二连浩特机场等，但与口岸贸易和经济发展相比，仍存在较大差距。前后方疏运通道不畅，口岸道路基础设施建设不完善仍是制约口岸经济发展的最大瓶颈。在铁路运输方面，目前，连接二连口岸的二连浩特—集宁铁路为单线铁路，尚未实现电气化，运输速度慢，自备车皮少，二连浩特口岸发往国内车皮流向严重不足，造成铁路口岸站场货物大量积压滞留；锡林浩特—二连浩特铁路、二连浩特—满都拉口岸铁路的建设需要政策上、资金上的支持。另外，二连浩特市跨境运输车辆较少，不能满足实际需求。除此之外，基础设施的配套建设还存在一些问题。具体来说，一是铁路口岸方面缺少大型的封闭式检验场地、大型货物装货场、危化品换装设施、物品防护设施等物流配套设施。由于缺少危化品换装设施，铁路口岸液化产品换装线单一，不具备危化产品换装的资质条件，使得二连浩特口岸不能展开从俄罗斯进口化工产品和向蒙古国出口炸药等业务往来。同时由于缺少防护设施，没有建设科学合理的安全封闭区域，现场管理不严格，人员出入不受限，使得货物安全性受到威胁，丢失货物的现象时有发生。二是公路口岸方面缺少统一规范的交通运输工具，蒙古国的运输车辆常有私自改装、一车配备多套车牌等现象，这些都增大了口岸检查放行和核对货证的难度，使得货车拥堵，通行速度减慢。这些基础设施配套建设的落后现象，导致中国与蒙古国货物发送、货物换装等方面能力不能完全适应进出口需求，不能够充分发挥二连浩特口岸的过货能力。

4. 合作环境

商业合作环境是衡量所在国与贸易有关的政策法规、法制建设等的质量，包括规制环境指标，即一国规章制度对贸易的影响；政府管理质量，对外国参与的开放程度如雇佣外籍人员的难易程度；一国政策对外来投资的鼓励程度，贸易融资的可获得性；一国签署多边贸易条约的数量等；实体的安全性指标，即货物安全到达无犯罪、无暴力，各种警力在保证货物安全方面的有效程度等。具体指标分析如表5-8所示。

表5-8 2014年中蒙两国商业环境指标分数与排名对比

指标体系	中国		蒙古国	
	数值	排名	数值	排名
商业环境	4.6	37	3.7	105
财产保护指数（1~7）	4.3	46	3.0	116
财产权	4.6	48	3.6	101
智力财产保护	3.9	48	2.5	124
公共体系的责任性及效率指数	3.8	49	2.8	118
商业纠纷法庭裁决的效率和公正	1.5	100	1.5	100
公共基金转移	3.9	41	2.4	110
遵守政府规制的容易性	4.3	14	2.9	109

指标体系		中国		蒙古国	
		数值	排名	数值	排名
财政使用权指数		4.1	42	3.0	118
	财政服务的可提供性	4.4	49	3.6	108
	财政服务的可获得性	4.5	66	3.6	115
	贷款使用权的容易性	3.4	30	1.7	132
	贸易财政的可获得性	4.3	37	3.1	109
外国人参股开放指数		5.1	5	4.0	100
	雇用外国劳工的容易性	4.6	20	3.3	121
	FDI 规则的商业影响	4.8	43	4.1	100
	多边贸易规则的开放性（1~100）	85.8	5	68.1	56
实际安全指数（1~7）		5.6	63	5.4	76
	警察服务的可靠性	4.4	55	3.7	91
	应对犯罪和暴力的商业成本	4.8	61	4.7	64
	应对恐怖主义的商业成本	5.0	89	5.8	45
	每10万人中杀人犯数量	1.0	27	9.5	99
	恐怖主义事件指数（1~7）	6.5	114	7.0	1

从世界银行评估的结论看，中国的商业环境排名终于超越了越南、俄罗斯、韩国和阿根廷等国家，是全球改进最快的四个国家之一。从贸易便利化指数中的商业环境指数来看，中国 2014 年排名第 37 位，相比 2012 年的第 45 位，上升了 8 位。然而，在商业环境的改善方面，中国改革的进展还十分不均衡，很多领域还存在着令人不满意的地方。比如应对恐怖事件的成本较高、法庭裁决缺乏公平性等。蒙古国的商业环境排名相对于其他方面的排名较前，位居全球第 105 位，但相比 2012 年的 4.06 分，排名第 82 位，下降了很多。由于 2012 年世界经济论坛发布的《全球贸易便利化报告》与 2014 年发布的报告中，很多统计指标发生了变化，所以很难进行比较。在蒙古国商业环境中，只有恐怖事件指数排名全球第一，得到了 7 分满分，但是其他方面相对较差。

（四）提升中蒙贸易便利化的对策分析

1. 中蒙通过援建协议，提高蒙古国口岸通关疏运能力

1956 年，中蒙俄国际联运铁路正式开通。2012 年，中蒙达成援建协议，中方投资 1300 万元人民币，建成 1.15 公里能行驶载重 30 吨货车的货运专用线。

2012 年，中蒙国境二连浩特—扎门乌德铁路宽轨二线开通，成为第二条连接中蒙国境的铁路线，有效提升了两国口岸的吞吐能力。

这些举措虽然有助于两国通关能力的加强，然而，随着两国之间口岸运输量还会不断增加，一方面要增加铁路与公路的修建，另一方面要提升两国后方通道能力建设的配套水平。目前，两国正在修建甘其毛都—噶顺苏海图，策克—西伯库伦铁路口岸，2020 年蒙古国对中国口岸出口有望达到 1 亿吨。

2. 加强基础设施建设，深化交通合作

由于蒙古国地域辽阔、人口稀少、经济发展水平相对不高，导致基础设施陈旧和落后，运输不足依然是制约双方开发与合作的瓶颈。因此，应加快中蒙边境口岸基础设施建设，特别是铁路口岸建设，尽快解决影响区域经贸合作的瓶颈，加快推进口岸基地一体化建设，并且深化双边交通运输合作，发挥区域运输网络最大效应。双方应加强合作，统一跨境运输协定，减少非物理障碍。

3. 加强政府主导作用，强化政府推力

目前，制约中蒙次区域经济合作往来的因素众多，但比较突出的因素主要表现在双方缺少共识、缺乏长远规划，双边难以达共识，导致双边基础设施投入和建设不够积极，制约了双边经济合作水平的进一步发展。解决上述问题，需要依靠政府的主导作用。因此，一是加强国家层面的交往，尽快达成共识。二是建立双边交往长效机制，尽快形成宏观、长远规划。三是发挥地方政府作用，大力支持和鼓励企业、民间组织或个体开展多形式、多方位的合作与交流。

4. 健全法规和制度，改善合作环境

随着中蒙两国经济的不断发展，双方经贸合作需求也开始向多层次、多领域转移。但是，蒙古国正处于向市场经济的转轨中，政治、经济环境欠佳，政府效率不高，法律、法规、制度不健全以及社会投资软环境不佳，在一定程度上形成了贸易和投资的障碍，阻碍了双方经济合作的深入开展。因此，通过完善法律法规，约束企业行为，避免不良行为，增强双方互信，改善合作软环境。

5. 推进机构建设，发挥信息平台作用

中蒙两国也应建立专门研究两国基本情况和经济发展趋势的机构，建立信息平台，为两国投资者和贸易商提供比较准确、可靠的信息，从而提高互信度、减少风险。蒙古国与中国各地方政府应该建立良好的沟通交流方式，建立信息发布与交流平台，定期召开相关会议，规划发展计划与方式，提供高层交流会晤机制和平台。建议成立"次区域政策委员会"，便于次区域经济贸易合作，积极提供促进两国次区域经济发展的各种政策环境。

6. 积极开展边界互贸，建立自由贸易区

区域经济一体化是当今世界经济发展的重要趋势之一，通过建立各种优惠的制度安排，寻求更大的经济利益已成为多数国家的重要政策选择。中蒙两国应该充分利用地缘优势、人文优势和经济互补优势，积极探讨开展边界互贸活动。按国际惯例，以两国边境城市为依托，在边境地区设立对应的互贸区是利用国内外资源和市场，扩大对外贸易，提升产业结构和贸易结构、发挥示范和辐射作用的最好途径之一。中蒙两国开展边界互贸，建立自由贸易区来降低关税，减少通关手续，创造就业机会，增加外汇收入，引进国外资本、先进技术与管理经验，促进边境地区经济发展，减少两国贸易受国际环境的影响。

二、中国对蒙古国直接投资存在的问题及对策分析

（一）蒙古国投资环境

1. 蒙古国自然环境

蒙古国位于亚洲的中部，南部与中国相邻，北部与俄罗斯接壤。国土总面积156.4万平方公里，东西最大跨度大于2200公里，南北最大跨度大于1100公里，人口约300万，是世界上第二大内陆国家。全国划分为21个省和一个直辖市，首都乌兰巴托。

从气候上来说，蒙古国属于典型的大陆性气候，四季分明，降水集中。从地理条件来看，具有"西高东低，北林南漠"的特点，草原、半荒漠草原占国土面积的大部分。蒙古国的地形地貌较为复杂，构成了非常独特的生态环境，且为多种多样的动物和植物的生存提供了特殊的外界环境，因此，蒙古国境内的植物和动物资源特产种类繁多。

蒙古国的自然资源可分为如下三类：①地上资源。高于全世界平均水平的太阳能和风能资源。②地表资源。较丰富的森林和草原资源，土地资源和野生动植物资源。③地下资源。现已探明的包括铜、银、金、铀、锌、稀土、铁、萤石、磷、煤、石油等八十多种矿物产品。其中煤蕴藏量约1623亿吨、萤石蕴藏量3000万吨、铁蕴藏量20亿吨、磷57亿吨、黄金约为3400吨、银初步探明储量为2480万吨、石油储量为3.3亿吨。因此，蒙古国是一个资源大国，对于外来投资者具有强烈的吸引力。另外，蒙古国属于贫水的国家，水资源只占世界的十万分之四，戈壁地区严重缺水，人均水资源只有1~3立方米，相当于世界水量人均值约1/9。

2. 蒙古国经济环境

（1）经济状况。蒙古国曾长期实行计划经济，自1991年进行经济体制改革，向市场经济过渡，国有企业大部分实行了民营化。现在蒙古国是一个以私有制为

主的开放的市场经济国家。20 世纪 90 年代初，随着财产私有化、物价放开、外贸开放、改革银行体制等重大措施的实施，蒙古国经济曾一度连年下降，在 1994 年控制了经济下滑的局面。从 1994 年到 2002 年经济开始回升，但增长速度比较慢，2002 年后经济迅速回升，如表 5 - 9 所示，实际 GDP 从 2008 年的 29.6 亿美元增加到 2013 年的 115.4 亿美元，年均增长 31.3%。人口基本保持在 300 万之内。人均国民生产总值从 2008 年的 1921 美元增加到 2013 年的 3937 美元，人均GDP 提高意味着蒙古国人民购买力、生活水平提高。邻国中国和俄罗斯的经济波动会传导到蒙古国，中国的人民币升值、物价上涨等已经对蒙古国物价上涨产生了一定的影响。更广泛的影响来自国际市场铜、金等金属价格波动，美国次贷危机，国际金融市场动荡等，这些因素对蒙古国的经济发展产生着不同的影响。蒙古国外贸总额出现增长趋势，从 2008 年的 57.79 亿美元增加到 2013 年的 106.3 亿美元，年均增长 13%，外汇储备也是增加的。蒙古国曾经出现过严重的通货膨胀，近几年通货膨胀基本保持在 10% 左右，美元对图格里克汇率也由 2008 年1 美元兑换 1267 图格里克增加到 2013 年 1 美元兑换 1675 图格里克，可见，蒙古国出现货币贬值、物价上涨的局面。

表 5 - 9　2008 ~ 2013 年蒙古国相关经济指标单位

主要指标 \ 年份	2008	2009	2010	2011	2012	2013
实际 GDP（亿美元）	29.6	29.1	60.8	78.8	103.3	115.4
人口（万人）	268.3	273.7	275.5	283.4	286.9	293.1
人均 GDP（美元）	1921	1552	2470	2781	3482	3937
外贸总额（亿美元）	57.79	40.34	61.77	114.2	111.2	106.3
外汇储备（亿美元）	6.567	11.45	20.9	24.57	36.29	11.93
通货膨胀率（%）	22.1	4.2	13	9.2	14.3	10.5
汇率（美元/本币）	1267	1442	1358	1374	1396	1675

资料来源：商务部．对外投资合作国别（地区）指南（2014 版）．2014：12 - 13.

（2）基础设施。蒙古国经济总量较小，财力有限，交通、医疗卫生、文化等基础设施和公共服务领域较为落后。银行系统也略显落后，不能完全适应市场发展需求。目前蒙古国水、电、暖供应系统不够完善，还没有完全覆盖到全国各地，在一些偏远地区和部分牧区还未建起水、电、暖系统。蒙古国的公共医疗设施也非常落后，低收入群体和偏远地区的群众得不到应有的医疗服务。

蒙古国公路网总长为 20 万公里，但只有 1250 公里为硬化路面。多数路面仍为砂石或自然路。蒙古国现有铁路 1815 公里，连接首都和各个矿点以及中国和俄罗斯。全国货运量的 3/4 和客运量的 1/3 依靠铁路运输。由于中蒙两国铁路轨距不同，运至边境的货物需要换装，既延长了运输时间，同时也增加了中蒙两国的贸易成本。

蒙古国为内陆国家，对外没有出海口，因此只能通过铁路与俄罗斯的圣彼得堡、纳霍德卡和中国的天津三大港口相连接。在蒙古国境内，库苏古尔湖和色楞格河下游有少量水运。空运主要在远途客运方面起着重要作用。

近几年来发展最快的是移动通信行业，目前已基本覆盖了所有省会城市。城市家庭成员几乎人人都有手机。

3. 政治环境

自 1990 年以后，蒙古国开始进行政治体制改革，由原来一党专政转变为现在的多党制，实行多党民主共和制度，设立议会即国家大呼拉尔，本届大呼拉尔于 2012 年 6 月产生，议会委员共有 76 名，都是由民众选举产生或者是党派推选出来。此外，蒙古国实行的是三权分立制度，国家大呼拉尔行使国家最高的立法权，总统行使最高行政权，最高法院享有司法权。虽然各大党派之间为了党派利益竞争比较激烈，矛盾冲突复杂，但都是在国家的合法范围之内，不影响国家的政治走向。另外，蒙古国一直注重民众的生活状况，采取各种民生措施提高人民的福利待遇，这在一定程度上也缓解了人民对国家的不满意。因此，实行符合国家实际情况的政治体制并且维护广大人民的根本利益，才能稳定国家的政治环境。

4. 法律环境

（1）投资法。蒙古国《外商投资法》最初于 1991 年颁布，1993 年、2001 年、2002 年、2012 年和 2013 年五次对该法进行了修改。修改法律的目的是减少海关关税，简化外商投资注册登记手续，扩大和巩固支持投资的力度，吸引大型投资者，进一步改善外商投资环境。新《投资法》主要有以下几方面内容：第一，简化了外企登记、注册、审批等方面的手续。第二，国有企业投资蒙古国矿业、银行、通信及新闻媒体等行业，控股比例超过 33%，经蒙古国政府主管部门审批即可，无须再提交议会审批。第三，蒙古国还将通过税收来调控外商投资方向，投资超过 150 亿图格里克（约合 900 万美元）的外国企业可享受到四项税收稳定优惠。蒙古国将本国划分为首都乌兰巴托、中央区、东部地区、西部地区以及山区五大投资区域。例如，外资企业若在首都乌兰巴托投资 3000 亿~5000 亿图格里克（约合 1.8 亿~3 亿美元），可享受 10 年税收稳定期，而若在中央区和西部区域投资相同金额，税收稳定期可延长到 11~13 年。第四，除蒙古国法律禁止从事生产和服务行业以外，都允许外国进行投资，蒙古国明令禁止的是麻醉品、鸦片和枪支武器生产。

（2）优惠政策。蒙古国为了鼓励企业到蒙古国投资，采取一系列优惠政策。第一，蒙古国政府给予投资者包括税收和非税收两个方面优惠。在税收方面，给予减税和免税政策，例如在电厂和基础设施建设方面给予减税和免税的政策；在非税收方面，允许以合同占有、使用土地长达 60 年和扶持科技创新项目融资等。第二，蒙古国没有特别针对行业和地区的鼓励，但是在税收稳定方面，对矿业开采、重工业、基础设施具有一定倾斜，在杭爱地区、东部地区、西部地区和中部地区给予一定优惠政策。第三，对于在自由经济区内投资给予一定优惠政策，例如，对在 2014 年 6 月 22 日运营的阿拉坦布拉格自由贸易区内投资企业享受五免三减半的政策。

（3）劳动法。蒙古国失业率较高，为了限制外国劳务在蒙古国工作，蒙古国一方面实行严格的劳务许可制度，并规定企业雇用外来劳务收取岗位费的政策，外籍劳务岗位费是蒙古国最低工资的 2 倍，目前为 28.08 万图格里克（折合 1000 元人民币），矿业领域外籍劳务岗位费是蒙古国最低工资的 10 倍，即 140.4 万图格里克（折合 5000 元人民币每年）。另一方面，蒙古国政府限制了外国劳务比例，规定企业员工中的外籍人员不得超过 10%。这项规定增加了企业管理负担，使投资规模较大与人力资源供应不足的矛盾更加突出，企业规模扩大却不能雇用足够劳动力来满足企业需要。这对于劳动密集的矿山开采业和建筑业来说，无疑造成严重的影响。

（二）中国对蒙古国直接投资现状

1. 中国对蒙古国直接投资数额整体呈增长态势

近几年，随着中蒙政治关系不断升温，以及"一带一路"战略的提出，激励更多的中国企业进入蒙古国进行矿产开发活动。如表 5 - 10 所示，从流量的角度来看，中国对蒙古国对外直接投资流量从 2005 年的 5234 万美元增加到 2013 年的 38879 万美元，中国对蒙古国对外直接投资流量占中国对外直接投资流量的比重基本保持在 1% 以下；从存量的角度来看，中国对蒙古国的投资存量从 2005 年的 13063 万美元上升至 2013 年的 335396 万美元，平均每年增幅为 30%，占中国对外直接投资存量比重基本维持在 0.5% 左右。可见，中国对蒙古国投资总量增加，但是比率基本变动不大。

表 5 - 10　2005 ~ 2013 年中国对蒙古国直接投资情况

年份	中国对外直接投资流量			中国对外直接投资存量		
	中国对外直接投资总额（亿美元）	中国对蒙古国		中国对外直接投资存量总额（亿美元）	中国对蒙古国	
		投资额（万美元）	比重（%）		投资额（万美元）	比重（%）
2005	122.6	5234	0.43	572	13063	0.23
2006	211.6	8239	0.39	906.3	31467	0.35

续表

年份	中国对外直接投资流量			中国对外直接投资存量		
	中国对外直接投资总额（亿美元）	中国对蒙古国		中国对外直接投资存量总额（亿美元）	中国对蒙古国	
		投资额（万美元）	比重（%）		投资额（万美元）	比重（%）
2007	265.3	19627	0.74	1179.1	59217	0.5
2008	559.1	23861	0.43	1839.7	89556	0.49
2009	565.3	27654	0.49	2457.5	124166	0.51
2010	688.1	19386	0.28	3172.1	143552	0.45
2011	746.5	45104	0.6	4247.8	188662	0.44
2012	878	90403	1.03	5319.4	295403	0.56
2013	1078.4	38879	0.36	6604.8	335396	0.51

数据来源：商务部，国家统计局，国家外汇管理局.2013年中国对外直接投资统计公报［M］.北京：中国统计出版社，2013：137－139.

2. 矿产资源是中国对蒙古国直接投资的主要行业

矿产资源是世界都需要的资源，并且矿产开发是高利润的行业，是中国投资者投资的主要行业，服务业、建筑相关行业、畜产品加工等行业的投资与之比较就显得非常冷淡。中国对矿产资源需求大且开采技术先进，而蒙古国具有丰富的矿产等待开发，中蒙两国在矿产资源行业具有一定互补性。把开发的资源运回本国，进行工业生产，因此，中国的投资者在各种便利条件以及利益的驱动下想方设法到蒙古国进行投资活动。2008～2013年，中国企业对蒙古国主要行业的资本投资累计情况如下：矿产行业占67.3%，贸易及餐饮业占20%，建筑相关行业占4.4%，其他领域的投资资本占5.1%。

3. 中蒙合资成为中国对蒙古国直接投资的主要方式

中国对蒙古国直接投资的方式有很多种，但是出于对规避风险的考虑，中国大多数的投资者在实施投资前往采取与当地的优势企业进行强强联合，走合资的道路。中国企业大都抱怨蒙古国的投资政策不稳定，这使得很多外商因不能够及时掌握投资政策的变化情况，面临遭受损失的风险。因此，中国投资者在对蒙古国进行直接投资时大部分选择合资的方式，以此来降低投资风险。据相关统计，到2013年为止，在蒙古国进行直接投资的112个国家和地区中，登记注册的外资企业共有12764家，中国企业有6225家，占外资企业总数的48.8%，而且这些企业大部分都是合资企业。

4. 国有企业成为中国在蒙古国直接投资的投资主体

近年来，中国与蒙古国的政治关系开启了新的时代，政治关系的缓和将激励更多的中国投资者走进蒙古国。中国企业在蒙古国从事矿产开发的大多属于国有企业，这些国有企业在资金、技术、设备、人才等方面具有相当的优势，它们在国内往往也是重要的能源企业，控制着中国的经济命脉，然而在经济发展的趋势下，它们不可能只依赖国内的资源开发，它们也需要国外广阔的资源市场，需要"走出去"。这些地区主要是距离蒙古国较近，且工业水平处于快速发展中，对矿产资源的需求量大，于是在响应国家的号召下，企业积极"走出去"。如表5－11所示，2013年在蒙古国直接投资前8位较大的国有企业中，5个企业都是国内能源资源行业领军企业。

表5－11　2013年在蒙古国直接投资的前8位较大的国有企业

序号	公司名称	序号	公司名称
1	中国有色金属建设集团公司	5	江西铜业集团
2	首钢集团	6	神华集团
3	包钢集团	7	鲁能集团
4	中国铝业集团	8	中国石油大庆油田集团

资料来源：中华人民共和国商务部，www. mofcom. gov. cn。

（三）中国对蒙古国直接投资存在的问题

1. 蒙古国投资环境多变，企业投资风险加大

蒙古国在进行市场经济体制改革后，经济发展得到一定程度的改善。但是，蒙古国各个方面都还很落后，与其他国家存在很大的差距。蒙古国矿产资源丰富，由于开采技术和设备落后，为实行矿业兴国的策略，制定了一系列的投资政策吸引外国投资者到本国进行资源的开发活动。但是，蒙古国的投资政策存在多变性，中国企业缺乏对蒙古国投资政策变化的了解，导致中国企业在进行资源开发活动时遭受挫败。在《矿产法》方面，1997年通过《矿产法》，2006年修改《矿产法》、2014年4月，蒙古国矿产部向大呼拉尔主席提交《矿产法》修订草案。在《投资法》方面，从1993年到2013年蒙古国对投资法做了多次调整，从2012年到2013年就进行了两次调整。另外，蒙古国政府政权存在不稳定性，存在更迭可能性。中国的投资者可能无法及时了解政策变化，就不会采取相应的补救措施或者是根本来不及采取补救措施，利益的损失就已经造成，这种投资政策的不稳定性给中国企业的直接投资带来了根本性的影响，迫使中国企业在投资时不得不慎重而行。

2. 投资结构以矿产资源为主，投资范围小

蒙古国矿产资源丰富，包括铁、铜、煤、石油等资源，这些都是经济发展需要的重要资源，各国都竞相到蒙古国投资开发这些战略资源，来满足本国的需要，所以形成各国在蒙古国的直接投资主要以矿产资源为主，其他行业经营活动占比重相对低。中国还是个发展中国家，目前主要以工业发展为主，发展工业就需要丰富的能源支撑。目前，中国虽然拥有大量的资源，但是人均资源占有量少，不能够满足国内庞大的市场需求，只能寻求海外的资源供应，蒙古国与中国相邻，且资源丰富，于是就成为中国寻求资源合作的战略伙伴，在中国积极鼓励企业"走出去"的背景下，中国企业纷纷到蒙古国进行直接投资，开发当地的矿产资源，而忽略了对其他领域的投资，如建筑业、畜产品加工业、服装业以及金融服务业等领域。2003年，中蒙两国高层领导定期会晤，为两国的投资合作进行了产业结构以及区域结构调整，中国政府大力支持和鼓励中国企业对除了矿产领域以外的行业进行投资。但是，从2008年到2013年，中国对蒙古国投资行业分布来看，中国在蒙古国矿产资源投资占到一半以上。

3. 受蒙古国《劳动法》限制，企业面临劳动力短缺

蒙古国是一个失业率较高的国家，对《劳动法》条款限制比较苛刻。蒙古国2003年修订的《劳动法》对蒙古国劳动者在签订、解除劳动合同，劳动报酬，最低工资标准都有明确的规定，例如，目前最低工资标准是14.04万图格里克，法定工作时间是8小时，连续两天加班时间不能超过4小时等。对于外国人在蒙古国工作同样具有严格的规定，例如，需要颁发劳务许可，需要缴纳岗位费等。一方面，蒙古国人口稀少，劳动力短缺，尤其是专业技术人才急缺，比如矿产领域、自动化机械、建筑等方面，无法满足蒙古国经济迅速发展的需求；另一方面，蒙古国《劳动法》规定比较严格，加上蒙古国政府制定的关于外资企业限制劳务比例的规定和强行要求外资企业招纳一定比例的蒙古国员工，为蒙古国解决就业问题，中资企业面临招不到合适蒙古国员工的两难选择。近几年，中资企业或者中国的承包商在蒙古国雇用中国非法劳工，将受到蒙古国政府和中国政府的双方面惩罚。

4. 蒙古国基础设施建设落后，增加投资难度

蒙古国主要以游牧生活为主，受传统因素影响深，受基础设施建设投入的资金不足、劳动力不足和技术落后等因素的影响，基础设施发展得相当缓慢，这严重阻碍了经济发展，甚至使其停滞不前。近年来，蒙古国在交通运输、水电设施、通信等方面有所进步，但仍不能覆盖所有的人口区域，满足不了人们的生活需求和经济发展的需要。蒙古国目前的铁路全长1800多公里，仅为蒙古国运输总长的2%，却承担着蒙古国大部分货运量和客运量的需求，蒙古国的主要铁路干线仅有四条，而且都是单向运输的铁路，与中俄两大邻国，相去甚远；截止到2012年底，蒙古国全国公路总里程为49250公里，分为三类：国家级公路、地方公路、单位自用路。国家级公路为11218公里，其中仅有2395公里的柏油路面。

蒙古国铁路标准和中国铁路标准不同导致企业的运输时间和成本增加。假如只依靠投资企业去修建和改善蒙古国的交通，会大大增加投资企业的开发成本，很多投资企业不愿承受。另外，蒙古国在水电设施、通信等方面发展也不足，很多地方严重缺水，对矿产资源开发产生很大影响，中国企业还得花巨资开发水资源。这些因素的存在都会打击中国投资者的信心和增加投资者的投资成本。因此，面对蒙古国基础设施落后的环境，很多投资者都还会有许多顾虑。

（四）中国对蒙古国直接投资的对策建议

1. 投资企业应灵活应对蒙古国的政策变化

基于蒙古国政策方面的多变性，投资企业应该了解政策、法规变化，保护相关利益者的合法权益。因此，中国企业在蒙古国进行矿产资源直接投资时，应注意蒙古国矿产资源投资政策、法律法规的变化。例如，蒙古国议会于2014年7月1日通过了《蒙古国矿产资源法》修正案，对2006年《蒙古国矿产资源法》进行了修订，修正案增加了13个新的条款，并对《矿产法》现有的多个条款进行了修订，目的是改善有关矿业的现有法律框架。新旧《蒙古国矿产资源法》有很多变化，例如，在勘探许可证方面，政府作废了禁止颁发新勘探许可证的规定，恢复了勘探证的发证工作；在许可证撤销条款方面，原矿产资源法中规定只要未在规定期限之内缴纳年检费则一律撤销许可证，本次放宽了条件，设定了30天的逾期期限等。因此，中国企业在对蒙矿产资源开发过程中应全面、充分了解蒙古国《矿产法》的变化情况，灵活应对，减少开发过程中的摩擦。

2. 调整投资结构，扩大投资范围

目前中国企业在蒙古国从事的行业主要是资源开发，在很大范围上忽略了制造业、建筑业、服务业、旅游业的发展。由于我国经济实力和技术条件相对日本、美国、俄罗斯等国家还存在一定的差距，中国企业要想在蒙古国的直接投资中保持可持续发展和高投资效益，就必须根据蒙古国经济发展需求以及结合中国经济发展的优势条件，适时扩大中国企业在其他方面的投资资本，从而优化投资结构，如中国企业可将投资方向转向蒙古的建筑、畜产品加工、日常生活用品生产等方面。这主要是因为蒙古国国内加工制造技术比较薄弱，各类日常产品无法满足人民的需求，而中国加工制造技术相对比较发达，并且中国国内加工制造企业竞争相对激烈，对此中国企业可考虑到蒙古国进行投资设厂，这可以降低销售成本。此外，据相关统计，蒙古国80%以上的人口都居住在城市中，而城市建设与规划比较落后，有待进一步完善和发展，这就使得与建筑相关的行业存在巨大的发展潜力，是个很好的投资机会。总之，中国企业不要都挤向矿产资源开发的项目中，要适当地将眼光投向蒙古国存在巨大潜力的投资项目上，以实现中

国企业对蒙古国直接投资的全面化。

3. 加强相关行业跨国人才的培养，选择合法渠道出国

目前鉴于蒙古国劳动力短缺，尤其是专业技术人才急缺的现象，相关部门应加强社会紧缺岗位的跨国人才培养，重点培养目前蒙古国市场缺乏的人才，如矿产、石油勘探开采等领域的技术人才，缓解中资企业投资规模扩大与人力资源供应不足的矛盾。第一，要选择蒙汉兼通的人员进行专业技术的培训。第二，应当重点加强对蒙古国社会、文化和人文环境的培训，为更好地适应工作环境以及与蒙方人员更好合作做好必要的准备。第三，除了综合素质的培训以外，加强赴蒙务工人员的法律意识和自我保护意识也非常有必要。在蒙古国，中方人员经常遇到不公正待遇，这些情况在蒙务工人员应该能够得到及时处理。另外，应当拓展招聘范围，不断吸纳更多优秀的、有海外投资经验的经营管理人才，提高企业经营管理水平和防范风险的能力。此外，赴蒙务工人员要选择正规企业或中介，通过合法渠道出国，避免非正常的劳务输出造成的损失和市场混乱。

4. 通过 BOT 方式加快基础设施建设

蒙古国经济总量比较小，经济发展水平比较低，单纯靠蒙古国政府来加快基础设施建设是不够的。近年来，蒙古国在"公私合作伙伴关系"框架下进行项目建设，推动公共部门和私营部门合作，为蒙古国电力、道路等基础设施建设创造条件。2009 年 10 月，蒙古国政府出台"公私合作伙伴关系"国家政策。2010年 1 月，蒙古国通过《特许经营法》。2012 年蒙古国经济发展部成立，专门负责特许经营项目。目前，蒙古国 BOT 项目包括那林苏海图—锡伯库伦 50 公里公路项目，由"RDCC"有限责任公司承担，已经签署合同项目还包括图勒门 100 千瓦特电厂，由"New Asial Group"有限公司承担，经营期限为 22 年。阿勒坦布拉格—扎门乌德 997 公里快速公路项目，由"Chinggis Land Development Group"有限公司承担，期限为 28 年，但是，作为蒙古国第一大出口国的中国，在蒙古国没有 BOT 项目。蒙古国水、电、道路等基础设施的落后严重影响到中国对蒙古国的直接投资，提高投资成本，加大投资难度，中国和蒙古国进行基础设施的BOT 项目，既可以增加资金盈利水平，又可以降低投资成本，提高投资效率。

5. 提升中蒙基础设施互联互通

改善蒙古国的基础设施环境，是加强中蒙之间经济友好往来的重要措施。亚投行的筹建主要是帮助亚洲国家改善基础设施落后的情况，蒙方作为亚投行的创始国应该积极申请资金帮助，改善基础设施差的状况，实现基础设施的互联互通。为了实现中蒙双方基础设施尤其是交通运输线路的互联互通，中蒙两国付出了很大努力，但是由于蒙方各方面条件限制，中蒙基础设施互联互通很难实现。为了顺应新丝绸之路经济带建设，与蒙古国毗邻的沿边省区先后提出了 3 条中蒙

国际铁路建设计划，第一条是辽宁省提出的乔巴山—锦州铁路线，第二条是内蒙古自治区提出的达楞扎德格德—包头铁路线，第三条是吉林省提出的乔巴山—珲春铁路线，这三条铁路对于中蒙实现基础设施互联互通，发展中蒙经贸合作具有重要意义，但是这三条待建的中蒙国际铁路通道只有中方一侧的铁路线基本修建到中蒙边境口岸。为了加快这三条铁路的建设：第一，中国和蒙古国要加强国内、省内高层互动，这个互动既包括中国和蒙古国互动，也包括中国吉林省和内蒙古自治区以及中国吉林省和蒙古国东方省之间的互动。第二，联合蒙古国共同推动，中国是蒙古国最大资源出口市场，该铁路贯通有利于蒙古国矿产资源实现多元化。第三，建立与蒙古国东方省互惠合作，这个合作包括资源、农副产品、轻纺产品、旅游等方面的合作。第四，推动大企业参与铁路建设，包括矿产开发、物流运输、铁路建设等大型企业参与。实现中蒙基础设施互联互通符合两国的共同利益，促进蒙古国和中国毗邻地区的经济发展，提高中国企业在蒙古国投资的积极性。

三、中俄天然气合作的困境、契机及突破

2014 年是中俄两国能源合作历史上具有历史意义的一年，天然气大订单的签署，使中俄 20 年的天然气博弈取得了突破性的进展。根据《中俄东线供气购销合同》，从 2018 年起，俄罗斯开始供气，输气量逐渐增加，最终达到 380 亿立方米/年，合同期为 30 年，合同总价为 4000 亿美元。根据《中俄西线供气购销合同框架协议》，每年可供应 300 亿立方米天然气，如果项目进展顺利，中国每年可从俄罗斯获得 680 亿立方米的天然气。对于中国而言，开辟了清洁能源的进口渠道，稳定了清洁能源的进口来源；对于俄罗斯而言，不仅使其能源出口多元化战略取得了实质性的进展，经济利益可观，其政治意义更是非凡。但中俄天然气合作却并非一帆风顺，而是经历了相互需求的背离期及价格的相互博弈，最终才迎来了合作的契机。

（一）相互需求的背离期（1991~2008 年）

1. 俄罗斯对中国需求的迫切期（1991~1999 年）

中国与俄罗斯都是转型国家，但与中国的渐进式改革道路不同，20 世纪 90 年代初，俄罗斯采取"休克疗法"对其体制进行了完全转轨，俄罗斯经济出现无序、混乱，并导致俄罗斯经济迅速下滑。据资料显示，1992~1999 年的 8 年中，俄罗斯经济除了 1997 年和 1999 年分别增长 0.9% 和 5.4% 外，其他 6 年都是负增长，1992 年 GDP 下降 14.5%，1993 年下降 8.7%，1994 下降 12.7%，1995 年下降 4.1%，1998 年下降 4.6%。经济转轨以来，俄罗斯 GDP 累计下降 40%。

但1999年是分界点，1999年随着能源价格的不断上涨，俄罗斯经济止跌回升，进入了恢复与发展时期。而中国经过10年循序渐进的改革，到1992年确立了社会主义市场经济体制，且经济处于稳定增长期。中俄两国经济发展呈现出不同的发展态势。

期间，为了扭转经济下滑带来的不利局面，俄罗斯急于开发其丰富的能源资源，而能源富聚区当属远东地区，俄罗斯希望加速发展远东地区的能源资源，加强与中国在能源领域的合作，并于1994年中俄两国签署《天然气管道修建备忘录》，为中俄天然气领域的合作奠定基础。但当能源价格上升时，俄罗斯认为没有必要开发远东的天然气，此计划停止，其发展重点转向北部。1995年在俄罗斯通过的《2010年前俄罗斯能源战略纲要》中，其主要发展目标是稳定国内能源供应，出口对象为独联体、欧洲等传统国家。从20世纪90年代俄罗斯能源政策的变化可以看出，20世纪90年代初，俄罗斯与中国能源合作的愿望很强烈，在俄罗斯向中国伸出橄榄枝时，中国并未抓住，也就是说当俄罗斯积极主动时，中国并未积极推进，究其原因，当时中国的能源供求矛盾不突出，环境压力不大，对清洁能源的需求不强烈，错失了与俄罗斯天然气领域的合作机会。

2. 中国对俄罗斯需求的迫切期（2000～2008年）

进入2000年以来，中俄两国经济都进入了快速发展时期，但能源环境的变化已使中俄两国面临完全不同的境遇。

对于俄罗斯而言，1999年是其经济增长的分界点，进入2000年后世界能源形势对俄罗斯非常有利，油价上扬及中东地区局势不稳定[1]，对严重依赖能源进口的欧盟形成了非常大的压力，欧盟不得不把目光投向俄罗斯。2000年11月，俄罗斯与欧盟签署《能源战略伙伴》，2002年俄欧首脑峰会期间签署《能源合作声明》，强调俄罗斯拥有进入欧洲能源市场的特殊权利。2004年5月1日，欧盟东扩，欧盟对俄罗斯的能源依赖进一步加强，特别是一些新加入欧盟的国家，对俄罗斯市场的依赖是其他市场无法替代的，[2] 此时俄罗斯能源合作重点已转向了欧盟。

对于中国而言，随着2001年12月11日中国加入世界贸易组织，贸易额成倍增长，中国经济进入了快速发展时期，中国对能源的需求呈井喷式发展。与此同时，工业化对环境的污染呈增强态势，中国对清洁能源需求进一步加大，2006年天然气成为了我国第二大能源类净进口国，作为世界天然气储量第一国的俄罗

---

① 1999年，布拉特石油价格是17.97美元/桶；2005年，布拉特石油价格是54.38美元/桶，俄罗斯尤拉尔斯石油价格也从1999年的17.3美元/桶上升到了2005年的50.47美元/桶，涨幅为192%。油价上涨持续到2007年底，原油价格上升到了90美元/桶。2008年世界原油价格波动幅度进一步加大，年初100美元/桶，7月初上升到144美元/桶，最高时达到147美元/桶；2008年底降到不足40美元/桶。

② 截止到欧盟东扩时，斯洛伐克天然气100%、立陶宛91.6%、捷克83.9%、匈牙利62.1%、波兰47.1%、罗马尼亚22.8%的需求，都是从俄罗斯进口的。

斯成为我国的首选，中国加紧了与俄罗斯在天然气合作领域的磋商。2006 年 3 月，俄罗斯天然气工业股份有限公司与中石油签订了《从俄罗斯向中国供应天然气的会谈纪要》，约定俄罗斯将从 2011 年开始，每年向中国供气 680 亿立方米，供气年限长达 30 年，采取西线与东线两种方案。表面上看，中俄两国能源合作进展顺利，实际上中俄能源合作的形势早已与 20 世纪 90 年代有了本质的区别，俄罗斯表面上与中国进行能源磋商，实际上是一方面以此来牵涉欧盟，为自己争得更有利的市场；另一方面又在东北亚地区通过能源管道建设走向的选择，引发中日之间对俄罗斯能源管道建设争夺，获取最大的经济与政治利益，这从安大线、安纳线及泰纳线的左右摇摆中可体会到这一点。① 若不是 2008 年金融危机引发油价下跌，使俄罗斯经济发展陷入困境，中俄间 2009 年涉及 3 亿吨石油、250 亿美元的《石油换贷款协议》也不会顺利签署。

（二）相互需求的契合期（2009 年至今）

受金融危机的影响，俄罗斯对其与中国间的天然气合作的态度发生了积极的变化，中俄间能源合作逐渐步入了相互需求的契合期，但受价格分歧的制约，中俄天然气合作进展依然缓慢。

1. 背景分析

由 2008 年金融危机引发的能源价格的波动，使俄罗斯已连续十年的经济增长开始下滑，外汇储备减少、外债增加。2009 年俄罗斯通过了《2030 年前俄罗斯能源战略纲要》（以下简称《纲要》）。《纲要》中关注东方成为俄罗斯能源新布局的特点。《纲要》中规划，液化天然气出口对象第一是欧洲、第二是独联体、第三是美国、第四是亚洲，到 2030 年前向亚太地区的石油出口比例提高到 22% ~25%，天然气出口比例提高到 19% ~20%，其中中国市场将被放在重要位置。这表明，俄罗斯未来能源合作的方向发生了改变。

而此时，中国能源缺口越来越大，特别是迫于环境压力，需要进口大量的天然气，而中国现有的天然气源头，一是距离太远，二是油气源头局势动荡，给中国天然气进口带来了很大的不确定性。因此俄罗斯依然是中国天然气进口的首选地。

基于双方相互需求，2011 年，中俄双方能源谈判代表签署了《天然气领域合作的谅解备忘录》议定书。随后，普京访华，他的主要任务之一就是希望为解决天然气合同价格分歧打下基础，但因中俄两国利益分歧太大，最终未能如愿。

---

① 安大线是 2001 年选定石油输出管道，路线从伊尔库茨克安加尔斯克—大庆；安纳线是 2002 年日本提出的，其路线伊尔库茨克安加尔斯克—纳霍德卡港；泰纳线是 2004 年俄罗斯确定的，其路线是东西伯利亚泰舍特—纳霍德卡港。

不过国际能源消费市场的变化，为未来中俄天然气合作奠定了基础。①

2. 价格分歧对中俄天然气合作的制约

中俄双方边境毗邻，拥有天然气合作的基础，但合作最大的障碍是价格问题。自 2006 年 3 月俄气与中石油签订了《从俄罗斯向中国供应天然气的会谈纪要》以来，中俄双方一致纠结于天然气的价格。俄罗斯希望按照供应欧盟的价格来供应中国，而中国希望以中国引进中亚天然气的价格来购买俄罗斯的天然气。但价格谈判属于商业机密，无法从权威部门获得数据，本文从相关媒体的新闻报道中总结了 2006 年以来，中俄天然气价格的分歧点。

（1）2009 年价格分歧。俄方的要价是 400~500 美元/千立方米，其立场是，低于 400 美元/千立方米就免谈。中方的立场是，不能高于 300 美元/千立方米，因为中国从中亚国家进口天然气均价在每千立方米 200 美元左右，且中国国内开采的天然气价格也不高。俄罗斯最低供给价超过中国的最高给价 100 美元，价格分歧大。

（2）2011 年价格分歧。俄罗斯向西方出售的天然气价格是 350 美元/千立方米。中国希望从俄方购买的天然气价格是 235 美元/千立方米，两国的报价每千立方米相差 115 美元，价格分歧进一步拉大。

（3）2014 年价格趋同。俄罗斯提出的价格是 388 美元/千立方米，而中方的建议是 380 美元/千立方米，最终价格可能居于两者之间。但据俄罗斯能源部长亚历山大·诺瓦克透露，中俄天然气价格约为 350 美元/千立方米，是目前俄罗斯给客户最低的价格。无论怎样，目前，中俄两国在能源价格方面诉求趋同，促使中俄涉及 4000 亿美元天然气大单最终签成。

（三）中俄天然气合作的契机

2014 年对于俄罗斯而言是内忧外患的一年，由乌克兰危机引发的西方对俄罗斯经济制裁，导致了俄罗斯经济陷入困境，经济发展陷入低迷、卢布贬值、外债增加，地缘政治经济环境恶化，使俄罗斯经济发展前景堪忧。正是基于这种形势，为博弈 20 年的中俄天然气提供了合作的机遇。

1. 克里米亚"脱乌入俄"引发西方的经济制裁

乌克兰危机最初由乌克兰内部亲欧派与亲俄派内部矛盾引起，进而引发西方国家与俄罗斯的一种政治较量。2014 年 3 月 16 日，克里米亚举行公投，投票结果表明，96.77% 参加投票的选民赞成克里米亚加入俄罗斯联邦，3 月 18 日俄罗斯与

---

① 据《2012 年 BP 世界能源统计年鉴》显示，2011 年欧盟天然气消费下降 9.9%，为历史最大降幅；中国天然气的消费量增长为 21.5%，是北美之外增幅最大的地区。2012 年初，俄气在压力之下，对法国、德国、意大利等欧盟国家的天然气出口价格平均下调了约 10%。

克里米亚签署了加入俄联邦的条约。克里姆林宫宣布，从签署条约的日期开始，克里米亚被视为俄罗斯的一部分。自此，俄罗斯与西方国家的矛盾公开激化。

自 2014 年 3 月 16 日克里米亚举行"脱乌入俄"公投以来，以美欧为代表的西方国家纷纷掀起了对俄罗斯的制裁，制裁对象包括俄罗斯高官、总统密友、能源公司、金融机构、军工企业等，使俄罗斯经济全面下滑。特别是始于 7 月中旬以来针对金融、能源和军事装备、国防等俄罗斯核心经济领域的制裁对俄罗斯经济产生了非常不利的影响。

2. 西方经济制裁使俄罗斯国内经济形势不断恶化

（1）经济衰退。自 2014 年以来，俄罗斯经济增长乏力。根据俄罗斯统计局数据，2014 年俄罗斯经济增长仅为 0.6%，增长最快的行业为金融、农业、加工业及不动产的购买与租赁；下降最多的领域为建筑、水产业及社保服务。据国际货币基金组织预测，2015 年俄罗斯经济增长为 -3%。经济发展的各个方面都出现了下滑局面。

1）因经济制裁和油价下跌，使俄罗斯损失 2000 亿美元，最大的负面影响是油价下跌，这是俄罗斯经济衰退的主要推力，制裁造成的资本短缺共计 400 亿~500 亿美元。

2）2014 年外贸总额 7939.7 亿美元，同比下降 5.7%，其中出口 5071.7 亿美元，同比下降 3.8%；进口 2868 亿美元，同比下降 8.9%。其中对其最大的贸易伙伴欧盟降幅明显，俄罗斯自欧盟进口同比下降 12.2%，俄罗斯对欧盟出口同比下降 7.1%，均超过了俄罗斯平均的降低幅度。

3）2014 年俄罗斯吸引外商直接投资 190 亿美元，同比下降 70%；俄罗斯资本外流量 2014 年达 1515 亿美元，同比增长 1.5 倍。其中，第四季度资本外流量达到 729 亿美元，环比增长 8.4 倍。

（2）卢布贬值。受俄罗斯经济低迷的影响，2014 年以来，卢布贬值加剧。2014 年度最后一个交易周再次下跌。从整年情况来看，呈持续贬值的发展态势。见表 5 - 12。

表 5 - 12　2014 年卢布汇率变化情况

1 月 1 日	1 人民币 = 5.39608 卢布	7 月 1 日	1 人民币 = 5.4904 卢布
	1 美元 = 32.6587 卢布		1 美元 = 33.7786 卢布
3 月 1 日	1 人民币 = 5.88254 卢布	9 月 1 日	1 人民币 = 6.0753 卢布
	1 美元 = 36.1847 卢布		1 美元 = 37.3134 卢布
5 月 1 日	1 人民币 = 5.70186 卢布	11 月 1 日	1 人民币 = 6.8645 卢布
	1 美元 = 35.7227 卢布		1 美元 = 41.9627 卢布

资料来源：中俄经贸合作网，《今日外汇》。

2014 年 12 月以后，卢布贬值加剧，12 月 1 日，1 人民币 = 6.8645 卢布，1 美元 = 51.099 卢布；12 月 31 日，1 人民币 = 9.07072 卢布，1 美元 = 56.2584 卢布。卢布兑美元全年贬值幅度为 72.3%，卢布兑人民币贬值幅度为 68.1%。

进入 2015 年，卢布继续贬值，且贬值幅度进一步加大，2015 年 2 月 12 日，1 人民币 = 10.5821 卢布，1 美元 = 66.0585 卢布。

卢布贬值虽然在一定程度上能促进出口，但俄罗斯以卢布标价的资产会出现大幅缩水，国内居民对卢布的信心会下降，影响了卢布在世界市场的信誉。

（四）中俄天然气合作突破

2014 年是中俄两国的天然气年，天然气协议的签署，使纠结两国 20 年的天然气合作在中俄两国共同努力下终于取得了突破性的进展。这不仅使中国完成了天然气进口通道四角战略的重要一角——东北通道（中俄管道），也使俄罗斯在天然气出口多元化方面取得不小的收获，对中俄两国来说是双赢的。

1. 东线供气合同的签署

（1）签署。中俄两国政府于 2014 年 5 月 21 日在上海签署了《中俄东线天然气合作项目备忘录》，同时，中石油天然气集团公司与俄天然气工业股份公司签署了《中俄东线供气购销合同》，合同规定，从 2018 年起，俄开始供气，输气量逐渐增加，最终达到 380 亿立方米/年，合同期为 30 年，合同总价为 4000 亿美元。

（2）气源及路线。中俄东线气源是位于伊尔库茨克州的科维科金气田和萨哈共和国的恰扬金气田。其路线为科维科金气田—恰扬金气田—别洛戈尔斯克—黑河—大庆—河北永清—上海，全长近 3968 公里，其中中国境内路线黑龙江黑河—北京—上海，历经黑龙江省、吉林省、内蒙古自治区、辽宁省、河北省、天津市、山东省、江苏省、上海市 9 个省市区，全长 3060 公里。

（3）价格。据俄罗斯能源部长亚历山大·诺瓦克透露，中俄天然气价格约为 350 美元/千立方米，是目前俄罗斯给客户最低的价格，同期，出口欧洲天然气均价 352.4 美元/千立方米，其中出口德法意的价格每千立方米为 415～455 美元。

（4）项目进展。2014 年 9 月 1 日，在中国国务院副总理张高丽和俄罗斯总统普京共同见证下，中俄东线天然气管道俄罗斯境内段已开工建设，中国境内段将于 2015 年动工。

2. 西线合作意向的签署

（1）签署。2014 年 11 月 9 日，习近平主席与普京总统共同签署了《关于通过中俄西线管道自俄向中供应天然气领域合作备忘录》，同时中石油天然气集团公司与俄天然气工业股份公司签署了《中俄西线供气购销合同框架协议》。该框架协议只规定了每年供应 300 亿立方米，供货期为 30 年，根据协议，4 ~ 6 年内为增货期。但价格与支付方式还将继续洽谈。

（2）管道走向。中俄天然气西线全长 2800 公里，由俄罗斯克拉斯诺亚尔斯克—戈尔诺—阿尔泰共和国至中国新疆乌恰入境，最终和中国的"西气东输"管道连接，到达上海。

（五）中俄天然气合作展望

中俄能源合作不只是经济领域的合作，还受政治因素的制约，特别是在 2014 年中俄天然气领域的合作。虽然俄罗斯受石油价格下跌、西方经济制裁以及卢布贬值等众多因素的影响，使俄罗斯经济下滑压力加大。但俄罗斯与中国能源合作除了获取经济利益外，意在向西方国家证明，离开了欧盟市场，俄罗斯还有中国这个潜在的能源需求大客户，特别是中俄西线天然气合作框架的签署，其政治意义更大。因为一旦东西两线共同运营，中国将取代欧盟成为其最大的天然气出口市场，但欧盟短期内难以找到合适的替代市场，虽然美国页岩气革命正在如火如荼地进行，但远水解不了近渴。西方国家也不是铁板一块，出于经济利益的考虑，欧盟可能不会长期与俄罗斯处于敌对状态。据法新社 2015 年 1 月 9 日报道，西班牙外长 Jose Manuel Garcia – Margallo 会见其他欧盟外长时表示，因制裁俄罗斯，欧盟蒙受了 210 亿欧元（237 亿美元）的出口损失，在西班牙，农业和旅游业损失惨重。这表明在对俄罗斯实施经济制裁一年后，欧盟内部开始出现不满，特别是损失较大的国家。

从以上分析可以看出，一旦西方国家与俄罗斯关系缓和，那么中俄间的天然气合作还是存在很大变数的。一是西线合作，因为西线只是一个意向协议，其核心问题"价格"及支付方式等问题尚未达成一致，需要持续谈判，一旦市场行情变得对俄罗斯有利，那么俄罗斯可能在价格问题上会与中国展开一场持久的博弈，我国将处于不利的局面；二是东线合作，虽然管道已经开始修建，但认为还存在以下不确定：

1. 气源勘探问题

西线气源是现成的，只需要修建管道。而东线虽然确定了两大气源地——科维科金气田和恰扬金气田，但究竟能否满足东线持续 30 年、每年 380 亿立方米天然气的供应，还是一个未知数。气源的勘探和开采既需要技术，还需要资金。根据 2014 年中俄天然气合同，俄罗斯将在未来 4 ~ 6 年投资 550 亿美元，用于天然气的勘探、开采及管道建设。而中方将投资 220 亿美元，用于管道及其他基础设施建设，这也是一笔不小的开支。

2. 管道建设问题

中俄东线天然气管道长达近4000公里，路途遥远，且俄境内段自然环境恶劣，不仅冬季漫长，且地质环境复杂，在管道建设中会遇到各种意想不到的问题，需要攻克各种技术难题，一旦遇到技术瓶颈，天然气供应将无法完成。

3. 价格变动问题

价格问题是天然气合同的核心及商业秘密，中俄天然气价格官方尚未明确透露，但推测应不高于供应欧洲的价格，具体应该是一个定价公式，与石油价格挂钩，但石油价格深受市场行情的影响，从近一年的石油的市场行情来看，波动非常大，价格的上浮与下降都会对两国能源的合作带来一定的不稳定性。

4. 能源竞争问题

在东北亚地区，能源短缺与竞争由来已久，特别是日本对俄罗斯能源的竞争，是中国最大的竞争对手。早年在俄罗斯石油管道走向问题上使用各种手段与中国竞争，虽然俄罗斯最终选择了中国，但若不是2008年金融危机这个催化剂，中俄石油合作不知道要等多少年。而目前，中日之间因钓鱼岛问题政治关系恶化，很难保证在未来中俄天然气合作中，日本不会横插一脚，虽然不一定能真正影响中俄天然气合作，但可能会带来麻烦，也会使合作滞后。

综上所述，中俄天然气合作历经20年，经历了困境、迎来了合作的契机、取得了实质性的突破，但能源合作是一个十分复杂的问题，涉及多方利益，同时还会受国际局势及局部地缘因素的影响，为中俄天然气合作带来了很大的不确定性。因此，未来，中俄能源合作应进一步拓展，不只是油气买卖及管道的建设，应向上——能源资源勘探与开采及向下——能源的冶炼及深加工延伸，实现能源产业链的合作，使中俄双方形成能源利益共同体，共同获得能源合作的利益，应对各种对中俄能源合作不利局面的发生。

四、"中蒙俄经济走廊"的发展基础与政策建议

（一）"中蒙俄经济走廊"构想的提出

2013年9月和10月，国家主席习近平在出访中亚和东南亚国家期间，先后提出共建"丝绸之路经济带"和"21世纪海上丝绸之路"，即"一带一路"战略。"一带一路"战略构想的提出，契合了沿线国家的共同需求，为沿线国家优势互补、开放发展开启了新的机遇之窗，该战略成为我国新时期优化开放格局，提高开放层次，拓宽合作领域的重要指针。而在"一带一路"战略中，由于中蒙俄三国建立并保持了长期的互利共赢的稳定的战略关系，并且经济结构又具有

典型的互补性特征，中蒙俄经贸关系作为"一带一路"发展的基石具有重要的战略意义。因此，在我国"一带一路"战略的推动中，2014年2月6日，中俄首脑会晤，中国邀请俄罗斯参与"一带一路"建设。普京表示愿意推动跨欧亚铁路项目与中国"一带一路"的对接。2014年8月，习近平主席出访蒙古国，中蒙两国元首在乌兰巴托签署《中华人民共和国和蒙古国关于建立和发展全面战略伙伴关系的联合宣言》（以下简称《联合宣言》），宣布将中蒙战略伙伴关系升级为全面战略伙伴关系。《联合宣言》表明双方将继续本着矿产资源开发、基础设施建设、金融合作"三位一体，统筹推进"的原则开展全方位互利合作。为将中蒙全面战略伙伴关系落到实处，中蒙两国将全面扩大经贸务实合作，争取到2020年实现双边贸易额100亿美元的目标，同时要把互联互通和大项目合作作为两国合作的优先方向。从此，无疑将中蒙两国的经贸、投资合作提升到了一个新阶段。

2014年9月11日，国家主席习近平在出席上海合作组织成员国元首理事会第十四次会议时，在同俄罗斯和蒙古国首次三方元首会晤时提出，中蒙俄三国发展战略高度契合，可以把丝绸之路经济带同俄罗斯跨欧亚大铁路、蒙古国草原之路进行对接，加强铁路、公路等互联互通建设，推进通关和运输便利化，促进过境运输合作，研究三方跨境输电网建设，开展旅游、智库等领域的务实合作，打造"中蒙俄经济走廊"。2015年1月，经国务院批准，我国把建设"中蒙俄经济走廊"正式纳入国际级战略版图，并且国家发改委确定"中蒙俄经济走廊"分为两条：一条是从华北京津冀到呼和浩特，再到蒙古和俄罗斯；另一条是东北地区从大连、沈阳、长春、哈尔滨到满洲里和俄罗斯的赤塔。两条走廊互动互补形成一个新的开放开发经济带，统称为"中蒙俄经济走廊"。2015年4月1日，外交部部长王毅同来访的蒙古国外长普日布苏伦共同会见记者时表示，中蒙俄三国已就对接各自发展战略，启动"中蒙俄经济走廊"建设达成共识。并指出从互联互通入手、打造经济走廊是中方推进"一带一路"建设的基本主张。建设"中蒙俄经济走廊"就是把中方倡议的"一带一路"同蒙方的"草原之路"倡议、俄方正在推进的跨欧亚大通道建设有机结合起来。2015年7月9日，国家主席习近平在乌法同俄罗斯总统普京、蒙古国总统额勒贝格道尔吉举行中俄罗斯和蒙古国元首第二次会晤，批准了《中华人民共和国、俄罗斯联邦、蒙古国发展三方合作中期路线图》。考虑到扩大三方政治对话，发展在经贸、投资、人文等领域的三方合作，以及加强在国际和地区事务中相互协调具有重要意义，商定在以下领域开展三方合作：

1. 政治关系

保持广泛政治对话和高层定期交往，包括在各种国际和地区活动框架内举行会晤；发展并完善三方副外长磋商机制，并将有关部门和机构纳入进来；开展立法机关间的友好合作，扩大立法经验交流；推动政党、社会团体和非政府组织间发展交往；采取措施，反对否定"二战"成果，篡改历史的企图；在执法、防灾减灾领域的合作；在打击跨国有组织犯罪，防范洗钱等经济、银行、金融等领域犯罪、侵犯财产犯罪和生态环境犯罪等领域开展合作并交流经验；加强在打击恐怖主义、分裂主义和极端主义领域的合作和经验交流；在欧亚反洗钱与反恐怖融资组织（EAG）和亚太反洗钱组织（APG）中扩大并深化在反洗钱与反恐怖融资领域的合作；在打击非法贩运麻醉药品、精神药物及其前体，以及新精神活性物质的识别、分析、鉴定方面开展合作；探讨在预防工业事故、自然灾害、消除灾害后果领域开展合作的前景，并于 2016 年举行三方救灾部门代表会晤。

2. 经贸合作

在对接丝绸之路经济带、欧亚经济联盟建设、"草原之路"倡议基础上，编制《中蒙俄经济走廊合作规划纲要》；为进一步提升三方贸易便利化水平，包括在相互贸易中扩大使用本币结算，三方将探讨建立经贸主管部门合作机制；完善三国工商会合作机制，推动定期举办洽谈会和经贸论坛，加强三方间贸易、投资和商务伙伴关系；开展三方海关合作，举行三国海关署级会晤；继续定期举行三方交通运输部门和机构工作组会晤；确保落实三方交通部长以及三方交通部副部长在 2013 年 12 月和 2015 年 4 月乌兰巴托会晤时所达成的共识；研究各方共同融资及技术参与蒙古国境内新的铁路线建设项目和乌兰巴托铁路现代化改造问题；研究提高经乌兰巴托铁路过境运输量的一揽子措施，包括探讨组建中俄罗斯和蒙古国铁路运输物流联合公司的可能性；在联合国亚太经社会框架内，继续推动制定并签署《中蒙俄国际道路运输发展政府间协定（草案）》；研究依托蒙古国乌兰巴托"赫希格特"国际机场建设区域航空枢纽的前景；扩大科技领域合作，支持三方在科技人员交流与培训、科技园区建设、共建联合实验室、共办科技交流活动等方面开展合作；如对是否修建过境蒙古国的中俄原油管道的合理性达成一致并形成具体建议，三方将着手准备项目可行性论证；在边境地区建立传染病早期发现和媒介生物监测、控制传播、突发公共卫生事件联合处置和快速相互通报机制，在传染病预防和检疫方面共同采取措施，协调行动；在中俄罗斯和蒙古国质检合作框架下，开展重大动植物疫情监测调查、防治合作，在确保安全的前提下，促进农产品贸易健康发展；在中国农业部兽医局、俄罗斯兽医及植物卫生监督局、蒙古国兽医和动物育种局 2014 年 8 月 21 日在中国额尔古纳市达成的合作意向框架内，继续就跨境动物疫病防控和遏制传播问题加强协作；通过优化银行间协作，特别是在贸易融资、信贷、结算等领域的合作，促进三国经贸合作发展；发展三方在保险领域的合作；促进对基础设施建设项目的投资。

3. 边境和地方合作

定期举办地方和边境合作论坛（研讨会）。继续支持在中国二连浩特市举办中俄蒙经贸合作洽谈会；推动三方加强地方和友城交往；加强边境地区执法安全合作，促进边境地区的发展繁荣；在生态环境保护领域开展合作。

4. 人文合作

研究扩大三方学术和教育中心合作；加快建立中蒙俄三方学术和智库交流机制，为三方合作提供智力支持；加强中蒙俄三方文化领域合作，联合举办文化节等活动，支持三方专业文化团体、文化机构之间建立直接联系，鼓励三国文化艺术领域专家学者之间的交流合作；研究在蒙古学和佛教领域开展三方学术合作；扩大旅游领域合作，包括就共同打造"万里茶道"国际旅游线路组建专门工作组；推动发展"贝加尔湖（俄罗斯）—库苏古尔湖（蒙古国）"跨境旅游线路，及其下一步与中国边境省区和"草原丝绸之路"相对接；支持每年举办中俄罗斯和蒙古国旅游合作协调委员会会议。会同有关体育协会推动体育运动领域互利合作，扩大体育代表团互访，推动中蒙俄运动员参与在三方境内举办的国际体育赛事。体育交流及相关条件由三方提前商定；鼓励三国体育组织在国际体育事务中协商立场，加强合作。

5. 国际合作

在国际和地区组织内发展并加强外交协调；共同致力于以多边主义和国际法治原则为基础建立公正、民主的国际体系。共同强化联合国在维护和平、安全与可持续发展方面的核心协调作用，进一步提高其工作效率；坚决谴责一切形式的恐怖主义。支持加强国际反恐合作，在采取反恐措施时应遵循《联合国宪章》和国际法相关原则准则，支持联合国各项反恐公约增加成员国，主张切实执行安理会相关决议。推动联合国全球反恐战略的全面实施；支持开展各文明、文化及宗教间对话，并以此作为反对恐怖主义意识形态的手段，应吸收包括企业界和媒体在内的社会各界参与这一工作；充分利用蒙古国作为上海合作组织观察员国的身份，促进蒙古国与中华人民共和国、俄罗斯联邦及其他成员国在上合组织框架内加强经贸、安全、能源、交通、农业、移民、环保和人文等领域的合作；对东盟地区论坛加强协调，以推动亚太地区和平与安全，应对新挑战和新威胁；支持蒙古国总统额勒贝格道尔吉提出的东北亚安全乌兰巴托对话机制倡议；在国际和地区层面尊重并支持蒙古国的无核地位；进一步采取措施加强三方在亚洲相互协作与信任措施会议、亚洲合作对话和亚欧会议等区域性机制内的协调与合作；考虑到亚太经合组织（APEC）北京会议达成的各项成果以及 APEC 在促进区域经济一体化和区域经济增长与繁荣方面的重要作用，在各成员就扩员问题协商一致的前提下，支持蒙古国加入该组织；在"大图们倡议"框架内开展合作；就广泛国际问题定期举行三方外交部间磋商；推动三方从事国际关系、世界政治经济研究的学术机构加强对话，包括完善国际问题磋商、研讨会、学术会议以及圆桌会议网络。

"中蒙俄经济走廊"的建设已经成为我国"一带一路"建设的一个重要战略方向。

（二）"中蒙俄经济走廊"的战略意义

1. "中蒙俄经济走廊"是我国"一带一路"战略的重要内容

中国丝绸之路经济带战略的实施，包括向西北、南、西三个方向进行推进。中国正在沿南方丝绸之路积极打造"孟中缅印经济走廊"，在新疆维吾尔自治区向西打造"中巴经济走廊"，向西北在内蒙古自治区打造"中蒙俄经济走廊"。"中蒙俄经济走廊"的建设是我国"一带一路"战略中的重要内容。"中蒙俄经济走廊"是我国搭建中国与中亚国家战略通道中的重要环节。中国和中亚国家间在地域特点、资源禀赋、经济结构、文化特色、生活方式上存在着明显的互补性，在能源、交通、电信、农业、化工、纺织、科技创新等各个领域也都明显地存在着互补特性，使中国和中亚国家具有经贸合作巨大的潜力。建设"中蒙俄经济走廊"将有利于深化区域交流合作，通过互利共赢的经贸文化交流，密切我国同中亚国家的关系，推动我国同欧亚大陆经济合作的深化。

2. "中蒙俄经济走廊"的建设将有利于巩固我国的经济战略安全

随着我国经济的快速发展，我国所面临的经济政治环境也日趋复杂，尤其是美国推出的"跨太平洋伙伴关系协议"和"新丝绸之路计划"，这些表现出非常明显的对中国的排挤意图。因此，在新形势下，我国要打通东亚、西亚、南亚的贸易通道，能够通过中亚直接取道中东和欧洲市场，打破美国在海陆对我国封锁的企图。对此，蒙古国和俄罗斯正是我国向北通向中亚的重要通道，加强与蒙古国、俄罗斯的经贸合作，通过蒙古国、俄罗斯打开通向中亚、欧洲市场的通道，建设"中蒙俄经济走廊"对我国具有重要的战略意义。同时，我国对能源和资源的需求随着我国经济的发展日趋增加，而中亚地区处于欧亚大陆的腹地，具有丰富的石油和天然气资源，尤其是蒙古国和俄罗斯都是世界上资源丰富的国家，因此，加大和蒙古国、俄罗斯的经贸合作对于中国的能源安全具有重要意义。

地缘安全与地缘经济需要联姻，地缘政治需要经济基础支撑。在全球经济增长放缓之际，经济增长也是安全的重要组成部分，经济增长乏力，往往会给稳定造成冲击，进而引起地区政治的不安定。"中蒙俄经济走廊"的建设将使中蒙俄三国在经济、贸易、货币方面的联系加强，将为欧亚大陆腹地的多边安全合作注入新的活力，为地区安全提供"内生动力"。因此，"中蒙俄经济走廊"对我国不仅具有巨大的经济效益，而且还具有重要的战略安全意义。

3. "中蒙俄经济走廊"的建设将带动西部地区尤其是内蒙古自治区经济的发展

我国经济重心一直位于东南沿海地区，这必然产生对海洋通道的依赖。要避免对海洋通道的过度依赖，实现区域经济的平衡发展就要向西开放和向西发展。西部大开发不仅需要国内政策倾斜、财政转移，也需要更加开放的国际市场，"中蒙俄经济走廊"的建设无疑为中国西部大开发提供了广阔的国际市场空间。其中，内蒙古自治区作为国家深入实施西部大开发战略的重要省区、向北开放的门户和重点省份，在建设"中蒙俄经济走廊"的背景下，内蒙古自治区的地位和作用也被赋予更多的含义和任务。同时，"中蒙俄经济走廊"的两条线路最终都从内蒙古自治区通向蒙古国和俄罗斯，因此，建设"中蒙俄经济走廊"将更好地发挥内蒙古自治区独特区位和资源优势，为内蒙古自治区的经济发展提供更多的政策支持和更广阔的国际市场，从而促进内蒙古地区经济的进一步快速发展。

（三）"中蒙俄经济走廊"的发展基础

1. "中蒙俄经济走廊"的建设具有良好的政治经济基础

中蒙俄三国一直具有良好的政治经济关系。回顾中蒙俄近 20 多年来的相互关系，不难发现，在中蒙政治关系不断提升、经贸关系持续发展的同时，俄罗斯和蒙古国双边关系也在不断跨越，经济合作日趋向好。尤其是随着我国丝绸之路经济带建设的提出，中蒙、中俄合作日益加强。2014 年习近平主席出访蒙古国，中蒙两国元首在乌兰巴托签署《中华人民共和国和蒙古国关于建立和发展全面战略伙伴关系的联合宣言》，宣布将中蒙战略伙伴关系升级为全面战略伙伴关系，将两国的经贸、投资合作提升到了一个新阶段。《联合宣言》表明双方将继续本着矿产资源开发、基础设施建设、金融合作"三位一体，统筹推进"的原则开展全方位互利合作。2011 年 10 月，时任俄罗斯总理普京在其纲领性文章《欧亚地区新一体化计划——未来诞生于今日》中提出了建立"欧亚联盟"的构想。2015 年 5 月，中俄两国元首亲自签署了《关于深化全面战略协作伙伴关系、倡导合作共赢的联合声明》和《关于丝绸之路经济带建设和欧亚经济联盟建设对接合作的联合声明》，除此外中俄签署了 32 项协议，总价值达 250 亿美元。其中，包括中国为俄罗斯提供数十亿美元的基础设施贷款、俄罗斯联邦储蓄银行与中国国家开发银行之间的一项 60 亿元人民币信用额度协议等。中俄两国政治经济关系日渐加强。中蒙俄不断加强的良好的政治经济关系成为"中蒙俄经济走廊"坚实的基础。

2. "中蒙俄经济走廊"的建设具有得天独厚的地域优势

中蒙俄是欧亚大陆上三个面积最大的近邻。中国与蒙古国共享 4700 多公里边界，与俄罗斯边境线绵延 4300 多公里。得天独厚的地理位置为三国区域合作提供非常便利的合作基础。中蒙俄三国地域相连，人文相亲，资源互补，市场互通，经济等方面友好合作源远流长。中国位于亚洲大陆的东南部，东临太平洋，西北深入亚洲大陆。俄罗斯横跨亚欧，由太平洋、北冰洋、波罗的海、黑海等环绕。蒙古国处于中俄两国间巨大的结合部，是亚欧大陆的重要腹地。中国与蒙古国、俄罗斯的经贸合作具有明显的区位优势。

在"中蒙俄经济走廊"的建设中，内蒙古自治区具有重要的地域位置和作用。在地域位置上，内蒙古自治区横跨东北、华北、西北，内与八省区毗邻，外与蒙古国、俄罗斯接壤。改革开放以来，内蒙古自治区一直是我国"向北开放"战略的重要支点，与俄罗斯和蒙古国的经贸合作频繁。"中蒙俄经济走廊"分为两条线路，两条线路都以内蒙古自治区为通向蒙古国和俄罗斯的重要枢纽。同时，内蒙古自治区对蒙古国、俄罗斯有 10 多个开放口岸，内蒙古自治区与蒙古国、俄罗斯间还具有地缘、民俗、语言、资源等多方面的独特优势。因此，内蒙古自治区在"中蒙俄经济走廊"建设中具有核心的地域位置，内蒙古自治区也为"中蒙俄经济走廊"的建设提供良好的地域优势。

3. "中蒙俄经济走廊"的建设具有坚实的经贸基础

中蒙俄经贸规模不断扩大，这是推动"中蒙俄经济走廊"发展的重要力量和基础。1995 年，中蒙贸易额达 1.62 亿美元，出口额达 0.63 亿美元，进口额达 0.99 亿美元，到 2014 年中蒙贸易额达到 73.17 亿美元，出口额达 22.16 亿美元，进口额达 51.01 亿美元。20 年间中蒙贸易额增长了 45 倍。自 20 世纪 90 年代以来，中国一直是蒙古国第一大贸易伙伴国，中国占蒙古国出口比重 90%，占进口比重 50%。中俄贸易和中蒙贸易相同，近 20 年呈现出快速发展的态势。1995 年中俄贸易额为 54.64 亿美元，出口额为 16.65 亿美元，进口额为 37.99 亿美元，到 2014 年中俄贸易额高达 952.94 亿美元，出口额为 536.75 亿美元，进口额为 416.19 亿美元（如图 5-4、图 5-5 所示）。在 20 年间中俄贸易增长了 17 倍。俄罗斯一直以来都是中国前十位贸易伙伴国，2014 年俄罗斯成为中国第九位贸易伙伴国。同时，中国也是俄罗斯重要的贸易伙伴国，2013 年中国成为俄罗斯第一位贸易伙伴国，2014 年中国依旧是俄罗斯第一贸易伙伴国。可见，中蒙俄三国贸易对彼此都是重要的，并且三国贸易都呈现出快速发展的态势。

中蒙俄三国贸易规模虽都在快速增长，但中俄贸易规模比中蒙贸易规模要大，2014 年，中俄贸易额比中蒙贸易额多 879.77 亿美元，出口规模多 514.59 亿美元，进口规模多 365.18 亿美元（如图 5-5 所示）。同时，中国与蒙古国自1995 年一直呈现贸易逆差，并在近几年不断扩大，而中国与俄罗斯在 2007 年前一直为贸易逆差，而在 2007 年、2008 年呈贸易顺差，并且 2013 年、2014 年都呈现出贸易顺差，并大幅扩大（如图 5-6 所示）。

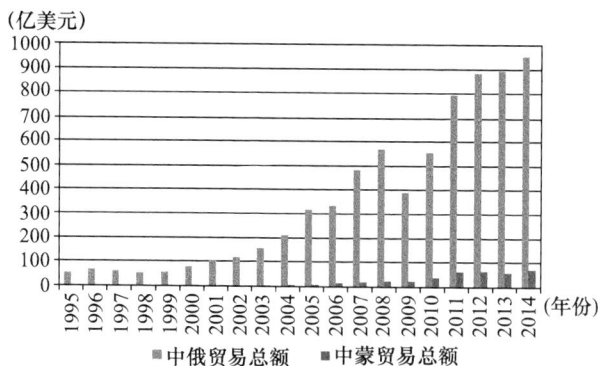

图 5 – 4 1995～2014 年中蒙俄贸易总额情况

数据来源：根据 UNCOMTADE 数据库，并经作者整理。

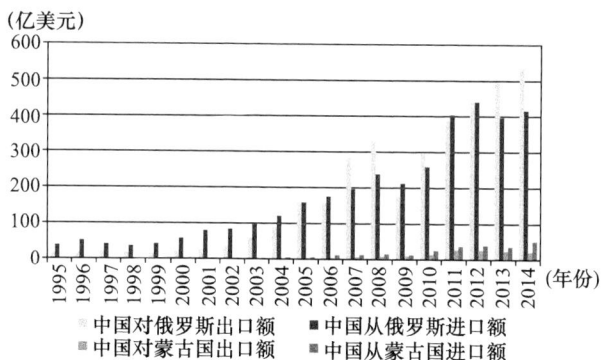

图 5 – 5 1995～2014 年中蒙俄进出口贸易额情况

数据来源：根据 UNCOMTADE 数据库，并经作者整理。

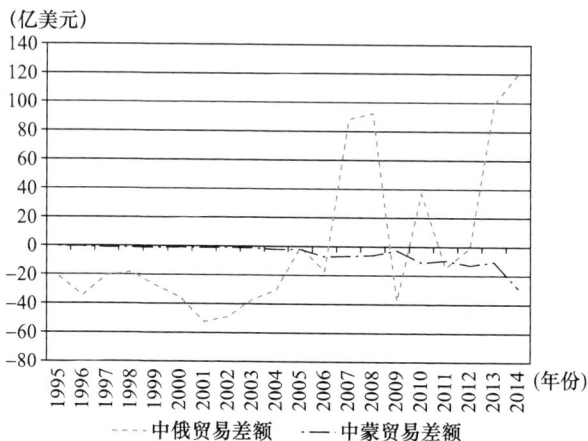

图 5 – 6 1995～2014 年中国与蒙古国、俄罗斯贸易差额

数据来源：根据 UNCOMTADE 数据库，并经作者整理。

4. "中蒙俄经济走廊"的建设具有较强的互补性

中蒙俄三国在经济、贸易、劳动力、技术上都存在着较强的互补性，这种互补性成为"中蒙俄经济走廊"发展的基础。

（1）中蒙俄资源禀赋的互补性。蒙古国的主要产业包括农牧业、矿业，蒙古国具有丰富的矿产资源（如表5-13所示），超过1000个矿床和8000处储藏地的80种不同矿产类型已经被发现，其中最有价值的有煤、铜、氟石、金、铁、铅、钼、银、钨、铀和锌。蒙古国的矿产资源还有大量未被开采和利用的，在400种调查矿床中，有160处矿床正在被开发，占40%。

表5-13 蒙古国矿产资源

序号	矿产资源	储量（万吨）
1	煤	15000000
2	磷	240000
3	铁矿石	45300
4	铜	2300
5	氟石（萤石）	1440
6	钼	21.85
7	铅	300
8	钨/钨钢	7
9	铀	6
10	银	1
11	锡	1
12	金	0.27

资料来源：蒙古国矿产资源和能源部。

俄罗斯拥有丰富的石油、天然气等能源资源，2013年俄罗斯石油年生产量位居世界第一位，达到5.232亿吨，日产量为1051万桶，约占世界总生产量的11.7%，净出口2.37亿吨；天然气生产量位居世界第一位，达到6680亿立方米，约占世界总生产量的20%，净出口2060亿立方米。俄罗斯是排在沙特阿拉伯之后排名第二位的石油净出口国，每天出口石油7249加仑。中国和俄罗斯两国互为邻国，中俄两国有4300公里长的国界线接壤。而且俄罗斯的大部分资源分布于与中国接壤的西伯利亚地区，为中俄两国的能源进行贸易提供了便捷。

中国随着经济的快速发展，对于矿产资源和能源的需求一直保持持续增长，2013年，我国能源消费占全球的20%、钢铁消费占全球的43%、铜消费占全球的40%、铝消费占全球的41%，均居世界第一。并且未来20年，我国能源消费增速将保持在年均4.5%的速度，煤炭累计需求826亿吨、石油累计需求120亿吨、天然气累计需求5.8万亿立方米，需求高峰期将在2030～2035年到来。以石油为例，中国对石油的依存度不断提高，如图5－7所示。可见中国与蒙古国和俄罗斯在资源上具有非常高的互补性。

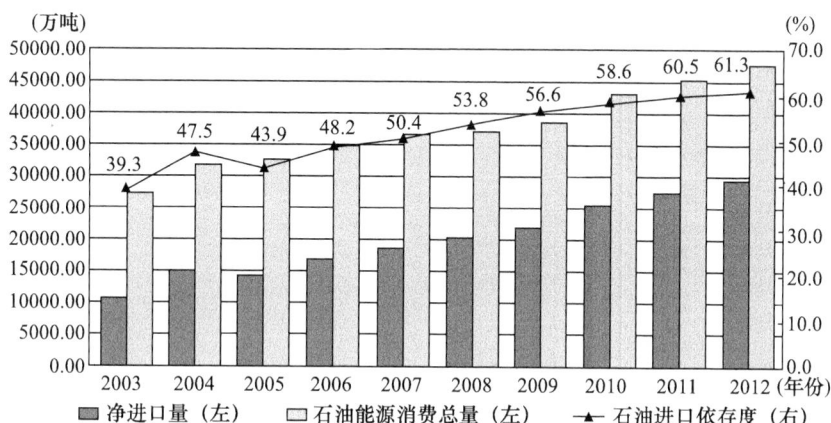

图5－7 2003～2012年中国石油依存度

（2）中蒙俄贸易结构的互补性。为了衡量中蒙俄贸易结构，我们选用2004～2014年中国对蒙古国和俄罗斯的进口、出口的前五类产品HS[①]两位码作为衡量标准。2004～2014年中国从蒙古国进口的前五类产品为矿石、矿渣和灰烬类143.78亿美元，矿物燃料、矿物油和产品的蒸馏，沥青物质，矿物蜡类95.57亿美元，羊毛，细或粗动物的头发，马鬃纱线和织物类5.97亿美元，生皮和皮革1.21亿美元，铜及其制品1.06亿美元，其中前五类合计占中国从蒙古国进口总额的98.37%，如图5－8所示，进口总类非常集中。同期，中国向蒙古国的出口产品结构如图5－9所示，前五类产品为核反应堆、机械和机械电器（21.06亿美元）；服装和服装配件，针织或钩针编织（20.64亿美元）；汽车或电车、火车及零件和配件（14.72亿美元）；电气机械设备和零部件、声音录音机，电视图像和声音录音机，零部件和配件（11.38亿美元）；钢铁制品（11.22亿美元）。从中蒙贸易结构可以看出中国从蒙古国进口主要集中在蒙古国具有要素禀赋的矿产品，而中国出口到蒙古国的主要集中在我国具有比较优势的机电和纺织服装

① 《商品名称及编码协调制度的国际公约》简称协调制度（Harmonized System，HS），目前全球贸易量98%以上使用这一目录，已成为国际贸易的一种标准语言。

品，在经贸结构上具有较强的互补性。同时，我们对比分析中俄贸易结构。2004～2014年，中国从俄罗斯进口的前五类产品如图5-10所示，为矿物燃料、矿物油和产品的蒸馏、沥青物质、矿物蜡1728.73亿美元；木材、木炭288.59亿美元；矿石、矿渣和灰烬145.95亿美元；鱼和甲壳类动物、软体动物和其他水生无脊椎动物136.46亿美元；肥料126.63亿美元。这五类产品达到中国从俄罗斯进口产品的80.38%。同期，中国出口到俄罗斯的产品如图5-11所示，主要包括核反应堆、锅炉、机械和机械电器（490.98亿美元）；电气机械设备和零部件；声音录音机，电视图像和声音录音机，零部件和配件416.62亿美元；服装和服装配件，针织或钩针编织（491.08亿美元），鞋、鞋罩（218.18亿美元）。从以上数据来看，中俄贸易结构同样呈现出较强的互补性，中国从俄罗斯进口的产品主要集中资源性产品，而中国向俄罗斯出口的产品主要集中在机电和服装纺织品。中蒙俄在贸易结构上的互补性是"中蒙俄经济走廊"发展的基础。

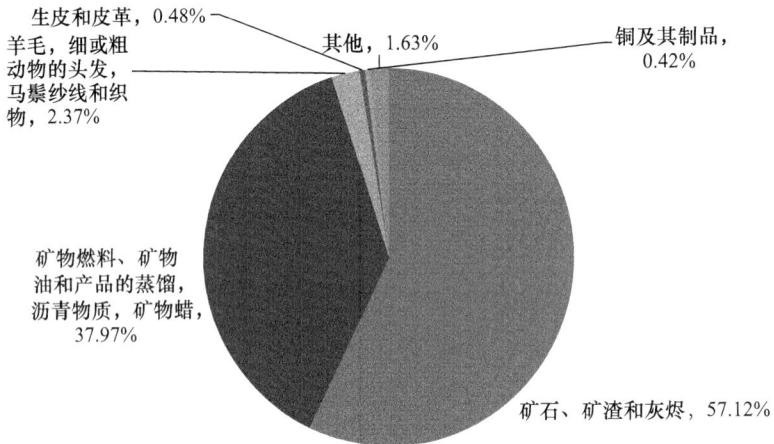

图5-8　2004～2014年中国从蒙古国进口主要商品结构

数据来源：根据UNCOMTADE数据库，并经作者整理。

5. "中蒙俄经济走廊"的建设具有日益增多的投资规模基础

中国是蒙古国最大的投资国。据蒙古国外国投资局统计，1990～2013年，在蒙古国共登记来自世界110个国家和地区的直接投资98.26亿美元，设立外资企业11624家。其中，中资企业5737家，直接投资额达34.84亿美元。中国对蒙古国的投资并未局限于资源领域，而是涵盖贸易餐饮服务、建筑工程及建材生产、畜产品加工和食品生产等行业。到2013年，在蒙古国注册，中国企业达到5951家，在蒙古国的矿产、纺织、建筑、畜产品加工和服务等领域投资经营，占

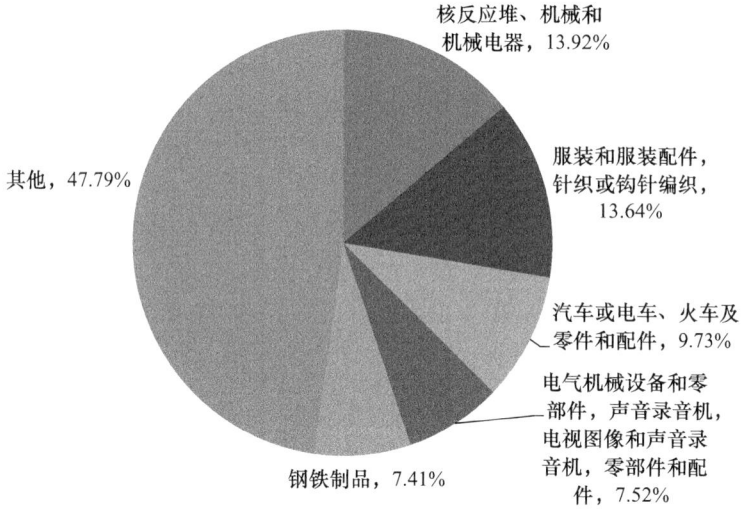

核反应堆、机械和机械电器，13.92%

服装和服装配件，针织或钩针编织，13.64%

汽车或电车、火车及零件和配件，9.73%

电气机械设备和零部件，声音录音机，电视图像和声音录音机，零部件和配件，7.52%

钢铁制品，7.41%

其他，47.79%

图 5 - 9　2004 ~ 2014 年中国出口到蒙古国主要商品结构

数据来源：根据 UNCOMTADE 数据库，并经作者整理。

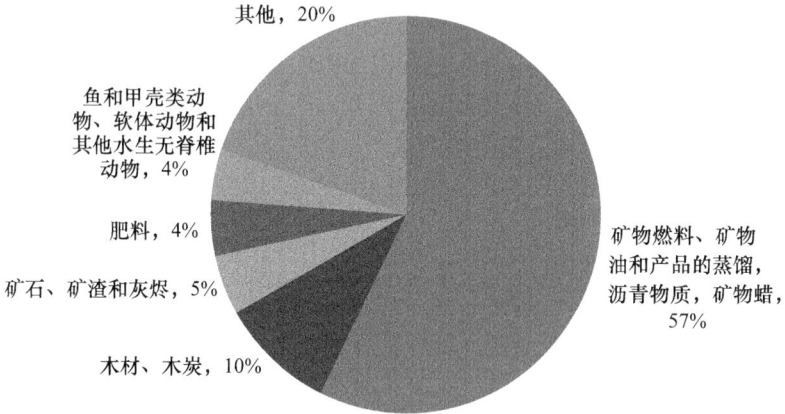

其他，20%

鱼和甲壳类动物、软体动物和其他水生无脊椎动物，4%

肥料，4%

矿石、矿渣和灰烬，5%

木材、木炭，10%

矿物燃料、矿物油和产品的蒸馏，沥青物质，矿物蜡，57%

图 5 - 10　2004 ~ 2014 年中国从俄罗斯进口主要商品结构

数据来源：根据 UNCOMTADE 数据库，并经作者整理。

该国外企的 49.11%。其中，矿业勘探、开发和矿产品深加工等方面尤为突出，占中国在蒙古国总投资的 51%。

2009 年，中俄两国签订《中俄投资合作规划纲要》，2011 年"中俄投资基金"成立，主要用于对中俄重大双边合作项目、双边贸易相关项目、俄私有化和国际化项目的投资。2013 年 8 月中俄签署了《关于落实〈中俄投资合作规划纲

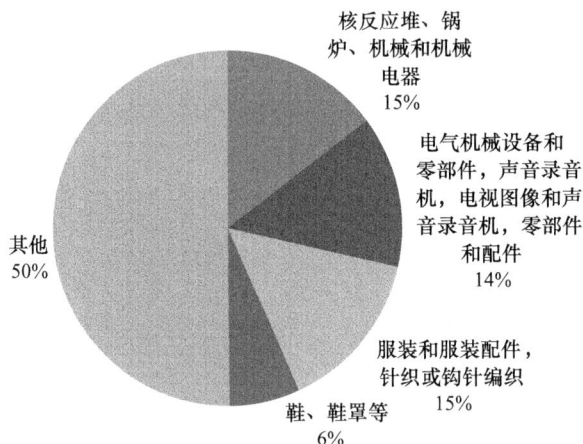

图5－11　2004～2014年中国出口到俄罗斯主要商品结构

数据来源：根据 UNCOMTADE 数据库，并经作者整理。

要〉的谅解备忘录》。2011 年以来，中国对俄投资呈现快速增长态势，如图 5－12 所示。2011 年，中国对俄的直接投资为 5.68 亿美元，比 2010 年增加 63%，同年对欧洲直接投资额的增速为 8.4%。2012 年，中国对俄投资总额为 6.6 亿美元，增长 116.3%。2013 年，中国对俄的投资总额为 40.8 亿美元，增加 518.2%。将对俄罗斯的投资国进行排名，中国成为继塞浦路斯、荷兰、卢森堡之后的第四大投资国。2013 年，中国公司在俄罗斯新签订承包工程合同 21.7 亿

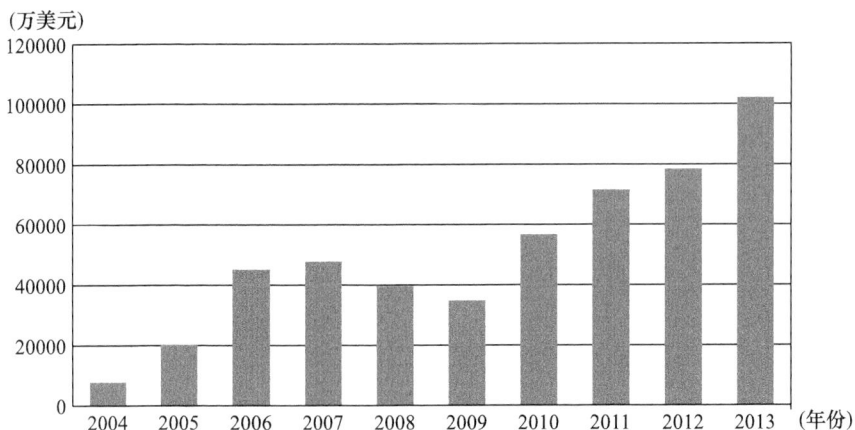

图5－12　2004～2013年中国对俄罗斯投资净额

数据来源：《中国统计年鉴》。

美元，完成营业额 13.7 亿美元，同比下降 19.7%；中国公司累计派出各类劳务人员 10740 人。中国对俄的直接投资多集中在林业开采、农业、矿产开采业、商业、服务业、加工业和建筑业等领域。从中国对俄罗斯投资净额也可看到，中国对俄罗斯投资逐年增加，2004 年，中国对俄罗斯对外直接投资净额为 7731 万美元，2013 年，中国对俄罗斯对外直接投资净额为 102225 万美元。

（四）推进"中蒙俄经济走廊"建设的政策建议

1. 进一步加强中蒙俄政府合作与引导，建立"中蒙俄经济走廊"良好的经济政治环境

"中蒙俄经济走廊"建设要进一步加强中蒙俄三国在经济的合作和开放，为其建立一个更加良好的经济政治环境：第一，建立长期稳定的中蒙俄合作机制。目前虽然中蒙俄三国在经贸合作上不断取得突破，但我国在对俄罗斯和蒙古国的贸易、投资、技术合作、环境保护等方面还缺乏更加完善的相应规则，因此，我国要进一步在三国各领域合作的基础上建立一个长期稳定的合作机制，加强政治互信，加快中俄罗斯和蒙古国的经贸合作，从而进一步推进"中蒙俄经济走廊"的建设。第二，推动中蒙俄自由贸易区的建立。虽然中蒙俄三方在经济发展水平、产业结构、政治制度方面都有一定的差异，使三国自由贸易区的建立面对较多的挑战，但随着经济一体化程度的不断提高，尤其是随着我国"一带一路"战略的进一步推进，中蒙俄经贸合作的进一步深化具有重要的意义。我国应在现有良好的经济政治条件下，积极解决中蒙俄目前在经贸合作上存在的问题，加强中蒙俄合作对话机制，稳步推进中蒙俄自由贸易区的谈判，争取早日建立中蒙俄自由贸易区，从而推动"中蒙俄经济走廊"的进一步发展。第三，加强中蒙俄投资金融政策支持。目前，中蒙俄投资合作的方式单一、行业集中，并且企业对俄罗斯和蒙古国的融资渠道不畅通。因此，我国应不断推进中蒙俄投资合作方式的创新，在传统合作领域基础上进一步加大在高新技术、物流运输等新领域的投资合作，并给予政策上的支持。同时，加大三国金融机构的参与合作，为中蒙俄经贸合作提供良好的融资环境。

2. 打造畅通的经贸通道，推动"中蒙俄经济走廊"的贸易畅通

"中蒙俄经济走廊"经贸通道的畅通，是"中蒙俄经济走廊"建设的重要内容。

第一，进一步加快中蒙俄铁路运输的建设。中蒙俄经贸主要通过铁路运输来完成，因为中蒙俄经贸主要是陆路运输。如果能建立好地上交通枢纽，打通互通新渠道，中蒙俄在旅游、贸易、沟通方面都会有更大便利。2013 年 10 月中蒙两国签订的《中蒙战略伙伴关系中长期发展纲要》明确指出，双方支持中国企业根据市场原则积极参与蒙古国新铁路建设的投资和承建工作。双方将加快策克—西伯库伦、甘其毛都—嘎舒苏海图、珠恩嘎达布其—毕其格图、阿尔山—松贝尔等铁路口岸及其跨境铁路通道建设。2014年中俄签署高铁合作谅解备忘录，根据协议，中俄将推进构建北京至莫斯科的欧亚高速运输走廊，优先实施莫斯科至喀山的高铁项目。俄罗斯计划在2030年前建设5000公里高速铁路。目前，中国已经提议准备向俄罗斯首条高铁——莫斯科到喀山高铁建设投资3000亿卢布。我国在目前建设的基础上，要进一步加大在"中蒙俄经济走廊"下各线路的铁路运输。具体在铁路运输建设中，推动包括大连、沈阳、长春、哈尔滨到满洲里到俄罗斯赤塔的电气化铁路运输，重点推进京津冀到二连浩特至乌兰巴托的铁路提速与改造，推动京津冀、呼包银榆经济带的铁路建设。对此，我国应与俄罗斯和蒙古国合作，进一步加大投资与建设力度，加大铁路线路的对接，推动"中蒙俄经济走廊"的贸易畅通。

第二，加大对中蒙俄相关口岸的投入与建设，优化口岸布局。"中蒙俄经济走廊"相关口岸主要都集中在内蒙古自治区，目前，内蒙古自治区已开放19个口岸，其中对俄罗斯开放的公路铁路口岸有6个，对蒙古国开放的公路铁路口岸有11个，还有海拉尔、满洲里及呼和浩特三个航空口岸。2012年额布都格口岸、阿尔山口岸及满都拉口岸通过了国家正式验收，成为了正式开放口岸，还有一些口岸正在建设中。但蒙古国俄罗斯口岸基础设施建设还不够完善，滞后于中蒙俄经济和贸易的快速发展，将会阻碍"中蒙俄经济走廊"的发展与建设。因此，需通过建立中蒙俄合作机制促进中蒙俄对口岸的投入，进一步完善内蒙古自治区口岸建设是今后"中蒙俄经济走廊"建设的重要内容。内蒙古自治区要不断优化口岸开放布局，完善口岸功能布局，通过"政府引导，企业运作，财政补贴"的多元投入机制，不断完善口岸建设，建设好"中蒙俄经济走廊"贸易畅通的口岸纽带。其中，在口岸的建设中特别要加大满洲里口岸和二连浩特口岸的投入与完善，在二者成为国家重点开发开放试验区之后，进一步加大资金支持。同时，西部以策克、甘其毛都口岸为重点，打造对蒙古国能源战略通道，中部以二连浩特、珠恩嘎达布其口岸为重点，打造对蒙古国综合加工经济带，东北以满洲里、黑山头口岸为重点，打造对俄商贸流通示范区。

3. 建立中蒙俄信息平台，推动"中蒙俄经济走廊"电子商务的发展

随着信息技术的发展，跨境电子商务得到快速的发展，建立翔实和快速的信息平台可为投资者和贸易商提供比较准确、可靠的信息，从而提高互信度、减少风险。推动并建立中蒙俄信息平台，大力发展"中蒙俄经济走廊"的电子商务平台是未来中蒙俄经济和外贸合作的最有效的途径。具体包括以下措施：第一，建设"中蒙俄经济走廊"国际光纤网络。争取国家支持，规划建立京津冀到呼

和浩特，再到蒙古国和俄罗斯，以及从大连、沈阳、长春、哈尔滨到满洲里和俄罗斯的赤塔两条"中蒙俄经济走廊"的光纤网络，为对外提供高速云服务提供支撑，建设面向俄罗斯和蒙古国提供云计算为模式的互联网基础平台的服务基地。第二，探索建立离岸数据中心，依托正在申建的呼和浩特保税物流中心等海关特殊监管区域，探索建立面向俄罗斯和蒙古国的数据中心，为企业提供相关服务和外包等信息服务。第三，建设"中蒙俄经济走廊"门户网站和跨境电子商务平台，通过网络服务，缩短经济走廊各地的时间与空间距离，促进跨境结算，加快电子口岸进程，建立各企业商品、仓储、物流运输、质量监督等综合信息配套服务。

4. 加强中蒙俄人文合作，推动"中蒙俄经济走廊"多元化发展

中蒙俄在历史、文化、语言上都具有相同的优势，我们应利用这些优势进一步加强中蒙俄在文化领域的合作，推动"中蒙俄经济走廊"的多元化发展。具体包括以下措施：第一，建立中蒙俄国家文化交流平台和发展基金。积极打造包括体育赛事、文物展览、文娱活动及演出多种形式的三国文化交流活动，并建立相关基金，促进这些活动的举办。第二，进一步扩大文化贸易。加大文化产品的输入与输出，对中蒙俄的文化贸易给予政策的支持与补贴，尤其可推进广播和优秀影视剧的译作，同时深入挖掘中蒙俄相关文化资源，通过合作拍摄等方式，促进"中蒙俄经济走廊"的文化合作与交流。第三，进一步完善中蒙俄旅游的相关规定，促进中蒙俄旅游，依托草原特色，开放系列中蒙俄旅游路线。第四，扩大与俄罗斯和蒙古国医疗卫生领域的合作，联合开展蒙中医药临床研究，加快中蒙俄医药产品在中蒙俄经济走廊沿线国家的认证注册，促进蒙中医药的出口及服务，推动建立边境地区卫生急救联动机制。第五，加强生态环保领域跨境合作，协调国家相关部委将中蒙俄的生态问题列入促进"中蒙俄经济走廊"建设长期互惠互利的战略框架中，加强草原生态建设、矿产环境治理、野生动物保护、疫病防治等合作机制。第六，扩大中蒙俄教育领域的合作，进一步建立中蒙俄相互增派留学生及培训等教育领域的合作，促进中蒙俄人才的交流，为"中蒙俄经济走廊"的建设提供人才保障。

5. 以内蒙古自治区为支点，促使"中蒙俄经济走廊"带动区域经济发展

"中蒙俄经济走廊"两条路线贯穿的中心城市包括：北京市、天津市、呼和浩特市、大连市、沈阳市、长春市、哈尔滨市、满洲里市，我们应以这些城市作为中心支点，尤其是内蒙古自治区在"中蒙俄经济走廊"中的核心作用，来带动"中蒙俄经济走廊"的发展，再以经济走廊带动西部地区的区域经济发展，即以点带线、以线带面的发展和建设思路。因此，内蒙古自治区要发挥内外联通的优势，积极探索内蒙古自治区在能源资源、生态环境、口岸建设、产业发展、

城市建设、科技文化、投资融资等领域与俄罗斯、蒙古国的次区域经济合作，从而促使"中蒙俄经济走廊"带动区域的经济发展。对此，内蒙古自治区应着力打造融开放之门、亚欧之路、集散之枢、先行之域于一体的"中蒙俄经济走廊"核心区：依托沿边经济带上若干个常年开放口岸和两个国家重点开发开放实验区；建设形成融铁路、公路、航线、光缆、能源通道于一体，接连腹地、对接俄罗斯和蒙古国、沟通欧洲的人流、物流、信息流国际大通道；以加强呼包鄂等腹地与沿边口岸的对接互补、兄弟省区的交流合作为抓手，建设呼包鄂内陆开放型经济高地，打造连接俄罗斯和蒙古国与内地的集加工、贸易、流通和进出口服务为一体的经济要枢；依托国家对内蒙古自治区的特殊政策，在向北开放和构建"中蒙俄经济走廊"的重点领域和关键环节大胆改革、先行先试，不断取得新突破。

第六章

草原丝绸之路经济带构建专题

根据国家"一带一路"战略规划，内蒙古被纳入"丝绸之路经济带"范畴。以"草原丝绸之路"为基础，构建内蒙古"草原丝绸之路经济带"，既丰富了"丝绸之路经济带"的理论内涵，又是对"丝绸之路经济带"空间范围的进一步拓展。

一、内蒙古自治区在草原丝绸之路经济带构建中的地位

（一）草原丝绸之路经济带缘起与意义

中国古代的丝绸之路主要有四条通道：其一为"沙漠丝绸之路"，从洛阳、西安出发，经河西走廊至西域，然后通往欧洲，也称为"绿洲丝绸之路"；其二为北方草原地带的"草原丝绸之路"；其三为东南沿海的"海上丝绸之路"；其四为西南地区通往印度的丝绸之路。其中，草原丝绸之路是指从中原地区向北越过长城入塞外，然后穿越蒙古高原、南俄草原、中西亚北部，西去欧洲的陆路商道。元上都是蒙元时期草原丝绸之路的起始点。蒙元时期是草原丝绸之路最为鼎盛的时期，从元上都出发的草原丝绸之路（商路），远达西亚、东欧。而欧洲、阿拉伯、波斯、中亚的商人也通过草原丝绸之路往来中国，具体路线如图 6 - 1 所示。

图 6 - 1　"草原丝路"路线示意图

资料来源：中国经济网，http：//i. ce. cn/intl/sjjj/qy/201412/09/W020141209545610656607. jpg.

"草原丝绸之路经济带"是"一带一路"重要的组成部分，是中国通向欧亚大陆西端的重要环节。"草原丝绸之路经济带"位于"一带一路"的北端，承载着"一带一路"连接中国北疆与北部和西部周边国际环境的战略作用。其中俄

罗斯和蒙古国是"草原丝绸之路经济带"能够直接覆盖的地区，是"草原丝绸之路经济带"重要的合作区域和通向欧洲和东北亚的重要通道。

（二）内蒙古自治区在草原丝绸之路经济带构建中的地位

1. 内蒙古自治区在草原丝绸之路经济带构建中的定位

《推动共建丝绸之路经济带和21世纪海上丝绸之路的愿景与行动》提出，发挥内蒙古自治区联通俄罗斯和蒙古国的区位优势。在此基础上内蒙古自治区政府明确内蒙古自治区定位，"努力建设充满活力的沿边经济带，坚持扩大对外经贸合作与深化国内区域合作相结合，坚持加强经济合作和开展各方面交流相结合，全力推进向北开放"。

2. 内蒙古自治区在草原丝绸之路经济带构建中的地位

（1）构建中蒙俄国际经济合作走廊的主导省份区。构建"草原丝绸之路经济带"离不开俄罗斯，换句话说，"草原丝绸之路经济带"是否能够构建成功，关键取决于如何与俄罗斯建立并保持长期互利共赢稳定的战略关系。到目前为止，俄罗斯官方的表态是非常清晰的，即支持中国的"一带一路"战略并积极加以合作。2014年2月，习近平主席与普京在索契会见时，习近平主席欢迎俄方参与丝绸之路经济带和海上丝绸之路建设，使之成为两国全面战略协作伙伴关系发展的新平台。普京总统积极回应，俄方积极响应中方建设丝绸之路经济带和海上丝绸之路的倡议，愿将俄方跨欧亚铁路与"一带一路"对接，创造出更大效益。

蒙古国各方对参加"丝绸之路经济带"建设也十分积极。蒙古国国务部长恩赫赛汗表示，蒙古国对中国提出的"一带一路"倡议响应积极，结合自身国情提出了"草原之路"倡议，这两项国家发展战略紧密相连，对蒙古国经济发展至关重要。蒙古国国家大呼拉尔（议会）2014年通过决议，中蒙两国边界的塔温陶勒盖—嘎顺苏海图、霍特—毕其格图新铁路将使用与中国相同的轨道标准，更好实现中蒙经济"互联互通"。

内蒙古自治区横跨东北、华北、西北，毗邻八省区，与俄罗斯、蒙古国交界，边境线长达4200多公里。独特的区位优势，决定了内蒙古自治区在"一带一路"四条线路之一的中俄罗斯和蒙古国经济带中地位举足轻重、不可替代。俄罗斯和蒙古国与内蒙古自治区相邻地区资源丰富，尤其是自治区矿产资源、土地资源、森林资源、农牧业生产资源丰富，但技术落后、开发程度低，这为加强双方合作开发提供了客观基础。利用内蒙古自治区矿产业、林业、农业、畜牧业生产和技术比较优势，加强与俄罗斯和蒙古国矿业、林业、农业、畜牧业的开发合作，前景广阔。特别是，内蒙古自治区与蒙古国进行区域经济合作具有得天独厚的便利条件，蒙古族是跨境民族，同根同源的蒙古文化和民族特性是该地区进行深度经济合作的重要人文条件和推动因素；辽阔的草原形态是"草原丝绸之路经济带"伸展的有利媒介。

近几年，自治区陆续出台了加强同俄罗斯和蒙古国交往合作的意见、深化与蒙古国全面合作规划纲要和促进外经贸及口岸发展的意见，对外贸易快速增长，2014年进出口总额完成145.5亿元，增长21.4%，同比提高14.9个百分点。统计显示，2014年，内蒙古自治区对俄罗斯进出口占内蒙古自治区同期外贸进出口总值的21%，俄罗斯已经成为内蒙古自治区第二大贸易国。在出口产品中，自治区改变了过去的粗放贸易格局，出口产品以机电和农产品为主，表明内蒙古自治区向北开放战略初见成效。

（2）连接丝绸之路经济带上的国际物流节点。从国内来看，中国沿海和内陆省区通过"草原之路经济带"，可以加快走向欧亚市场的进程。内蒙古自治区具有独特的向外伸展的物质环境和基础设施，通过满洲里和二连浩特，内蒙古自治区将中国内地和沿海地区与俄罗斯的第一条欧亚大铁路有效地连接在一起，形成了便捷的运输通道。

第一，满洲里。2013年国家发改委正式批复《内蒙古满洲里重点开发开放试验区建设总体规划》，满洲里作为中国第一大陆路口岸，地处中蒙俄三国交界，是中俄全面战略协作伙伴关系和中蒙战略伙伴关系的务实合作的重要桥头堡，是完善互利共赢、多元平衡、安全高效的开放型经济体系的综合枢纽。自2013年，满洲里市着手推动"苏满欧"（苏州—满洲里—欧洲）、"郑满欧"（郑州—满洲里—欧洲）、"广满欧"（广州—满洲里—欧洲）专列开通工作。目前，"苏满欧"专列已经实现常态化运行，该专列由苏州市出发，在满洲里口岸出境，经西伯利亚大铁路至波兰华沙，全程11200公里，用时仅13天。"苏满欧"专列的开通实现了中国长三角地区高新技术产品快速对接俄罗斯和中欧、东欧市场，对于培育与"丝绸之路经济带"相呼应的跨国货运新通道具有重要作用。

目前国内已稳定开行的中欧集装箱班列如"渝新欧"、"蓉新欧"、"郑新欧"班列，均是以出境班列为主体，缺乏回程货源，无法实现双向稳定开行。"苏满欧"较由新疆出境的"渝新欧"（重庆—新疆—欧洲）运输时间减少5天，运费成本节约1000美元/箱，具备很强的时间优势、成本优势、运能优势，而且"苏满欧"班列有着其他中欧班列无可比拟的双向回程优势。"苏满欧"已开通德国经满洲里至沈阳、北京的回程班列，运输进口宝马汽车零部件等货物，回程班列高峰期可达每周5列。同时，"苏满欧"辐射俄罗斯十余个主要城市和欧洲20多个国家和地区，使中国与世界主要消费市场的距离更近。

第二，二连浩特。二连浩特口岸是中蒙间最大的口岸，是"丝绸之路经济带"北线的重要节点，内邻环渤海经济圈，是沿边开发开放经济带、呼包银榆经济区、沿黄沿线经济带的重要组成部分，外接蒙古国人口经济集聚区、资源富集区和俄罗斯东西伯利亚地区政治经济中心，拥有广阔的内联腹地和开放空间，在构建北线"丝绸之路经济带"和打造"中蒙俄经济走廊"中处于先导地位。

2014 年 6 月 5 日，国务院正式批复设立中国二连浩特重点开发开放试验区，并明确其为"丝绸之路经济带"的重要节点，这也是国家层面首次下发文件将"丝绸之路经济带"落实到具体省区。二连浩特重点开发开放试验区位于内蒙古自治区正北部的二连浩特市，辖区面积为 4015.1 平方公里，境内有 72.3 公里边境线。该市北与蒙古国毗邻，并辐射俄罗斯，对外开放条件得天独厚。该试验区的建设，将会有力促进二连浩特市建设我国向北开放的黄金桥头堡、区域性国际物流枢纽、睦邻安邻富邻的示范区和沿边地区经济发展、社会和谐的样板口岸的进程。

第三，阿尔山。阿尔山有可能是未来连接内蒙古自治区东部和蒙古国的重要交通枢纽。阿尔山口岸于 2012 年 12 月 5 日通过国家验收组正式验收。2013 年 7 月 15 日至 10 月 1 日实现临时集中开放。2014 年 6 月 1 日至 9 月 30 日正式开放，开放期间累计进出境人员 1623 人次，进出境车辆 452 辆次，出口货物 34 吨。2014 年阿尔山口岸获批 3 条赴蒙跨境旅游线路，取得了边境旅游异地办证权限，实现了旅游团队持证跨境旅游，扩大了口岸通关内容。阿尔山口岸近期目标是建设中蒙跨境旅游合作区；远期重点加快口岸园区建设，发展进出口加工业和国际物流业，推进"两山"铁路建设，开通铁路口岸和航空口岸。

目前，蒙古国与内蒙古东部地区没有直接的铁路线连接，蒙古国境内东侧的铁路需要从乔巴山经俄罗斯境内再通向满洲里。蒙古国本身没有出海口，较为经济的选择就是通过中国达到出海的目的。为此，蒙古国的出海方案中最为重要的措施就是从"三山"建设铁路和公路到中国的阿尔山，然后通向大连港和俄罗斯远东沿海边疆港口。其中最为核心的举措是修建中蒙"两山"（中国阿尔山—蒙古国乔巴山）铁路。这一提议最早来自于联合国计划署，同时，在国家发改委已经印发的《东北振兴"十二五"规划》中，中蒙俄国际大通道被列为铁路重点项目，而乔巴山（蒙古国）—阿尔山口岸（内蒙古自治区）—乌兰浩特—白城（吉林省）—长春—珲春是具体线路。但打通蒙古国铁路牵涉多国的利益博弈，蒙古国自身也有多重考虑，导致其进度缓慢，至今尚未实质性推进。

为了更好地建设内蒙古自治区国际物流网络，2015 年，自治区围绕"一带一路"战略和进一步优化与俄罗斯、蒙古国合作的重大机遇，开工建设甘其毛都—临河等口岸公路，实现与俄罗斯和蒙古国及周边省区重要节点的高水平联通；将全面开工临河至哈密高速公路，打通丝绸之路北路，为自治区加快融入丝绸之路经济带提供支撑。为了加快丝绸之路辐射区域路网建设，开工建设通辽至鲁北等高速公路，畅通向东、向南直达沿海港口，融入21世纪海上丝绸之路的快速通道。为尽早打通内蒙古煤炭资源外运和中欧物资运输的重要通道，内蒙古自治区铁路建设也不断提速，把额济纳至新疆哈密铁路原本三年工期压缩至一年半，计划于2015年底全线通车。同时，内蒙古自治区首条新建高铁——张家口至呼和浩特铁路客运专线全线开工，与规划建设的北京至张家口铁路客运专线相连，加快融入京津冀协同发展战略。

（三）借"草原丝绸经济带"春风，促内蒙古自治区经济发展

"一带一路"战略开启了内蒙古自治区经济发展的新格局，内蒙古自治区要在主动融入中选准定位，发挥作用。除了加大基础设施建设和加强产业合作之外，还要形成互联互通、优势互补的经济圈，为内蒙古自治区经济发展和改革带来新支点。

1. 加强口岸建设，完善交通运输网

内蒙古自治区作为"草原丝绸之路经济带"的发起点和重要节点，必须加快完善通道功能。"草原丝绸之路经济带"的重要经济职能就是打造通道经济。

（1）加快电子口岸建设。研究制定内蒙古自治区电子口岸发展总体规划和配套政策措施，加快推进内蒙古自治区电子口岸建设，提高口岸通关现代化和信息化水平。尽快建成统一的内蒙古自治区电子口岸平台，并依托电子口岸推动中俄蒙跨境电子商务快速发展，"俄蒙通"航空运输早日开通。

（2）积极培育满洲里铁路集装箱专列大通道。"苏满欧"专列在中国版图内运行路线与传统欧亚大陆桥几乎重合，都是由国内最大陆路口岸满洲里口岸直通俄罗斯腹地，其对新时期进一步激发传统大陆桥的活力、充分发挥其经济辐射带动作用具有重要意义。未来要全力争取开通"郑满欧"、"广满欧"专列，争取将"铁路新丝绸之路"（长三角、珠三角及内陆地区经满洲里口岸对接俄罗斯和欧洲市场的跨国贸易大通道）纳入国家"丝绸之路经济带"规划。

（3）加快推进"两山"铁路建设进度。内蒙古自治区要与周边省区，尤其是吉林省合作，加快推进"两山"铁路前期工作。要尽快将修建"两山"铁路提升到中蒙两国国家间合作重要载体的高度，协调国家有关部委，把"两山"铁路纳入两国政府会晤内容，与蒙古国开展多层次交流，选择具有较强实力的企业作为投资主体，做好项目前期考察、洽谈、设计等准备工作，争取尽早启动建设。

2. 依托草原文化，加强俄罗斯和蒙古国文化交流

文化是丝绸之路经济带的"血脉"，是实现"五通"的基础，文化的交流与

汇通是推进丝绸之路经济带建设的有效捷径。内蒙古自治区与蒙古国、俄罗斯都是草原文化兴盛的地区，在文化传统、风俗习惯、宗教信仰等方面都有相同、相近之处。内蒙古自治区应该依托草原文化的底蕴，通过文化展演、文化交流、学术研讨等活动，推动内蒙古自治区和蒙古国、俄罗斯之间的文化交流，能够为进一步的国际交流和经贸往来打下良好基础。在文化交流中，不仅要"走出去"，还要"请进来"，要增加相互的交流。通过有效的文化交流，能够使周边国家打消疑虑，共同投入"草原丝绸之路经济带"的建设中来。坚持政府主导、市场运作、社会参与，定期在俄罗斯、蒙古国举办文化周、文化日等大型文化交流活动。在非物质文化遗产保护、地质遗迹保护、图书研究、文物考古等领域的理论研究、人才培养等方面与俄罗斯、蒙古国建立合作机制。

3. 利用地缘优势，打造蒙古国和俄罗斯能源大通道

随着我国经济发展速度加快，对各类能源需求巨大。蒙古国和俄罗斯是能源富饶的国家，也是能源出口大国，是我国重要的能源进口来源地。在"一带一路"的背景下，可以预见未来我国与这两国的双边能源合作将进一步加深。内蒙古自治区要充分利用自己的地缘优势，加强基础设施建设，抓好能源通道建设，巩固能源资源战略地基的地位。

4. 加强全方位合作，推进服务贸易发展

（1）推进金融合作。争取国家政策性银行在俄罗斯、蒙古国设立分支机构，充分发挥政策性金融对中俄、中蒙重点合作领域投资项目的支持作用。鼓励俄罗斯、蒙古国银行在内蒙古自治区设立分支机构，进一步完善双边金融合作机制。

（2）扩大教育交流与合作。鼓励通过校际论坛、学术研究拓展内蒙古自治区与俄罗斯、蒙古国的教育交流和人才培养合作。鼓励院校扩大联合办学和互派教师、留学生规模，优化学科和专业设置。

（3）推动医疗卫生合作。合作改善蒙古国医疗救援服务，推进内蒙古国际蒙医院发挥牵头作用，率先同蒙古国合作建立医疗机构。同俄罗斯、蒙古国共同研究、整理蒙医学书籍、文献、著作，交流蒙医学科研成果。加强传染性疾病防控合作交流，推动建立热线联系、疫情交换等机制。

（4）深入发展旅游经济。2014年内蒙古自治区共接待国内外游客7581万人次，同比增长12%，旅游业总收入达1805亿元人民币，同比增长28.63%。未来内蒙古自治区应该加强与蒙古国、俄罗斯的合作，强化跨境旅游合作机制，以"草原丝绸之路"为纽带，深入开发中俄蒙三国的跨境旅游线路。

5. 整合现有资源，发展四位一体的经济新模式

随着内蒙古自治区在"草原丝绸之路经济带"建设过程中作用越来越凸显，政府投入力度的加大，内蒙古自治区应该依托已初步建成的综合交通运输网络和

国际商贸物流体系，加强国内国外两个方向的区域合作，发展商流、物流、信息流、资金流，四位一体的经济新模式。内蒙古自治区应着重打造几个区域性国际商贸中心和商品集散地，不仅带动地区经济，还可以辐射周边盟市。此外，自治区政府要着手牵头打造先进的电子商务平台和积极筹办境内外展会，为国内外企业合作与交流牵线搭桥。

二、"草原丝绸之路经济带"构建背景下的中蒙俄贸易通道建设

（一）"丝绸之路"与"草原丝绸之路"的概述

"丝绸之路"是1877年德国地理学家李希霍芬命名的，后来史学家把沟通中西方的商路统称为丝绸之路。丝绸之路是起始于古代中国政治、经济、文化中心古都长安（西安），连接亚洲、欧洲和非洲的陆上贸易路线，跨越陇山山脉，穿过河西走廊，通过玉门关和阳关，抵达新疆，沿绿洲和帕米尔高原通过中亚、西亚，最终抵达欧洲和非洲。

"丝绸之路"所经地区是人类古代文明的发源地和最发达地区。西端的古代埃及、古代希腊和两河流域，东端的古代中国具有当时世界最发达的经济和文化，中部的古代波斯、巴克特利亚（大夏）、花剌子模等西亚、中亚诸国以及古代印度成为数万里丝绸之路的重要枢纽。沿丝绸之路各国政治、经济、文化综合力量的高度发展，为丝绸之路的开通创造了前提条件。古丝绸之路是人类文明沟通桥梁的代名词，不冲突、不对抗的独立外交经贸政策是其精华所在。

历史上"丝绸之路"没有严格界定，大体分为北道、中道和南道，由众多的干线与支线组成，主要有四条通道：其一为"沙漠丝绸之路"，从洛阳、西安出发，经河西走廊至西域，然后通往欧洲，也称为"绿洲丝绸之路"；其二为北方草原地带的"草原丝绸之路"；其三为东南沿海的"海上丝绸之路"；其四为西南地区通往印度的丝绸之路。

"草原丝绸之路"东端的中心地在内蒙古地区，这里是草原文化分布的集中地，也是中西文化和南北文化交流的汇集地，显示出浓郁的草原文化特征，是蒙古草原地带沟通欧亚大陆的商贸大通道，是连接东西方经贸、文化的大动脉。

2013年9月，习近平总书记访问中亚国家时提出，为了使欧亚各国经济联系更加紧密、相互合作更加深入、发展空间更加广阔，共同建设"丝绸之路经济带"，提出"一带一路"战略构想。而作为四条通道之一的"草原丝绸之路"，不仅是连接东西方经济、文化交往的重要通道，也是连接中国长城以南地区与北方草原地区经济文化交往的要道，在促进丝绸之路的全面繁盛中发挥了重要

作用。

（二）构建"草原丝绸之路经济带"的意义

"丝绸之路经济带"是我国在不断发展和崛起的背景下提出来的，具有战略意义，是中国在新的历史条件下结合国际国内两个大局的新情况和新特点而提出的战略思路，旨在欧亚大陆空间形成一个新的经济发展区域，构建一个世界上最具有发展潜力的经济走廊和区域，通过现代化的基础设施和贸易便利化将欧亚各国紧密联系起来，丰富欧亚大陆的合作内涵和形式。"草原丝绸之路经济带"属于"丝绸之路经济带"北线——右翼，对其进行完善的研究，有助于拓宽、拓深"一带一路"问题研究，具有重要战略意义。

1. "草原丝绸之路经济带"是"一带一路"重要的组成部分，是中国通向欧亚大陆西端的重要环节

中国推出"一带一路"总体规划，既是中国积极进行地缘布局来推动经济一体化和寻找全球发展新动力的需要，也是欧亚大陆发展的迫切需要。从区位上看，"草原丝绸之路经济带"位于"一带一路"的北端，承载着"一带一路"连接中国北疆与北部和西部周边国际环境的战略作用。其中俄罗斯和蒙古国是"草原丝绸之路经济带"能够直接覆盖的地区，俄罗斯和蒙古国是中国北部邻居，内蒙古自治区可以通过满洲里和二连浩特两个铁路节点与俄罗斯和蒙古国的铁路网进行对接，是连接中国内地和俄罗斯、蒙古国及欧洲腹地的重要节点。因此，俄罗斯和蒙古国是"草原丝绸之路经济带"重要的合作区域和通向欧洲和东北亚的重要通道。从辐射区域上看，"草原丝绸之路经济带"的西段效应也很明显，它是"沙漠丝绸之路"的重要分支，它以呼和浩特市、包头市、临河市为重要连接点，将宁夏、青海、甘肃与新疆丝绸之路连接起来，成为经典的丝绸之路的组成部分。

2. "草原丝绸之路经济带"承载着我国南北通道的战略作用

从历史上看，"草原丝绸之路"实际上是呈网络分布，除东西向延伸之外，"草原丝绸之路"还呈南北向伸展，比如自福建武夷山起，经过中原，至内蒙古自治区从二连浩特贯穿蒙古国、经西伯利亚通往欧亚大陆西端欧洲的"茶叶之路"，该路常被史学界称为"万里茶道"。"万里茶道"形成的时间虽然晚于传统"丝绸之路"一千多年，但其经济价值和文化意义是非常巨大的。

我国东南沿海地区属于我国经济发达地区，其经济能量的输入和输出极为频繁，上海市、广州市、深圳市和中部地区省份向俄罗斯乃至欧洲的陆路运输需要经过内蒙古自治区。内蒙古自治区的经济走廊是我国经济对外发展的重要通道。以满洲里为例，作为中国第一大陆路口岸，扮演亚欧大陆经济带"桥头堡"的角色，然而受金融危机及俄罗斯原油进口改为管道运输影响后，曾一度萧条，

"草原丝绸之路经济带"的构建将为其提供新的发展机遇。2013年10月，随着"苏满欧"铁路集装箱专列开通，使这条新的国际联运通道成了中国当前运行速度最快、运输价格最低、通关服务最优的欧亚货运大通道。借助"苏满欧"物流通道，苏州周边生产的大量电子产品可以直达欧洲，将来必定有越来越多的地区经满洲里打开欧洲市场。因此，"草原丝绸之路经济带"的构建有助于我国南北贸易畅通。

3. "草原丝绸之路经济带"构建，对俄罗斯和蒙古国同样具有战略作用，促进中蒙俄共同发展

"草原丝绸之路经济带"为中国描绘了一张合作蓝图，也创造了一个绝佳的发展机遇。中国、俄罗斯和蒙古国三国是好邻居、好伙伴，三国发展战略高度契合。中方提出共建丝绸之路经济带倡议，获得俄方和蒙方积极响应。

俄罗斯对中国的"一带一路"战略非常关注。正如俄罗斯外交家沃罗比约夫所说："考虑到这一构想的严肃性和长期性，作为欧洲—太平洋地区强国、中国的多年战略伙伴的邻居，俄罗斯应密切关注北京如何阐释和具体落实该构想的内容。"俄罗斯官方的表态是非常清晰的，即支持中国的"一带一路"战略并积极加以合作。2014年2月，习近平主席与普京在索契会见时，习主席欢迎俄方参与丝绸之路经济带和海上丝绸之路建设，使之成为两国全面战略协作伙伴关系发展的新平台。普京总统积极回应，俄方积极响应中方建设丝绸之路经济带和海上丝绸之路的倡议，愿将俄方跨欧亚铁路与"一带一路"对接，创造出更大效益。这是中俄全面战略协作伙伴关系发展的重要合作方面。

蒙古国同样从战略高度重视同中国和俄罗斯发展更加紧密的睦邻友好合作关系。蒙方希望加强同中国和俄罗斯合作，拉动交通基础设施互联互通和跨境运输。蒙方希望加强同亚太经合组织等机制的合作，积极参与地区事务。

由此可见，构建"草原丝绸之路"，不仅有利于中国的和平崛起，也有助于俄罗斯实现崛起、有效地开发西伯利亚和远东地区、成为世界强国，更有利于蒙古国的经济发展与政治稳定。三方要加强国际合作，打造"中蒙俄经济走廊"，加强铁路、公路等互联互通建设，推进通关和运输便利化，促进过境运输合作，研究三方跨境输电网建设，开展旅游、智库、媒体、环保、减灾救灾等领域务实合作，共同维护国际关系，共同倡导互信、互利、平等、协作的新安全观，共同推动以和平方式，通过对话谈判，政治解决国际争端和热点问题，实现利益共享。

4. "草原丝绸之路经济带"的构建有利于拓宽各节点城市和国家之间的合作领域，扩大合作空间，实现互利共赢

国家提出"一带一路"发展战略，这一重大战略的核心就是要进一步深化

沿线区域城市合作共赢、推动沿线各地共同繁荣发展。

内蒙古自治区通过"草原丝绸之路经济带"可以与蒙古国建立非常密切的经济合作关系。内蒙古自治区与蒙古国进行区域经济合作具有得天独厚的便利条件，蒙古族是跨境民族，同根同源的蒙古文化和民族特性是该地区进行深度经济合作的重要人文条件和推动因素；辽阔的草原形态是"草原丝绸之路经济带"伸展的有利媒介。蒙古国是中国内蒙古自治区构建"草原丝绸之路经济带"的最重要的外国合作伙伴之一。

构建"一带一路"，给内蒙古自治区带来了前所未有的战略机遇期，内蒙古自治区经济发展势头很好。在构建"草原丝绸之路经济带"的大背景下，内蒙古自治区能够更好地发挥区位优势和资源优势，有步骤地统筹发展国际和国内两个市场，运用"看不见的手"优化市场资源配置，着力推进贸易投资便利化。但资源型经济结构制约着自身的发展，内蒙古自治区应以构建"草原丝绸之路经济带"为契机，进一步加快对外开放的步伐，取得实质性的进展，在与周边相邻国家的经济合作中扮演重要角色，在与国内其他省区在经贸往来中起到纽带作用。2014 年，习近平总书记在内蒙古考察期间提出"守望相助、团结奋斗，把祖国北疆这道风景线打造得更加亮丽"、"把内蒙古建成我国向北开放的重要桥头堡"等重要指示。自治区"8337"发展思路也提出要把内蒙古建成中国向北开放的重要桥头堡和充满活力的沿边开放带。

内蒙古自治区具有独特的向外伸展的物质环境和基础设施，应该充分发挥呼和浩特、满洲里、二连浩特的重要城市节点作用，其中满洲里和二连浩特的作用不可替代。通过满洲里和二连浩特，内蒙古将中国内地和沿海地区与俄罗斯的第一条欧亚大铁路有效地联系在一起，形成了便捷的运输通道。在基础设施便利化方面中俄、中蒙之间还有很多事情需要做。比如应该推动修建中蒙"两山"铁路（中国阿尔山—蒙古国乔巴山），该倡议最早是由联合国计划署提出来的，这对蒙古国和中国都有好处。2014 年满洲里率先发力，与江苏省苏州合作，组建了"苏满欧"运输模式。"苏满欧"铁路专线一经开通就显示出很大的优越性，与渝新欧、郑新欧和汉新欧相比更具有经济效益。到目前为止，广州、郑州等地希望与满洲里合作共建直达亚欧的铁路集装箱专线。

（三）"草原丝绸之路经济带"背景下的中蒙俄贸易通道建设

中蒙俄三国作为草原丝绸之路的重要参与者，在连接中国同中亚及欧洲地区经济、文化、贸易、技术等方面的交流合作中发挥着十分重要的作用。加快构建草原丝绸之路经济带，不仅有利于拓宽各节点城市和国家之间的合作领域，扩大合作空间，实现互利共赢，而且有利于加快推进跨境经济贸易合作，深化各国在资源、文化、金融、旅游等领域的交流，为进一步巩固和提升各国之间的传统友谊提供了有利的契机。我国应充分发挥蒙古国与中国北疆相邻的区位优势和资源优势，利用草原丝绸之路的构建为契机，双方营造更加宽松的投资贸易环境，制定更加优惠的对外投资政策，吸引两国企业互相投资兴业、共谋发展。

当前，中蒙俄三国之间的贸易和经济技术合作与三国间的政治关系极不相称，除了政策原因之外，交通运输和"大通关"、大通道建设的滞后，已经成为阻碍中蒙俄经贸合作的最大因素。加强交通基础设施建设，逐步形成连接沿线各国的交通运输网络，构建中蒙俄贸易通道，将是"草原丝绸之路经济带"优先考虑的战略重点。

蒙古国是一个完全内陆国家，也是与中国陆上边界最长的国家，地缘优势与经济互补性促进了中蒙两国经贸关系的发展，进入 21 世纪以后，中国始终是蒙古国最大的贸易伙伴和投资国。然而一直以来，双方经贸关系的发展深受蒙古国交通运输的制约，这也引起了中蒙双方高层的关注。2013 年 10 月，在中蒙两国总理共同签署的《中蒙战略伙伴关系中长期发展纲要》中，双方强调要大力开展互联互通等基础设施建设，就连通两国的铁路、公路、天然气输送、电力输送等进行统筹规划和建设，为中蒙双方通道建设指明了方向。2014 年 8 月，习近平主席访蒙，在《全面战略伙伴关系宣言》的框架下，双方提出了"矿产资源开发、基础设施建设、金融合作，三位一体，统筹推进经贸合作思路，强调把互联互通作为中蒙合作的优先方向，同时提出"共同促进亚欧跨境运输，共建草原丝绸之路经济带"的倡议。这为中蒙俄通道建设赋予了新的内涵及使命，即中蒙通道建设不仅使中蒙俄间的"油、气、电、铁路、公路"畅通，更要充分发挥中蒙俄三国的地缘优势，成为架起亚欧大陆的桥梁和纽带，最终形成纵横南北、畅通东西的中蒙俄贸易大通道。

"草原丝绸之路经济带"是一个跨国跨省的经济带，交通物流的通畅是建设这一经济带的重要基础保障。在运输基础设施建设方面：应以新欧亚大陆桥铁路通道作为主体基础，建设广覆盖的公路网和航空网，完善油气运输管道和储备系统，并且加强各种运输方式的衔接，形成多式联运的交通运输体系。在物流业方面：应以建设融合运输、仓储、信息等产业的复合型现代物流体系为目标，一方面提升沿线地区物流业综合服务能力，另一方面推动物流企业规模化、降低物流成本、提升地区物流企业竞争力。因此，中蒙俄贸易通道建设是一项综合性工程，从多个层次、利用多种投资手段、运用多种运营方式等提出建设措施，最终形成纵横南北、畅通东西，包含油、气、电、铁路、公路 5 个通道、内容涉及基础设施建设、通关便利、保险、支付及人员往来等综合性贸易大通道。

1. 加快铁路建设，实现铁路互通互联

（1）加快哈密至额济纳铁路建设进度。这条铁路的建设，为内蒙古自治区融入"丝绸之路经济带"增加了新的重要通道。如果该通道竣工，它既可以与既有的临策铁路组成新疆与华北、东北地区的大通道，又能让进疆与出疆的物资更顺畅，让往来于"丝绸之路经济带"内的节点城市的物资与人员交流更便捷。

（2）积极培育满洲里铁路集装箱专列大通道。中蒙俄贸易通道建设还包括，通过提速、改选经满洲里至俄罗斯至欧洲的国际铁路大通道，贯通满洲里至大边港、营口港的出海通道，形成海铁联运大通道。

"苏满欧"专列在中国版图内运行路线与传统欧亚大陆桥几乎重合，都是由国内最大陆路口岸满洲里口岸直通俄罗斯腹地，将对在新时期进一步激发传统大陆桥的活力，充分发挥其经济辐射带动作用具有重要意义。未来要全力争取开通"郑满欧"、"广满欧"专列，争取将"草原丝绸之路"延长到长三角、珠三角及内陆地区。经满洲里口岸对接俄罗斯和欧洲市场的跨国贸易大通道，是打通纳入国家"丝绸之路经济带"的核心规划之一。目前，"苏满欧"铁路班列比"渝新欧"班列运输时间缩短 5 天、运费节约 1000 美元/箱，回程货源充足，具有很强的竞争优势。

（3）加快推进"两山"铁路建设进度。内蒙古自治区要与周边省区，尤其是与吉林省合作，加快推进"两山"铁路前期工作。要尽快将修建"两山"铁路提升到中蒙两国国家间合作重要载体的高度，协调国家有关部委，把"两山"铁路纳入两国政府会晤内容，与蒙古国开展多层次交流，选择具有较强实力的企业作为投资主体，做好项目前期考察、洽谈、设计等准备工作，争取尽早启动建设。

（4）打通多条支线通往欧洲、西亚铁路。打通经临河—哈密—阿拉山口—哈萨克斯坦—俄罗斯—白俄罗斯—波兰—德国等欧洲国家的国际铁路大通道，打通环渤海湾地区通往新疆的便捷高速通道（临—哈铁路建成后，乌鲁木齐—北京运距可缩短 1400 公里，时间缩短 1/3）。同步推动经由呼银兰乌到西亚的高铁建设，配套开通环渤海、长三角、珠三角和中部经济区通往欧洲的货运班列。提速改造经二连浩特、乌兰巴托至莫斯科至欧洲的国际铁路大通道，不断提升与各支线的联通能力。

2. 通过建设营口港亚欧大陆桥，延长草原丝绸之路经济带的东西两翼

通过建设营口港亚欧大陆桥，发挥海铁联运优势，开行中欧班列，可助推草原丝绸之路经济带东线发展，推动草原丝绸之路向东延伸到东北、日本、韩国，向西延伸至欧洲，辐射东至韩国、日本、东南亚以及我国沿海各省份，西至俄罗斯、白俄罗斯、波兰、中欧及德国。营口港已启动了欧亚大陆桥的国际集装箱运输业务，且海铁联运的模式越发成熟。随着营口港基础设施的进一步完善，中韩自由贸易区协议的签订，多式联运的运营方式亦更加走向成熟，草原丝绸之路经

济带的东翼能够辐射至东北亚和中国国内更多的发达经济区。

在 2014 年 5 月召开的上海亚信峰会上，在俄罗斯总统普京与中国国家主席习近平的共同见证下，吉林省与俄罗斯苏玛集团签署合作框架协议，双方将合作建设俄罗斯扎鲁比诺大海港。俄罗斯苏玛集团副总裁巴宁表示，俄中两国企业将合作建设扎鲁比诺大型万能海港，有望成为东北亚地区最大的港口之一。扎鲁比诺大海港建成后，中国东北的货物进出东北区域将更加便捷，同时也将会把产品和市场延伸至中国的南方，并能成为连接日本海沿岸各国的"黄金线路"。在可以预见的将来，如果以扎鲁比诺港为节点的东北亚经济圈形成，也将有利于推动"草原丝绸之路经济带"的东端直接延伸至东北亚经济区的核心圈。

3. 做好文化先行，实现"民心相通"

文化交流可以推动民心相通。我国的内蒙古地区、东北地区与蒙古国、俄罗斯远东及西伯利亚地区在文化传统、风俗、习惯、宗教信仰等方面都有相同、相近之处。通过文化展演、文化交流、学术研讨等活动，推动三国之间的文化交流，为进一步的国际交流和经贸往来打下良好基础。在文化交流中，不仅要"走出去"，更要"请进来"，通过有效的文化交流，中蒙俄三国共同投入到"草原丝绸之路经济带"的建设中来，为中蒙俄贸易通道打下坚实基础。

三、草原文化在丝绸之路经济带构建中的作用

（一）草原文化的内涵

1. 草原文化的研究溯源

对于草原文化的研究始于 20 世纪中对游牧文化的研究，世界各国的学者开始关注游牧民族的生产方式和生活习俗，并以极大的热情投身于游牧文化的保护、挖掘与研究工作。联合国教科文组织非常关注游牧文化的历史传统、现状与未来发展，1992 年组织的"丝绸之路"科学考察项目的部分考察是在游牧文化保留比较典型的蒙古国境内进行的。并且"丝绸之路"科学考察项目的组织者提出了成立由多个国家参与的国际游牧文明研究院的设想。1993 年，在联合国教科文组织第 27 届大会上，正式通过了成立国际游牧文明研究院的决定。1998年，在蒙古国成立了国际游牧文明研究院，总会设在蒙古国首都乌兰巴托。国际游牧文明研究院成立后，先后多次组织科学考察和学术活动等。

很长一段时间，人们把草原文化等同于游牧文化，但随着研究的深入，21世纪初，一些学者提出"草原文化"概念，认为游牧文化虽然是草原文化的集大成者和主导部分，但是，游牧文化只是草原文化的一个组成部分和发展阶段。

2004 年，中国内蒙古自治区"草原文化研究工程"被列为国家哲学社会科学基金特别委托项目，标志着这一系列研究工程的正式启动。

2007 年，由内蒙古社会科学院院长吴团英主编，110 多位学者参与编写的多卷本《草原文化研究丛书》出版。该丛书共计四百余万字，是国内外对草原文化进行系统研究的最完整的著述。为了配合"草原文化研究工程"，2006 年吴团英、马永真、包双龙等主编出版了三卷本《文化内蒙古》。2005～2008 年，牛森等主编出版了《草原文化研究资料选编》第四卷。

在草原文化研究过程中，学者们对草原文化的概念、内涵、类型、特征、基本精神、价值取向、历史地位和区域分布等方面提出了较为系统的观点。

2. 草原文化在中华文化发展史上的重要地位

近些年，经过专家论证和讨论，基本达成了共识：草原文化与黄河文化、长江文化共同构成了中华文化，草原文化是中华文化的重要组成部分。大量的考古资料和已有的研究正逐步表明，作为草原文化发祥地的我国北方、东北和西北地区等草原地带，不但分布许多早期人类活动的遗迹，如大窑文化、萨拉乌素文化、扎赉诺尔文化等，而且拥有很多可以印证中华文明起源的文化遗存，如兴隆洼文化、赵宝沟文化、红山文化等。这些文化遗存以其丰富的内涵表明，在史前时代，北方地区社会发展程度处于领先地位，是"中华文明曙光升起的地方"（苏秉琦语），是中华"玉文化"、"龙文化"、"礼仪文化"的发祥地之一。有人还提出，黍、粟的起源很可能在中国的北方，即现在的内蒙古地区。即中华文化因为有了与黄河文化、长江文化共同生长的草原文化的灿烂源头，所以才既有独特的丰富性和多样性，又充满生机与活力，能够在历史的长河中源远流长。①

3. 草原文化的核心理念

在"内蒙古自治区第五届草原文化研讨会暨第三届红山文化国际高峰论坛"上，自治区党委宣传部部长乌兰对草原文化核心理念进行阐述，着重强调"当前，开展草原文化研究，重点是把握草原文化的核心理念。草原文化核心理念是对草原文化的基本内容、基本精神和价值取向的本质概括，是草原文化形成、发展和对外扩大影响的内在动力，在草原文化体系中居于统领地位。草原文化在长期积淀中，已经孕育出许多富有生命力的观念和思想，诸如开拓进取、兼容并包、自由开放、崇信重义、英雄乐观、天人合一等，形成独具特色的草原文化观念体系。在这些观念体系中，我们把草原文化核心理念可以概括为'崇尚自然、践行开放、恪守信义'十二个字。"这十二个字集中反映了草原文化的本质和精神特质，是草原民族生态观、开放观与诚信观的最高层次的概括，是草原民族最

---

① 陈光林. 深化草原文化研究［J］. 内蒙古社会科学，2007（5）.

宝贵的精神财富和力量源泉。

（二）草原文化在丝绸之路经济带构建中的作用

1. 草原文化有利于促进沿线国家互信交往

对于草原文化的地域分布，主要存在以下几个观点：①草原文化的区域分布是世界性的，具有世界品格，凡是有草原的地方就有草原文化；②草原文化的区域分布主要在欧亚草原；③草原文化的区域分布主要在蒙古高原，特别是内蒙古自治区。[①] 在丝绸之路经济带上，中亚、西亚多国都具有草原文化背景，例如蒙古国、俄罗斯、哈萨克斯坦等。草原文化是丝绸之路经济带的"血脉"之一，是实现"五通"的基础，是沟通丝绸之路沿线国家最重要的一个共同的价值认同点，是促进经济发展和社会进步的桥梁和纽带。

2. 草原文化有利于深化沿线国家经贸合作

2013 年 9 月和 10 月，习近平主席在出访中亚和东南亚期间，分别提出建设"丝绸之路经济带"和"21 世纪海上丝绸之路"（简称"一带一路"）的战略构想。文化交流不仅为"一带一路"沿线国家加强区域大合作创造有利的人文发展环境，同时也是双边及多边经贸往来的重要内容。以草原文化为内容，有利于扩大我国与其他国家的文化服务贸易规模，以及文化合作项目的开展。

3. 草原文化有利于增进周边国家民众对我国的好感

国之交在于民相亲，民相亲在于心相通。各国间的关系发展既需要经贸合作的"硬"支撑，也离不开文化交流的"软"助力。近几年，中国与俄罗斯和蒙古国等国都互办过文化年、艺术节、电影周和旅游推介活动等，例如，2014 年《中蒙友好交流年纪念活动方案》，仅人文领域活动就有 22 项。2015 年 1 月，作为中国—俄罗斯文化交流领域的创新之举，中俄（牡丹江）文化艺术品交易中心（以下简称中俄文化交易中心）成立，这是国内首家国际化文化类交易平台，开创了中俄文化交流的新时代。与沿线国家的文化艺术、科学教育、体育旅游、地方合作等友好交往，会密切中国人民同沿线各国人民的友好感情，夯实我国同这些国家合作的民意基础和社会基础。

（三）依托草原文化底蕴，提升内蒙古自治区在丝绸之路经济带的影响力

《推动共建丝绸之路经济带和 21 世纪海上丝绸之路的愿景与行动》提出，发挥内蒙古自治区联通俄罗斯和蒙古国的区位优势。在此基础上内蒙古自治区政府明确内蒙古自治区的定位，"努力建设充满活力的沿边经济带，坚持扩大对外经

[①] 吴团英. 关于草原文化研究几个问题的思考［J］. 内蒙古社会科学，2013（1）.

贸合作与深化国内区域合作相结合,坚持加强经济合作和开展各方面交流相结合,全力推进向北开放。"

在推进"一带一路"建设过程中,各级政府和学者都强调要"文化先行"。内蒙古自治区是草原文化的重要发祥地之一,其历史文化积淀丰厚、特色风格鲜明、影响力广泛。因此,内蒙古自治区要充分利用这一文化特色,夯实区内优势产业实力,积极开展与沿线国家的经济交流,提高内蒙古自治区在丝绸之路经济带建设过程中的影响力。

1. 依托草原文化,发展绿色畜牧业

内蒙古自治区是我国重要的畜牧业生产基地,发展特色畜牧业的比较优势,得天独厚的草场资源和气候条件,使内蒙古自治区成为我国牛羊肉和乳制品的主要输出省份。特色畜牧业凭借其比较优势不断发展和壮大,已成为全区特色产业的领头羊,而且带动了许多相关产业的协同发展,促进了内蒙古自治区经济的可持续增长。

随着人们生活水平的提高,对于绿色食品的需求规模也日益庞大,因此,内蒙古自治区特色畜牧业除了依托内蒙古自治区得天独厚的自然资源外,还要把草原文化中的纯天然、无污染、绿色环保等生态理念融入其中,企业要开发绿色产品、实施绿色品牌战略。草原文化这一无形资源是内蒙古自治区特色畜牧业打造品牌、宣传产品、开展绿色营销的有利条件。同时,借助丝绸之路经济带,努力使内蒙古自治区更多的畜产品走出国门,走向世界。

2. 依托草原文化,促进境内境外旅游业双增长

草原旅游,一直是内蒙古自治区的一张名片,广袤的草原、奔腾的骏马、身着蒙古袍挥鞭扬竿的蒙古人、悠扬的马头琴声、壮观的那达慕大会……这些独特的自然景观和优秀的民族文化,每年都吸引了大量国内外游客。2014年,内蒙古自治区共接待国内外游客7581万人次,同比增长12%,旅游业总收入达1805亿元人民币,同比增长28.63%。

草原风光和草原文化是内蒙古自治区旅游业的核心形象和最具竞争力的优势旅游资源,因此我们必须挖掘草原文化的内涵,推动特色草原旅游的发展。借助丝绸之路经济带,应该加强与蒙古国、俄罗斯的合作,强化跨境旅游合作机制,以草原文化为纽带,深入开发中俄蒙三国的跨境旅游线路。

3. 依托草原文化,打造内蒙古自治区特色文化产业

充分发挥内蒙古自治区的文化资源优势,以目前市场化程度较高的影视业(含动漫)、文化旅游业为突破口和龙头,演艺、出版、报刊、会展业跟进,建设具有鲜明特色的草原主题文化产业体系,占领市场制高点,掌握市场话语权。政府充分发挥宏观指导作用,在文化产业园区开发、项目立项、经费支付等方面

给予导向性扶持，使地区之间、企业之间形成既有竞争又有协作的良好市场环境，构成合力优势，全面落实"国务院关于进一步促进内蒙古经济社会又好又快发展的若干意见"的精神，从"培育民族特色文化产业，推进文化产业基地和文化产业集群建设"的战略高度着眼，将内蒙古自治区打造成具有国际影响力的草原主题文化产业"航母"。

参考文献

1. Bichou K. , Gray R. A logistics and supply chain management approach to port performance measurement ［J］. Maritime Policy & Management, 2004, 31 (1): 47 –67.

2. Lee S. W. , Song D. W. , Ducruet C. A tale of Asia's world ports: the spatial evolution in global hub port cities ［J］. Geoforum, 2008, 39 (1): 372 –385.

3. Jean – Paul Rodrigue, Jean Debrie, Antonie Fremont. Funcitions and actors of inland ports: European and North American dynamics ［J］. Journal of Transport Gegraphy, 2010 (18): 519 –529.

4. Monios J. , Wilmsmeier G. Port – centric logistics, dry ports and offshore logistics hubs: strategies to overcome double peripherality? ［J］. Maritime Policy & Management, 2012, 39 (2): 207 –226.

5. Chuan – xu W. Optimization of hub – and – spoke based regional port cluster two stage logistics system network ［J］. Systems Engineering – Theory & Practice, 2008 (9): 22.

6. Yemechi C. Regional hubs and multimodal logistics efficiency in the 21st century ［J］. Journal of Maritime Research, 2014, 7 (2): 63 –72.

7. Pettit S. J. , Beresford A. K. C. Port development: from gateways to logistics hubs ［J］. Maritime Policy & Management, 2009, 36 (3): 253 –267.

8. Lannone F. The private and social cost efficiency of port hinterland container distribution through a regional logistics system ［J］. Transportation Research Part A: Policy and Practice, 2012, 46 (9): 1424 –1448.

9. Lannone F. A model optimizing the port – hinterland logistics of containers: The case of the Campania region in Southern Italy ［J］. Maritime Economics & Logistics, 2012, 14 (1): 33 –72.

10. Monios J. , Wilmsmeier G. Giving a direction to port regionalisation ［J］.

Transportation Research Part A：Policy and Practice，2012，46（10）：1551 – 1561.

11. Beresford A. ，Pettit S. ，Xu Q. ，et al. A study of dry port development in China［J］. Maritime Economics & Logistics，2012，14（1）：73 – 98.

12. 车凯龙. 试论发挥文化在丝绸之路经济带中的作用［J］. 新西部，2014（18）.

13. 张丽娟. 依托草原文化，发展内蒙古特色经济［J］. 经济论坛，2009（9）.

14. 邢广程. "草原丝绸之路经济带"的战略定位［EB/OL］. 满洲里市人民政府网，2014（11）.

15. 马永真，梅园. 构建"草原丝绸之路经济带"的若干思考［J］. 内蒙古社会科学，2014（6）.

16. 洪波. 俄罗斯天然气出口欧洲的动向分析［J］. 国际石油经济，2006（8）.

17. 何凌云，殷勇，程怡. 中、美、日能源价格变动对能源强度的作用效力比较研究［J］. 资源科学，2014（12）.

18. 杨文兰. 对当前中蒙经贸关系发展的几点思考［J］. 对外经贸实务，2014（4）.

19. 刘宝成. 我国煤炭企业国际化发展的路径探析［J］. 中国外资，2013（22）.

20. 马艳春. 浅谈如何加强企业内部控制［J］. 现代经济信息，2012（2）.

21. 李朝林. 解读内蒙古煤炭企业兼并重组政策［J］. 山西煤炭，2011（6）.

22. 陈金明，汪平. 借鉴国际经验完善我国企业"走出去"政策［J］. 全球化，2013（10）.

23. 陶然，王静. 中国企业走向欧盟市场研究［J］. 中国外资，2011（14）.

24. 易凯. "后危机时代"的跨国经营风险［J］. 现代国企研究，2011（3）.

25. 厉以宁，曹凤岐. 中国企业的跨国经营［M］. 北京：中国计划出版社，1996.

26. 程惠芳，潘信路. 入世与国际直接投资发展［M］. 上海：世界图书出版社，2000.

27. 王志乐. 中国企业走向世界的中国跨国公司［M］. 北京：中国商业出版社，2004.

28. 何俊．中国企业对外直接投资的内外动力源研究［J］．国际经贸探索，2008（6）．

29. 张汉亚．中国企业境外投资的现状、问题与策略［J］．宏观经济研究，2006（7）．

30. 刘永光．对内蒙古边境贸易发展状况的调查与思考［J］．内蒙古金融研究，2011（8）．

31. 刘建利．内蒙古口岸经济研究述评［J］．郑州航空工业管理学院学报，2012（2）．

32. 苏红梅，苏丽娜，苏利德．"十二五"时期内蒙古对外贸易发展研究［J］．北方经济，2012（2）．

33. 王晓北．口岸经济带动内蒙古乌拉特中旗经济 5 年翻三番［N］．中国企业报，2012（11）．

34. 范翔．关于中蒙两国经贸发展研究［J］．西安财经学院学报，2012（5）．

35. 喆儒．我国内蒙古对蒙古国口岸经济发展探析［J］．国际商务论坛，2012（1）．

36. 苏利德，乌兰托娅，茶茹，张欣．对内蒙古对外贸易发展的调查思考［J］．内蒙古统计，2009（1）．

37. 蓝庆新，田海峰．我国贸易结构变化与经济增长转型的实证分析及现状研究［J］．株洲工学院学报，2002（2）．

38. 李健．实现平衡、协调和可持续增长［J］．国际贸易，2011（2）．

39. 张国庆．进一步提高对外开放水平［J］．国际贸易，2011（3）．

40. 张莉．构建转变外贸发展方式理论体系探讨［J］．国际贸易，2012（5）．

41. 王受文．转变外贸发展方式，推动对外贸易稳定平衡发展［J］．国际贸易，2012（1）．

42. 刘永光．对内蒙古边境贸易发展状况的调查与思考［J］．内蒙古金融研究，2011（8）．

43. 芳芳，图门其其格．中国对蒙古国直接投资的现状及影响分析［J］．内蒙古财经学院学报，2010（4）．

44. 张秀杰．中国企业参与蒙古国矿能资源开发的机遇与原则［J］．黑龙江社会科学，2013（6）．

45. 吉布．中国企业投资蒙古国应注意的问题［J］．中国集体经济，2011（36）．

46. 刘晶晶．提升中蒙基础设施互联互通，建设好新丝绸之路经济带［J］．东北亚论坛，2014（2）．

47. 王楠．中蒙地缘经济发展路径探析［J］．世界地理研究，2014（9）．

48. 汪福伟．关于中国稀土出口定价权的问题探讨［J］．中国集体经济，2010（7）．

49. 于左．中国稀土出口定价权缺失的形成机制分析[J]．财贸经济，2013(5)．

50. 汤冰．稀土定价权：一场旷日持久的斗争[J]．国土资源导刊，2009（49）．

51. 马乃云．提升我国稀土产业出口定价权的财税政策分析［J］．中国软科学，2014（12）．

52. 邓炜．国际经验及其对中国争夺稀土定价权的启示［J］．国际经济探索，2011（1）．

53. 庄倩玮，王健．国外港口物流的发展与启示［J］．物流技术，2005（6）．

54. 江建能．我国对俄边境口岸物流发展问题研究［D］．北京交通大学硕士学位论文，2007.

55. 冯祥．云南边境口岸物流体系建设研究［D］．云南财经大学硕士学位论文，2009.

56. 张必清，博斌．"桥头堡"建设中滇越边境口岸物流体系的构建［J］．云南民族大学学报（哲学社会科学版），2013（2）．

57. 许海清．加快中蒙边境口岸发展的对策探讨［J］．未来与发展，2013（4）．

58. 内蒙古自治区人民政府．内蒙古自治区人民政府关于促进口岸经济发展的指导意见（内政发〔2015〕20 号），2015 – 01 – 30.

59. 徐岩．"一带一路"上的内蒙古［EB/OL］．内蒙古新闻网，2015 – 04，http：//inews. nmgnews. com. cn/system/2015/07/09/011722811. shtml.

60. 徐岩．内蒙古：丝绸之路经济带上的国际物流节点［EB/OL］．中国新闻网，2015 – 02，http：//www. chinanews. com/sh/2015/02 – 06/7043303. shtml.

61. 徐岩．内蒙古满洲里探索建设丝绸之路经济带节点城市［EB/OL］．中国新闻网，2014 – 08，http：//www. chinanews. com/df/2014/08 – 23/6523721. shtml.

62. 二连浩特尝试"构建"中蒙俄经济合作走廊先导区［EB/OL］．中国新闻网，2014 – 11，http：//www. chinanews. com/df/2014/11 – 21/6803196. shtml.

后　记

本书是内蒙古财经大学推出的"内蒙古自治区社会经济发展报告系列丛书"之一，也是继 2014 年推出的《内蒙古自治区对外经济贸易发展研究报告（2013）》的持续研究。

2014 年是国内外经贸发展形势错综复杂的一年。一方面，世界经济增长低迷，中国经济增速放缓，结构性矛盾凸显；另一方面，多边贸易体制面临困境，国际区域经济合作风起云涌。伴随着我国"一带一路"战略的实施，我国与周边国家的政治经济关系提升到了新的水平，特别是与俄罗斯、蒙古国关系的进一步加强，为内蒙古自治区对外经贸发展创造了良好条件。2014 年，内蒙古自治区把握"一带一路"战略机遇，借助于"中蒙俄经济走廊"平台，充分发挥地缘优势，大力拓展对外经贸关系，在对外贸易、口岸经济、利用外资、境外投资等方面都取得了明显成效，对外经贸发展成为内蒙古自治区经济发展的重要推动力。正是基于这种背景，本书主要围绕五个专题展开了研究。希望通过对新形势下内蒙古自治区对外经贸发展现状进行剖析，找到问题所在，提出对策建议，为相关学者展开研究、有关部门制定决策提供参考。

本书从框架设计、分工撰写到最终成稿经过了反复讨论和修改，在成果出版之际，倍感欣慰。许海清教授设计了本书的总体框架，杨文兰教授、梁滢博士对全文进行了统稿。编写组成员（以姓氏笔画为序）包括：于海波、王小平、卢迪颖、许海清、孙桂里、张中华、张欣欣、张晓娅、杨文兰、梁滢、魏娟。感谢上述编写组成员的辛勤付出。

本书的出版也得到了许多领导和相关部门的支持和帮助。特别感谢内蒙古财经大学杜金柱校长、侯淑霞副校长，科研处柴国君处长对本书编写和出版所给予的关注和支持。此外，本书在研究过程中也参阅了许多学者的研究成果，在文中和参考文献中一一列出，在此表示谢意。

在本书出版之际，虽甚感欣慰，但也忐忑不安。受作者学术水平和研究条件的限制，本书尚存在许多不完善之处。但我们衷心希望本书能够瑕不掩瑜，为相关部门、企业和其他学者研究提供一定参考。同时，希望在今后的进一步研究中，得到广大读者和同仁们宝贵的意见和建议，使今后的研究更趋完善。

许海清
2015 年 6 月于呼和浩特